Hartwig A.
Vogelsberger

Hannibal

Hartwig A.
Vogelsberger

Hannibal

Karthagos Kampf
um die
Weltherrschaft

Mit 20 Abbildungen

Herbig

Das Foto für den Schutzumschlag
(Detail einer römischen Hannibalbüste)
wurde freundlicherweise vom
AKG, Berlin, zur Verfügung gestellt.

Umschlaggestaltung: Bernd und Christel Kaselow, München
Gesetzt aus Times New Roman 10.5 / 13
Satz: Satzstudio Geiß, Puchheim
Druck und Binden: Graphischer Großbetrieb, Pößneck
Ein Mohn-Betrieb
Printed in Germany
ISBN 3-7766-1930-9

»Du weißt zu siegen, Hannibal,
den Sieg zu nutzen
weißt du nicht.«

....

Abbildungen

Vorsatz vorne: Rekonstruktionszeichnung von Karthago
zu seiner Blütezeit (3. Jhdt. v. Chr.)
Vorsatz hinten: Karthago heute

S. 19: Phönizische Maske (5. Jhdt. v. Chr.)
S. 29: Punische Münze (3. Jhdt. v. Chr.)
S. 45: Die römische Wölfin mit Romulus und Remus (Bronze)
S. 63: Hieron II. von Syrakus (Münze, 3. Jhdt. v. Chr.)
S. 79: Punische Münze (1. Punischer Krieg)
S.97: Porträt-Büste des jungen Hannibal (Bronze, 2. Punischer Krieg)
S.119: Karthagischer Kriegselefant (Schale, 2. Jhdt. v. Chr.)
S.149: Hannibal-Porträt (Münze, 3. Jhdt. v. Chr.)
S.205: Marcus Claudius Marcellus (Statue, 2. Jhdt. v. Chr.)
S. 245: Publius Cornelius Scipio »Africanus«
(Bronzebüste, 2. Jhdt. v. Chr.)
S. 287: Marmorlöwe auf der Terrasse eines karthagischen Hauses
(1. Jhdt. v. Chr.)
S. 313: Prusias, König von Bithynien (Münze, 2. Jhdt. v. Chr.)
S. 331: Marcus Porcius Cato

Alle Abbildungen aus den Archiven
der Buchverlage Langen Müller Herbig, außer auf S. 19, 29, 43, 59, 63,
79, 97, 119, 130/131, 245, 326, 331 (Sammlung C. Weber)

INHALT

Vorwort 10

I Das Purpurland –
Die Phönizier 19

II Didos Erben –
Die Karthager 29

III Die Stadt am Tiber –
Rom 45

IV Kampf um Sizilien –
Der Erste Punische Krieg 63

V Der Retter in der Not –
Hamilkar Barkas 79

VI Der Fall von Saguntum –
Der Zweite Punische Krieg 97

VII Der Marsch auf Rom –
Hannibals Zug über die Alpen 119

VIII »Italien in Flammen« –
Hannibals militärisches Genie 149

INHALT

IX »Der Biß der Wölfin« –
Hannibals Rückschläge   205

X »Der Panthersprung nach Afrika« –
Scipio und die Invasion Karthagos   245

XI Die Niederlage bei Zama –
Hannibal als Staatsmann   287

XII Flucht und Exil –
Hannibals letzte Jahre und Tod   313

XIII »… Carthaginem esse delendam« –
Der Dritte Punische Krieg   331

Epilog   339

Anmerkungen   341
Literatur   346
Register   350

VORWORT

Seit etwa 30 Jahren hat sich in der deutschen, angelsächsischen, aber sogar in der französischen Geschichtsforschung ein Trend etabliert, der sich beharrlich darauf versteift, die Bedeutung der großen Einzelperson in der Geschichte zu eliminieren. An die Stelle der großen einzelnen, der durch ihre Einzelerscheinung ihre Epochen dominierenden Figuren, soll statt dessen nun die Gesellschaft treten, um das am häufigsten gebrauchte Wort zu zitieren. Die große Einzelpersönlichkeit, so diese neue Sicht, sei so tot wie Hannibal und die Antike. Allein die Strukturen würden den Lauf der Geschichte bestimmen.

Für den nüchternen Historiker kann jedoch kein Zweifel daran bestehen, daß diese Betrachtungsweise der Geschichte nicht nur abwegig ist, sondern vielfach einer bewußten Geschichtsklitterung gleichkommt.

Meine Sicht der Geschichte ist eine andere. Was wäre die Historie ohne Ramses, einen Alexander den Großen, Hannibal oder Julius Cäsar? Ohne Wilhelm den Eroberer, Konstantin den Großen, Friedrich Barbarossa, Leonardo da Vinci, Francisco Pizarro, Vasco da Gama, um nur einige Namen wahllos-exemplarisch ins Spiel zu bringen? Ja, ohne einen Napoleon Buonaparte, denn auch er ist unbestritten eine der großen Einzelpersönlichkeiten, die ihrer Zeit ihren unverwechselbaren Stempel aufdrückte und gewaltige Umwälzungen in die Wege leitete? Selbst die erbittertsten Verfechter der »Gesellschaftshistoriker«

werden nicht umhin kommen, dem zuzustimmen! In dieser meiner Hannibal-Biographie stelle ich erneut eine große Einzelpersönlichkeit in den Vordergrund, wie ich es bei allen meinen bisherigen Biographien tat, und widme mich einem Heros der Antike, die man am liebsten völlig »wegstrukturieren« möchte. Meiner Ansicht nach bietet der »Strukturtrend«, wie schon eingangs erwähnt, vielen seiner Befürworter eine geradezu ideale Möglichkeit, um die Geschichte bewußt zu verfälschen. Man muß jedoch nicht um jeden Preis den Standpunkt »Männer machen Geschichte« vertreten, um zu erkennen, daß jeder große Abschnitt der Historie entscheidend von überragenden Einzelfiguren beeinflußt und bestimmt wurde. Für diese Behauptung gibt es wohl kaum ein geeigneteres und besseres Beispiel als Hannibal, den großen Karthager, dessen Ruhm die Jahrtausende überdauert hat. Wie kein anderer Feldherr und Eroberer vor oder nach ihm, übt dieser Mann, dessen »dunkler und fremder Schatten durch die europäische Literatur aller Epochen geistert«, wie Ernle Bradford in seinem Buch *Hannibal*[1] schrieb, bis zum heutigen Tage eine ungemein starke Faszination aus. Der Barkide ist und bleibt eine große charismatische Führungsgestalt, eine Ausnahmeerscheinung, ein meteoritischer Beweger der Weltgeschichte. Hannibal, der Punier, der sein Leben dem Kampf gegen Rom widmete, dessen Name für immer mit der weltgeschichtlichen Großtat der Alpentraversierung und der klassischen Umfassungsschlacht bei Cannae, verbunden bleiben wird, der wahrscheinlich einzige Mann, der Roms Aufstieg zur Weltmacht verhindern hätte können, hat mich seit den Tagen meiner frühesten Jugend beschäftigt.
Bereits vor mehr als zehn Jahren trug ich mich mit der Absicht, eine Biographie über den Sohn Hamilkars und den letzten aus dem Geschlecht der Barkiden zu schreiben. Ich hielt mich damals längere Zeit in Großbritannien auf und mir schwebte ein

Buch in englischer Sprache mit dem Titel The *Lord of Carthage*
vor. Durch den Tod meines Verlegers wurde das Projekt jedoch
nicht realisiert.

Meine »belletristische Annäherung« an das Thema begann allerdings lange vorher, nämlich im Alter von zwölf Jahren, als
ich Mirko Jelusichs heute fast völlig in Vergessenheit geratenen
Hannibal-Roman zum ersten Mal mit Begeisterung las. Jelusich
hat sich den literarischen Nachruhm durch sein unseliges Enga-
gement in der NS-Zeit verscherzt, dennoch würde ich sein Han-
nibal-Buch ohne zu zögern in einem Atemzug mit Felix Dahns
Meisterwerk *Kampf um Rom* nennen.

Jahre später erschloß mir Christian Dietrich Grabbes Tragödie
*Hannibal*² so manche Einsicht in die Psyche des Barkiden,
wenngleich Grabbe sich recht großzügig der dichterischen Freiheit bediente. Der Hannibal-Film mit dem alternden Holly-
wood-Haudegen Victor Mature in der Titelrolle – er lief Ende
der fünfziger Jahre in den Kinos an, heute sind Film und Haupt-
darsteller völlig in Vergessenheit geraten – entpuppte sich leider
als schwache und abgeschmackte Billigproduktion, die man mit
Recht als legitimen Vorläufer unzähliger Fließbandproduktio-
nen der römischen Cine-Città-Studios, die den Markt in den
sechziger Jahren regelrecht überfluteten, bezeichnen kann.³ Gustave Flauberts meisterhafter Roman *Salammbô*, dessen »viel-
schichtiges Kunstwerk nie als historische Rekonstruktion gedacht war«⁴ vermittelt dem Leser ein interessantes, aber leider
oftmals falsches Bild vom Leben und Treiben der Karthager.

Für den ernsthaften Hannibal-Forscher sind nach wie vor insbe-
sonders die antiken Quellen, etwa eines Polybios, Livius, Plutarch oder Silius Italicus, um nur einige zu nennen, von bleiben-
dem Wert. Allerdings sind auch diese Darstellungen, wie zu
zeigen sein wird, nicht immer frei von Vorurteilen und müssen
daher mit angemessener Vorsicht betrachtet werden, wie schon

der renommierte britische Militärhistoriker Sir Liddell Hart in
seiner Scipio-Biographie *Der Feldherr*[5] nachwies.

Unter den britischen »Hannibalisten« hat sich, neben dem
schon erwähnten Ernle Bradford, der mit *Ulysses Found* bereits
1963 ein lesenswertes Buch über die antiken Völker im Mittelmeerraum publiziert hatte, ehe er 1981 seine populär-wissen-
schaftliche Hannibal-Biographie veröffentlichte, und Peter
Conolly, besonders Gavin de Beer hervorgetan und hervorragende Forschungsarbeit geleistet. Zwei Hauptwerke de Beers,
der sich ein halbes Leben lang mit dem Phänomen Hannibal
auseinandersetzte, sind *Hannibal's March* (London, 1967) und
die zwei Jahre später auch in deutsch erschienene Biographie
Hannibal. Ein Leben gegen Rom. (München–Zürich–Wien,
1969).

Von den in meinen Augen brauchbaren deutschen Hannibal-
Biographien seien an dieser Stelle hervorgehoben das 1970 in
Stuttgart erschienene Buch *Hannibal. Eine politische Biographie* von Walter Görlitz, Wilhelm Hoffmanns *Hannibal* (Göttingen, 1962) und Gustav Fabers *Auf den Spuren von Hannibal*
(München, 1983). Welche Bedeutung Hannibal, der »welthistorische Weichensteller«, für die Entstehungsgeschichte unseres
Kontinents hatte, ist von Hans Dieter Stöver in seinem Buch *Die
Römer. Taktiker der Macht*[6] eindrucksvoll herausgearbeitet worden. Stöver sieht in dem Karthager – sicherlich nicht zu Unrecht
– eine unvergleichliche Figur, die, metaphorisch gesprochen,
das Schicksal Europas in Händen hielt. Für ihn ist Hannibal
»eine der ganz wenigen historischen Größen, von denen man sagen darf, sie haben die Weichen der Geschichte unwiderruflich
gestellt, ganz gleich, wie sie sich in jener Sekunde der Entscheidung festlegten.«[7]
Stöver wirft die Frage auf, welche Konsequenzen ein totaler
Sieg Hannibals über die Römer für unseren Erdteil gehabt hätte,

indem er folgendes durchaus interessante Gedankenspiel betreibt:

»Hätte Hannibal Rom genommen, so wäre Italien auf lange Sicht – wahrscheinlich auf Jahrhunderte – karthagische Provinz geworden. Punisch-Phönizisch hätte Latein als Staatssprache im westlichen Mittelmeer abgelöst. Gallien wäre nicht ... unter den Einfluß der mediterranen Kulturen gekommen, sondern sehr früh mit germanischen Invasoren konfrontiert worden. Der gallische Krieg Cäsars hätte nicht stattgefunden ... Die Teilung in eine griechische Ost- und eine karthagische Westregion hätte 600 Jahre vor der tatsächlichen Reichsteilung des römischen Imperiums völlig andere Voraussetzungen für die Entwicklung des nördlichen Kontinents geschaffen. Das Christentum hätte sich nicht von seinen orientalischen Ursprüngen gelöst und wäre eine Religion unter vielen geblieben ...«[8]

Ich will mich hier allerdings nicht so seit wie Stöver versteigen, der, wie er selbst zugibt, überspitzt formulierend, behauptet, Europa hätte im Falle einer gelungenen Punierinvasion Italiens überhaupt nicht stattgefunden! Sicher ist, daß das Antlitz Europas heute ganz andere, fremdländische Züge tragen würde, wenn es Hannibal wirklich gelungen wäre, die Römer in die Knie zu zwingen. Wie sehr der Barkide professionelle und auch Hobbyhistoriker im 20. Jahrhundert immer wieder beschäftigte, zeigen die zahlreichen Publikationen, die sich mit ihm auseinandersetzen.

Die wohl fundierteste und umfangreichste, dem neuesten Stand der Wissenschaft Rechnung tragende Fachpublikation zum Thema stellt sicherlich Jakob Seiberts 1993 erschienenes Werk *Hannibal* dar.[9] Der interessierte Leser – aber auch der Spezialist – sei in diesem Zusammenhang auf die relativ umfangreiche, jedoch keinen Anspruch auf Vollständigkeit erhebende Bibliogra-

phie verwiesen, in der die wichtigsten Veröffentlichungen aufgelistet sind.

Das Interesse an dem geheimnisvollen Volk der Karthager und ihren Vorfahren, den Phöniziern, ist, wie Werner Huß in seinem 1990 erschienenen, von der Fach- und Tagespressse als Standardwerk gefeiertem Buch *Die Karthager* schrieb,[10] gerade in den letzten Jahrzehnten mit besonderer Intensität neu aufgeflammt. Huß führt dieses Phänomen einer »Renaissance der Karthager« insbesondere auf archäologische Fortschritte zurück, die auf ehemals phönizischen und karthagischen Gebieten ans Tageslicht gekommen sind.

Im November 1979 fand in Rom der erste Internationale Kongreß für punische und phönizische Studien statt, neun Jahre später wurde im beeindruckenden Ambiente des Palazzo Grassi in Venedig den Vorfahren der Karthager durch eine eigene Ausstellung ein großartiges Denkmal gesetzt. Diese weltweites Aufsehen erregende Ausstellung (vom 6. März – 6. November 1988) trug den Titel »Die Phönizier«.

Es ist nicht verwunderlich, daß im Zuge dieser Entwicklung auch Hannibal, der berühmteste aller Punier, quasi wie »Charon mit Verspätung«, wie Joseph Roth formuliert hätte, erneut in den Blickpunkt des allgemeinen Interesses rückte. Nichts demonstriert die seit 2000 Jahren ungebrochene »Popularität« des Barkiden besser als der große Erfolg, den Gisbert Haefs 1989 mit seinem 747 Seiten starken Monumentalroman *Hannibal*[11] für sich verbuchen konnte. Sein fesselnd zu lesendes Erzählwerk über Hannibal, den »letzten Heros der freien alten Welt«, wie er schreibt, der »größer als Achilles, Kyros und Alexander war«, ist zugleich als Geschichte Karthagos zu verstehen und schildert den Verlauf der Punischen Kriege zwischen 264 und 146 v. Chr. aus rein karthagischer Sicht. Somit liegt auf der Hand, wem Haefs' Sympathien gelten. Hannibal, der etwa bei

Livius – zumindest streckenweise – dämonisiert wurde, um die Vorgangsweise Roms zu rechtfertigen, wird bei ihm zum »gewaltigen Feuer, in dem die alte Welt sich verzehrte«, Karthago zum freien, auf liberalen Welthandel ausgerichteten System hochstilisiert. Rom hingegen wird zum Prototyp eines imperialistischen Staates, der sich die Eroberung und Unterdrückung aller Völker der alten Welt zur erklärten Zielsetzung machte.

Anders als der große Historiker Theodor Mommsen, der immer wieder Respekt für römische Tugenden der republikanischen Zeit bekundete, sieht Haefs in der Weltmetropole am Tiber eine Art von unersättlichem, raubgierigen Monster. Im Glossarium dieses Romans artikuliert er seine Meinung auf folgende Weise überdeutlich:

»... Ich bekenne, daß mir angesichts von planmäßiger Aggression, Expansion, totalitärem Weltherrschaftsanspruch, Strategie der verbrannten Erde, Massakern an der Zivilbevölkerung, Terror, fortgesetzten Vertragsbrüchen und Völkermord eher respektfreie und zweifellos unstatthafte Parallelen zu Vorkommnissen der jüngeren Vergangenheit in den Sinn geraten ...«[12]

Als Romancier bleibt es Haefs unbenommen, diesen Standpunkt zu vertreten, der Historiker muß jedoch wertfreier agieren. Allerdings ist es erstaunlich, wie wenig sich die traditionellen Machtmittel der Staaten und Regierungen im Laufe der vergangenen 2000 Jahre geändert haben. Dies hat schon Sir Gavin de Beer festgestellt, indem er schrieb:

»... Einflußsphären, Handelsrestriktionen, sogenannte Völkerbefreiung, psychologische Kriegsführung, Terrortaktiken und Kalter Krieg sind nichts Neues. Wie zu Hannibals Zeiten werden sie noch heute praktiziert, und täglich hören wir von modernen Beispielen ...«[13]

Hannibal ist wahrlich eine tragisch-faszinierende, fast shakes-

pearehafte Gestalt, an der sich die Gemüter der Forscher und Gelehrten erhitzen und immer erhitzen werden. Man kann ihn bewundern oder verachten, aber er wird sich niemals von der Bühne des Welttheaters, die er dominierte wie kaum ein anderer Mann vor oder nach ihm,»wegstrukturieren« oder verbannen lassen. Mein Bestreben ist es, das Leben, Wirken und Sterben dieser säkularen Figur einem aufgeschlossenen Lesepublikum aufs neue nahezubringen. Ob der Leser genauso in den Bannkreis des Barkiden gerät, wie der Verfasser und die vielen anderen Autoren vorher, wird sich durch die entsprechende Resonanz zeigen. Ich hoffe, ich kann mein mir gestecktes Ziel erreichen.

Abschließend möchte ich mich bei dem Mann bedanken, der für mich persönlich die größte Autorität auf dem Gebiet der Hannibal-Forschung darstellt, meinem geschätzten Lehrer und wahren Freund, dem Althistoriker Univ.-Prof. Dr. Franz Hampl. Ein anregendes Gespräch mit ihm, der in beeindruckender Weise den Typus des leider fast ausgestorbenen Universalhistorikers mit umfassender humanistischer Bildung verkörpert, hat dazu geführt, daß ich mich auf die »punische Spurensuche« begab und meine langgehegte Idee einer Hannibal-Biographie schließlich in die Tat umsetzen konnte. Ihm sei daher dieses Buch respektvollst gewidmet.

Stans, im Januar 1996   *Hartwig A. Vogelsberger*

I
DAS PURPURLAND –
DIE PHÖNIZIER

Hannibals Lebensgeschichte kann als Paradebeispiel für eine Tragödie klassisch-griechischen Ausmaßes angesehen werden. Obwohl er das Drama von seinem ersten Auftritt auf der Weltbühne an dominiert und beinahe alle seine Zeitgenossen, Mitkämpfer und Gegner in die hinteren Reihen verbannt, ja sie fast zu Statisten degradiert, war auch er nur ein Spielball der größten Dramatikerin aller Zeiten, der Geschichte selbst, gleichsam eine Kreatur seiner Zeit, deren Lebenslauf vorgegeben und deren Untergang – was 'im historischen Rückblick klar zutage tritt – vorprogrammiert und unvermeidlich war. Hasardeurhaft und lange Zeit baute er auf den Nimbus seiner Unbesiegbarkeit und stellte für Rom mit seinem konsequent betriebenen Imperialismus die »Herausforderung des Jahrhunderts«[1] dar. Er spielte ein gewagtes Vabanquespiel mit allerhöchstem Einsatz – und verließ die Bühne als geschlagener Verlierer. Sein gigantisches Ringen mit dem römischen Volk, das sich nach einem halben Jahrtausend mit blutigen Kriegen das gesamte Festlanditalien untertan gemacht hatte und als aufstrebende Großmacht nach der Weltherrschaft griff, war auch ein Kampf zwischen Orient und Okzident, eine Auseinandersetzung welthistorischer Dimension, die, besiegelt durch seine Niederlage und seinen Untergang, den Verlauf der europäischen Geschichte 2000 Jahre entscheidend prägen sollte.

Erschwerend für eine objektive Schilderung der Ereignisse um

Hannibal und seinen Titanenkampf gegen Rom wirkt sich die
Tatsache aus, daß weder schriftliche Aufzeichnungen von ihm
selbst noch Erlebnisberichte seiner punischen Zeitgenossen und
Kampfgefährten existieren. Alle Berichte über Hannibal stammen von den Todfeinden seines Volkes, den Römern, ebenso
alle Informationen über seine Heimat Karthago, dieser orienta-
lisch geprägten Großmacht des antiken Mittelmeerraumes, die
von römischen Geschichtsschreibern, also aus der Perspektive
des Siegers, auf uns überkommen sind. Die Einseitigkeit der
Berichterstattung hat das Bildnis des faszinierenden Stadtstaa-
tes der alten Welt verzerrt. Karthago bleibt daher bis heute eine
geheimnisvolle, längst versunkene Welt, über deren Religion,
Kultur, Sitten und Gebräuche wir oftmals immer noch auf Spekulationen angewiesen sind.

Dennoch müssen wir uns zuerst kurz mit Hannibals Vorfahren,
den Phöniziern und ihren Nachfahren, den Karthagern, beschäftigen, indem wir ein Blitzlicht auf ihre Lebensart und Herkunft
werfen. Soweit möglich soll dabei versucht werden, die Aussagen der römisch-antiken Chronisten sowohl zu relativieren als
auch zu objektivieren.

Hannibals Heimatstadt Karthago wurde 814 v. Chr. von den
Phöniziern gegründet. Wer waren diese Urahnen der Karthager,
deren Namen wir heute hauptsächlich mit Handel und Seefahrt
in Zusammenhang bringen, und woher kamen sie? Bereits im
Alten Testament finden wir Hinweise auf diesen Volksstamm.
Die Phönizier werden als »Söhne Hams« bezeichnet, es läßt
sich jedoch mit an Sicherheit grenzender Wahrscheinlichkeit
die Behauptung aufstellen, daß es sich hierbei nicht um ein ha-
mitisches, sondern semitisches Volk handelte, das ursprünglich
aus Kanaan stammte. Der Name Phönizier wurde ihnen von den
Griechen gegeben, zu einer Zeit, als sie sich bereits als Seefah-
rernation etabliert hatten und den Landstrich zwischen den Ber-

gen des Libanon und dem Meer bewohnten. Wann ihre Einwanderung nach Phönizien erfolgte, wird für immer ein Geheimnis bleiben, es lassen sich lediglich Vermutungen anstellen. Die wahrscheinlichste aller Spekulationen besagt, daß sie in der Mitte des 2 Jahrtausends v. Chr. in das »Zedernland« Libanon vorstießen und den oben erwähnten Teil dieser Region besiedelten. Aus der Tatsache, daß sie ihren Lebensunterhalt durch die Seefahrt und vor allem durch schwunghaften Seehandel bestritten, läßt sich ferner schließen, daß die Gegend, aus der sie kamen, am Meer gelegen haben muß. Sehr schnell gründeten sie Stadtstaaten entlang ihrer Küste: Tyros und Sidon, Berytos und Byblos (Gebeil).

Byblos lieferte den Archäologen die besten und brauchbarsten Spuren, die heute noch auf die Phönizier hindeuten, und ihr Erbe die Jahrtausende hindurch bewahrten. Man fand Tempelreste, einen Königsfriedhof, Grabmäler und Grabtruhen sowie einen Obeliskentempel, der den Schluß nahelegt, daß gute Handelsbeziehungen zu Ägypten bestanden haben dürften. Dies ist aufgrund der geographischen Lage Phöniziens nicht besonders verwunderlich. Im Norden lag das Reich der Hethiter, im Süden das Nilland Ägypten, die Handelsdrehscheibe Phönizien befand sich quasi in der Mitte. Die vielgepriesenen Zedern des Libanon bildeten das beste Material zum Bau von Schiffen. Ihr Holz war sicher eine der Hauptursachen dafür, daß die Phönizier zu den begehrtesten Handelspartnern ihrer Zeit wurden.

Gavin de Beer hat sich ausführlich mit den Phöniziern als Händler auseinandergesetzt:

»Der phönizische Handel entwickelte sich entlang der Karawanenstraßen und Schiffahrtswege. Aus Arabien kamen Weihrauch, Myrrhe und Onyx; aus Indien kostbare Steine, Gewürze, Elfenbein und wohlriechende Hölzer; aus Ägypten Pferde, Leinen und Baumwolle; aus Afrika Gold, Ebenholz

... Straußenfedern und schwarze Sklaven; aus Spanien Weizen und Silber; von den griechischen Inseln Kupfer, Zinn und Marmor ... aus Assyrien kostbare Stoffe, Teppiche, Parfums und Datteln; aus dem Kaukasus Metalle.«[2]

In Byblos förderten die Archäologen auch den Kalkstein-Sarkophag von König Ahiram zutage, der ein Zeitgenosse des biblischen Moses gewesen sein soll. Auf dem Sargdeckel entdeckte man eine wahre Sensation, eine Inschrift, welche die Phönizier als Erfinder des Alphabets auswies. Sie begann mit folgenden Worten: »Itobaal, der Sohn Ahirams, Königs von Byblos, hat diesen Sarg für seinen Vater gemacht als Wohnung in der Ewigkeit.«[3]

Wie kam es zur Erfindung des phönizischen Alphabets? Das Seehandelsvolk am libanesischen Küstenstreifen betätigte sich auch in der Baukunst. Salomons Jerusalemer Tempel wurde von phönizischen Baumeistern errichtet, ebenso wie ein Hafen am Roten Meer. Phönizische Ingenieure und Seefachleute erbauten dem assyrischen König Sennacherib eine Flotte auf dem Euphrat. Die »dunkelhäutigen« Händler und Baumeister von Sidon und Byblos führten zum Zwecke ihrer Buchführung das Papyrus ein, das aus den Blättern der ägyptischen Pflanze Cyperus gewonnen wurde, ein viel praktikableres Aufzeichnungsmittel als die zuvor angewandten Tontafeln. Die sumerische Keilschrift war inzwischen längst von den ägyptischen Hieroglyphen verdrängt worden, wobei die Ausgangsidee, nämlich Wortinhalte durch Zeichen zu vermitteln, dieselbe geblieben war. Den Phöniziern erschien diese Schriftform, diese Bilderschrift voller Ideogramme und Silbenzeichen zu kompliziert und umständlich.

Unter Benützung ägyptischer Bildzeichen und sinaitischer Schriftelemente perfektionierten sie daher im 10. Jahrhundert vor Christus ein System, das die Bilder nach und nach durch ab-

strakte Symbole, nämlich durch Buchstaben ersetzte. So entstand ihr aus 22 Buchstaben bestehendes Konsonantenalphabet. Vokalzeichen fehlten, da man die Lautaussprache aus dem Zusammenhang erkennen konnte. Alle späteren Alphabete, das hebräische, etruskische, griechische, lateinische, aber auch das kyrillische fußen also auf den Grundlagen des Konsonantenalphabets der Phönizier. Bedauerlicherweise ist das gesamte phönizische und karthagische Schriftgut – bis auf sehr wenige Ausnahmen – ins Dunkel der Geschichte zurückgesunken. Manche Forscher glauben, im Dialekt der Malteser phönizische Spuren entdeckt zu haben. Dennoch ist und bleibt es eine Ironie des Schicksals, wie de Beer vermerkt, daß die Erfinder des Alphabets keine eigene Geschichtsschreibung hinterließen.

In Eigenproduktion stellten die Phönizier Textilien und Schmuckwaren, die ersten durchsichtigen Gläser der Welt, vor allem aber jenen Farbstoff her, der ihrem Land seinen Namen geben sollte: Purpur. Ihr Küstenstreifen reichte von Latakia im Norden bis zum Karmelgebirge im Süden. Der phönizische Purpur wurde aus den Kiemendrüsen der Murexschnecken gewonnen. Diese Drüsen sonderten ein bromhaltiges, farbloses Sekret ab, das sich unter Luft- und Lichteinwirkung purpurn färbte. Das Tragen tiefroter Purpurgewänder blieb der herrschenden Kaste vorbehalten. Purpur zeichnete antike Könige und Herrscher aus, Kleopatras Flaggschiff trug stolz purpurne Segel zur Schau.

Die Stadtstaaten Sidon und Tyros erhoben das Murexgehäuse zum Münzsymbol und die Herren des Purpurlandes gingen bald daran, ihren Einflußbereich zu erweitern, indem sie zahlreiche Handelsbastionen errichteten, Handelsvorposten, deren bedeutendster Karthago werden sollte. Die phönizische Expansion nahm ihren Lauf.

Bevor wir uns aber mit der wichtigsten Gründung der Phönizier – Karthago – beschäftigen, müssen wir uns einem Gebiet zuwen-

den, auf dem diese besondere Leistungen hervorgebracht haben: dem Gebiet der Nautik. Unbestreitbar waren die Phönizier jahrhundertelang die Beherrscher der Meere. Zur Zeit der Flucht

Entsprechungen zwischen ägyptischen Hieroglyphen und phönizischen Buchstaben

Entsprechungen zwischen phönizischen Schriftzeichen und den ersten griechischen Lettern

der Israeliten aus ihrem Gefangenendasein in Ägypten beherrschten die »Purpursöhne«˙aus dem Land der Zedern eindeutig
das Mittelmeer, das einzig bekannte und hauptsächlich durch
sie erforschte Meer der damaligen Welt. Phönizische Seefahrer
drangen bereits um ca. 1000 v. Chr. bis zum heutigen Gibraltar
vor. Sie legten somit eine Strecke von mehr als 4000 Kilometern
zurück. Diese nautische Großtat war um so bemerkenswerter, da
damalige Vorstellungen darauf hinausliefen, man dürfe sich
nicht zu weit aufs offene Meer hinauswagen, da man ansonsten
in einem feurig-kochenden Ozean steckenbleiben würde. Nach
der Ansicht der antiken Seefahrer würde in diesen unbekannten
Gewässern das Meer zudem aus einer solch dichten Salzkon-
zentration bestehen, die eine Weiterfahrt nicht nur unmöglich
machte, sondern den unweigerlichen Tod der auf derartige Weise eingeschlossenen und »erstickten« Nautiker zur Folge hätte –
eine Vorstellung, die sich bis zum Zeitalter der großen Entdeckungen im Mittelalter hartnäckig halten konnte.
Die Straße von Gibraltar umgab zur Zeit des griechischen Altertums ein Nebel von Mythen und Legenden. Der griechische
Philosoph Platon sprach von den Säulen des Herakles, in deren
Nähe er die sagenumwobene Insel Atlantis vermutete. Die Phönizier als Entdecker von Atlantis, des untergegangenen Hoch-
kulturkontinents?
Fest steht, daß die Söhne des Purpurlandes als erste in Gibraltar
an Land gingen, vermutlich auf der Suche nach rohstoffreichen
Handelsstützpunkten. Gustav Faber erwähnt ihre besondere
Vorliebe für Metalle wie Silber und Zinn. Wozu Zinn? Mit Hil-
fe der Legierung von Zinn und Kupfer gewann man die zur Waf-
fenherstellung dringend benötigte Bronze. Nach dem Zweiten
Weltkrieg entdeckte der jüdisch-amerikanische Archäologe
Glück beim Timna in der Negev-Wüste die Reste eines Kupfer-
bergwerks aus der Zeit des biblischen Königs Salomon. Wir ha-

ben bereits erfahren, daß die Phönizier durchaus gute Beziehungen zu Salomon unterhielten. Fabers Vermutung, daß die Phönizier von König Salomon mit Kupfer beliefert wurden und im Austausch dafür wie immer Zedernholz in reichem Maße zur Verfügung stellten, läßt sich daher nicht ganz von der Hand weisen. Auf Zinn stießen sie vor allem hinter den »Säulen des Herakles«, auf der Iberischen Halbinsel, wo das bereits in der Bibel erwähnte Tarsis, das spätere Tartessos (Tarschisch), dessen Reichtum an Metallen legendär war, lag.

Sehr früh müssen die Schiffe der Phönizier Zypern erreicht haben. Davon künden aufgefundene Restsiedlungen in Kition, dem heutigen Larnaka. Über die Inseln der Ägäis gelangten sie nach Sardinien und auf die Balearen. Andere Handelsvorposten lagen an der Südküste Kleinasiens, wie etwa Itanos auf Kreta, dessen Gründung ebenfalls den Phöniziern zugeschrieben wird.

An der südlichen Atlantikküste Spaniens lag auf einer langgestreckten Insel das heutige Cadiz, dem die Römer den Namen Gades gaben. Die Phönizier bezeichneten es als Cadir und gründeten die Ansiedlung nach allgemeiner Annahme um 1110 v. Chr. Für Hannibals Karthago sollte diese Stadt zur Pforte nach Iberien werden.

Doch der phönizische Abenteuergeist begnügte sich nicht mit diesen und ähnlichen Gründungen, wie etwa Utica in Tunesien, das zehn Jahre später neuer Handelsvorposten wurde. Oftmals bezweifelte Berichte, wonach der babylonische König Nebukadnezar über britannisches Zinn verfügte, erscheinen in einem neuen Licht, wenn man mündlich tradierten Überlieferungen Glauben schenkt, daß der phönizische Seefahrer Himilko von Iberien aus über die Bretagne bis nach Cornwall vorstieß. Eine noch unglaublichere Leistung übermittelt uns die griechische Übersetzung eines Seefahrberichts, der offenbar im zerstörten Baal-Hammon Tempel von Karthago eingemeißelt war. Demzu-

folge gelang es dem phönizischen Kapitän Hanno, um 450 v. Chr. bis nach Afrika, in die Bucht von Guinea vorzudringen. Angeblich beauftragte Pharao Necho 602 v. Chr. phönizische Seefahrer, den gesamten afrikanischen Kontinent zu umsegeln, wofür diese annähernd drei Jahre gebraucht haben sollen. Ob es bei diesem Auftrag blieb oder aber die phönizischen Seeleute diese nautische Sensation mit Hilfe ihrer doch recht fragilen Zedernholzschiffe tatsächlich zuwege brachten, bleibt unbewiesen. Fest stehen eine Anzahl von Niederlassungen im westlichen Mittelmeerraum im Laufe des 8. Jahrhunderts v. Chr. auf Sardinien. Ferner entstanden Stützpunkte auf Malta und Sizilien, dessen Hauptstadt Palermo ebenfalls phönizischen Ursprungs ist, und von ihnen Panormus genannt wurde. Die Balearen erwähnten wir bereits. Hier errichteten sie 654 v. Chr. eine andere wichtige Relaisstation zwischen dem Purpurland und ihrem bedeutendsten Stützpunkt in Iberien, Cadir, nämlich Ebusus (heute Ibiza).

Niederlassungen entstanden auch an der marokkanischen Atlantikküste. Nach und nach aber kristallisierte sich besonders eine phönizische Tochterstadt zum Zentrum aller Flottenstützpunkte heraus – Karthago. Diese nordafrikanische antike Metropole wurde bald mächtiger als jede Gründerstadt im Purpurland, sie wurde im Laufe der Jahrhunderte zur Beherrscherin der Meere, zum Venedig der Antike. Die Karthager, die Erben der Phönizier, gewannen Weltgeltung und entfalteten ein Handelsimperium, in dessen Einflußsphäre das gesamte westliche Mittelmeer lag. Karthago, die »Königin der Meere«, dessen Aufstieg zur Weltmacht in einer Periode begann, da Rom noch in den Kinderschuhen steckte, sollte zur Heimstatt jenes Mannes werden, der die Mauern des sich später unaufhaltsam ausdehnenden römischen Imperiums in seinen Anfangsstadien gefährlich ins Wanken brachte: Hannibal.

II
DIDOS ERBEN –
DIE KARTHAGER

Wie wir erfuhren, tritt Karthago 814 vor Christus endgültig
aus dem dunkel schimmernden Dämmerlicht der Vorgeschichte. Seine Entstehungsgeschichte ist mythischen Ursprungs. Zu jener Zeit bezeichnete man die gesamte Nordküste
Afrikas westlich Ägyptens als Libyen. In der reichen Stadt Tyros auf phönizischem Boden lebte der Überlieferung zufolge
eine sagenhaft schöne Frau königlichen Geblüts, die Elissa
hieß. In der römischen Literatur figuriert diese Königstochter,
die dem Mythos nach Karthago gründete, unter dem bekannte-
ren Namen Dido. Vergil, der römische Dichter aus Mantua, auf
dessen Schilderung der Gestalt Didos wir noch detaillierter zu
sprechen kommen werden, hat jene legendenumrankte Frau als
Sinnbild einer selbst vor dem Tod nicht haltmachenden Leidenschaft in seinem prächtigen Versepos, der *Änäis*, unsterblich gemacht.

Dido, um beim geläufigeren Namen zu bleiben, war laut einer
antiken Sage mit einem Priester namens Acherbas verheiratet.
Als ihr eigener Bruder Pygmalion, der König von Tyros, ihren
einflußreichen Gemahl ermorden ließ, floh die um ihr Leben
bangende Witwe zusammen mit einigen Gefolgsleuten nach Libyen. Eine andere frühe Darstellung weiß nichts von einem
Dido-Ehemann Acherbas. Diese Überlieferung weist Dido als
Großnichte der biblischen Jesabel, der Gattin König Ahabs, aus,
die ihren Onkel Sychaeus ehelichte. Beide Versionen stimmen

darin überein, daß König Pygmalion ihren Mann (Acherbas oder Sychaeus) aus machtpolitischen Gründen ermorden ließ und sie zur Flucht zwang.

28 Jahre vor Beginn der ersten Olympischen Spiele gingen Dido und all jene, die ihr in die erzwungene Verbannung gefolgt waren, an einer optimal gelegenen Bucht unweit von Utica an Land. Die Ankunft der Flüchtlinge müßte sich also 804 v. Chr. ereignet haben, da die Spiele von Olympia bekanntlich im Jahre 776 stattfanden. Ihr Schiff war über Zypern nach Libyen gelangt. Die verwitwete Königstochter war nun eine mittellose Emigrantin ohne Land, Macht oder Einfluß. Jarbas, der König von Utica, zeigte sich zwar von der Anmut der Geflüchteten sehr angetan, kam ihrer Bitte um Land jedoch nur insofern nach, ihr lediglich so viel Grund und Boden zuzugestehen wie man mit der Haut eines Ochsen umspannen könne. Die schlaue Dido nahm bei einer List Zuflucht: Sie zerschnitt die Haut des Ochsen in äußerst dünne und lange Schnüre. Auf diese Art brachte sie ein ziemlich großes Landstück in ihren Besitz. Auf einen etwa 70 Meter hohen Hügel ließ Dido sich ihre Burg Byrsa erbauen. Auf Didos »Staatsgebiet« rund um die einer Akropolis ähnelnden Festung Byrsa entstand also das punische Kart-Cha-Dascht, was »die neue Stadt« hieß, und als Karthago in die Weltgeschichte einging. Didos Schönheit und Klugheit bezauberten und beeindruckten den Fürsten Jarbas immer mehr, so daß sie der Herrscher von Utica wiederholt um ihre Hand bat. Dido aber weigerte sich hartnäckig, das Flehen des königlichen Brautwerbers zu erhören. In ihrem Herzen war kein Platz mehr für die Liebe. Als Jarbas sein erfolgloses Werben durch Waffengewalt untermauern wollte, zog es die stolze und unbeugsame Großnichte Jesabels vor, den Freitod in den Flammen zu suchen und sprang voller Todesverachtung in den brennenden Scheiterhaufen.

Die zweite Legende findet sich, wie erwähnt, in Vergils Versepos *Änäis* und ist der Nachwelt wesentlich geläufiger, obwohl
der unsterbliche Barde aus Mantua einen geschichtlichen Ba-
lanceakt aufführte, als er die Mythen von Dido, der Emigrantin
aus Tyros, und jene vom Troja-Flüchtling Äneas miteinander
verwob – laut Homer ist Äneas ungefähr 300 Jahre früher anzu-
siedeln als die unglückliche Dido. Vergil diente dem julischen
Kaiserhaus, dessen Ruhm er zu mehren trachtete, indem er seine Abstammung von Äneas, dem schlachterprobten trojanischen Helden und Halbgott herleitete. Vergil hat den Stoff seines mächtigen Epos auch nicht erfunden, sondern ihn vielmehr
vom griechischen Dichter Stesichorus entlehnt, der im 7. vorchristlichen Jahrhundert auf Sizilien lebte. Im 3. Jahrhundert v.
Chr. fand die Äneas-Legende endgültig allgemeine Akzeptanz
und seine Rolle als Stammvater Roms wurde nicht länger be-
zweifelt, sondern als verherrlichte Wahrheit gepriesen.
Zurück zur Karthagerkönigin Dido, deren Tod auf dem Scheiterhaufen Vergil einen seiner prachtvollsten und schönsten Ge-
sänge widmete. In beschaulichen Bildern erzählt uns Vergil vom
liebeskranken Äneas, den eine Intrige der Göttin Juno, Jupiters
Gemahlin, in die Arme Didos trieb. Nach der Zerstörung Trojas
durch die Griechen, verhieß Zeus, der Vater der Götter und
Menschen (der bei Vergil zu Jupiter wird) Äneas ein neues gewaltiges Königreich jenseits des Meeres. Äneas sollte zum
Stammvater des mächtigsten Volkes der Erde, zum Gründer
Roms werden.
Nachdem Äneas – Odysseus gleich – einige Zeit lang auf dem
Meer herumirrte, spülten ihn die von Juno dirigierten Wellen
schließlich an die Gestade Karthagos. Dort traf ihn der Pfeil der
Liebe mitten ins Herz. Seine leidenschaftliche Liebe zu Dido
vernebelte ihm derart die Sinne, daß er seinen göttlichen Auf-
trag vergaß. Zwei Flüchtlinge hatten sich gefunden und, von Ju-

nos Zauberkraft verhext, scheinbar unsterblich ineinander verliebt. Doch diese Liebe stand unter keinem guten Stern, war von Anfang an todgeweiht, denn Jupiters Verheißung kam einem göttlichen Befehl gleich. Sehr schnell durchschaute der Göttervater die Intrige seiner Gemahlin, die geglaubt hatte, Äneas durch die Bande der Liebe von seiner edlen und gottbefohlenen Mission abbringen zu können. Zornig erinnerte Jupiter den Trojaner an seine wahre Berufung, so daß sich dieser, trotz allem Flehen und Wehklagen Didos, blutenden Herzens entschloß, seine Braut und Karthago zu verlassen und der Erfüllung seiner Bestimmung entgegenzusegeln.

Äneas Schiffe verließen den Hafen von Karthago und die Liebe der todunglücklichen Dido schlug in unermeßlichen Haß um. Tobend befahl sie ihrer Schwester Anna, einen gewaltigen Scheiterhaufen zu errichten – alle Andenken an den von ihr ausersehenen, wortbrüchig gewordenen Bräutigam sollten ein Raub der Flammen werden. So dachte zumindest Anna. Doch Dido hatte längst den Plan zum Freitod gefaßt, allein ihr Haß auf Äneas und sein Volk sollte sie überdauern. Noch auf dem gewaltigen Scheiterhaufen stehend, donnerte sie dem davon segelnden Geliebten und all seinen Nachfahren – einer entfesselten Rachegöttin gleich – den schrecklichen Fluch hinterher:

»Von nun an, Phönizier, sollt Ihr, verpflichtet meinem Angedenken, verfolgen und hassen jeden einzelnen seiner Brut. Zwischen Euch und seinem Volk soll es weder Freundschaft noch Frieden geben. Aus meiner Asche soll ein Rächer emporsteigen, der diese Flüchtlinge aus Troja mit Feuer und Schwert verfolgt. Möge der Kampf in alle Ewigkeit fortdauern.«

So sah der Dichter Vergil Didos Ende. Und tatsächlich sollte aus ihrer mythischen Asche ein unbeugsamer Rächer emporsteigen: Hannibal, der berühmteste Karthager aller Zeiten, Roms unver-

söhnlichster und gefährlichster Feind. In den kommenden Jahr-
hunderten nach seiner Gründung erlebte Karthago einen unge-
ahnten Aufstieg, während Phönizien immer mehr an Bedeutung
verlor. Nebukadnezar und seine babylonischen Heerscharen
hatten Tyros schon 586 v. Chr. verwüstet, die Babylonier hatten
die Macht von Tyros weitgehend gebrochen – ein Schlag, von
dem sich der Stadtstaat nur mühsam und in einem sehr langwie-
rigen, fast zwei Jahrhunderte dauernden Regenerationsprozeß
erholte, Alexander der Große unterwarf die Phönizierhochburg
im Laufe seines Eroberungsfeldzuges im Jahre 332 v. Chr. völlig und machte sie erneut dem Erdboden gleich.

Das aufblühende Karthago, dem es längst gelungen war, sein
Hinterland erfolgreich zu kolonisieren und auszubeuten, erhielt
nach diesen Ereignissen begreiflicherweise immer mehr Zuwachs aus der zur Bedeutungslosigkeit herabgesunkenen Gründerstadt Tyros. Karthagos Landbesitz wuchs und wuchs, nahezu
die gesamte Nordhälfte des heutigen Tunesien wurde nach und
nach seinem Staatsgebiet einverleibt, Küstenstreifen Libyens
und Tripolitaniens vervollständigten die Macht der Dido-Erben
im Osten. Im Westen stieß man bis nach Numidien, dem Land
der algerisch-marokkanischen Nomaden vor. Die Ausbeutung
des Landes überließ man versklavten Negern und Berbern, denn
die Händler und Seefahrer der immer reicher werdenden antiken
Weltstadt wollten sich ihre Hände nicht mit gewöhnlicher Feld-
arbeit schmutzig machen. Sie waren alles andere als Ackerbau-
ern.

Aufgrund des ständig wachsenden Reichtums konnten es sich
die Karthager auch leisten, große Söldnerheere anzuwerben.
Lediglich eine kleine Anzahl von Edelleuten, die sogenannte
»Heilige Gruppe« – am ehesten einer römischen Prätorianer-
garde vergleichbar –, beteiligte sich in federführender Position
am Kriegsdienst. Der Hauptbevölkerungsanteil verzichtete, auf

die Kampfstärke der Söldnertruppen vertrauend, an Kriegen teilzunehmen. Alle Kolonialgebiete mußten Tributzahlungen an Karthago entrichten – dafür bot ihnen Karthago militärischen Schutz im Falle eines Übergriffs einer fremden Macht. Andererseits versenkten die Karthager – auf ihr mächtiges Seehandelsmonopol verweisend – rigoros die Schiffe jeder anderen Macht, die keinen Handelsvertrag mit ihnen abgeschlossen hatte.

Didos Hügel Byrsa bildete das Zentrum dieser reichsten und mächtigsten Stadt der damaligen Welt, das sich bis zu den Hafenanlagen ausdehnte. Karthago galt lange Zeit als uneinnehmbar, da die 40 Kilometer lange, von vierstöckigen Türmen unterbrochene und dominierte Stadtmauer größtenteils vom Meer umgeben war. Nur die isthmusartige Landseite der Stadt bot eine gute Angriffsfläche für potentielle Eroberer. Karthago besaß sowohl einen Handels- wie auch einen Kriegshafen, der zur Blütezeit um die 230 Kriegsschiffe aufnehmen konnte. Arsenale und Werften vervollständigten den Kriegshafen, der ebenfalls von einem viereckigen Turm überragt wurde und dem Kommandanten der Hafengarnison einen ausgezeichneten Ausblick auf die vorgelagerte Meeresbucht bot. Mit Hilfe einer riesigen Kette konnte man die beiden Hafenbecken abriegeln und versperren. An der Innenseite des »undurchdringlichen Mauerrings« befanden sich gewaltige Stallungen für die Elefanten, die legendären »Panzer der Antike«. Daran anschließend lagen die Kasernen der Kavallerietruppen.

Neben der äußeren Stadtmauer gab es aber auch noch eine innere, direkt um die Byrsa-Burg, die Festungscharakter hatte, und als allerletzte Verteidigungsbastion für den Fall der Fälle, einer Eroberung der gesamten Stadt gedacht war. Die Stadt war in extrem enge Viertel unterteilt, in denen die weiß verputzten, vor allem im Nobelviertel Megara mehrstöckigen Flachdachhäuser

vom Reichtum ihrer Bewohner kündeten. Ernle Bradford beschreibt, wie die Heimatstadt Hannibals zur Zeit seiner Geburt
auf einen Besucher gewirkt haben mußte:
»In den Sommermonaten hatte Karthago häufig Kühlung
durch frische Meereswinde aus dem Norden, litt aber auch oft
unter dem Levanter-Wind aus dem Osten oder dem erdrückend heißen Samum-Wind im Süden. Landzunge und
Anhöhe gaben der Stadt beinahe das Aussehen einer Insel,
eines Mikrokosmos, der einen ähnlichen Eindruck hinterließ
wie der gesamte nordafrikanische Küstenstreifen, wo ein Zu-
sammenspiel der Landschaften, das Meer auf der einen, Gebirge und Wüste auf der anderen Seite, das merkwürdige Gefühl vermittelt, vom riesigen Kontinent Afrika noch weit
entfernt zu sein ...«[1]
Der Romancier Gisbert Haefs spricht von den »sanften Hügeln
der Megara, den bewässerten Gärten, den weißen üppigen Palä-
sten, die wie Blitze in der Mittagssonne« funkelten, und den
»hellen Landhäusern mit ihren Zypressenhainen«,[2] welche der
Punierhauptstadt einen eigentümlichen Reiz verliehen.
Die römischen Erobererchronisten berichten, daß die Einrich-
tung eines durchschnittlichen karthagischen Haushalts fast ausschließlich aus Tonkrügen bestand, in denen man sowohl Klei-
der wie auch Lebensmittel aufbewahrt haben soll. Dieselben
Chronisten geben uns außerdem einigen Aufschluß über die Eß-
gewohnheiten der Karthager: Neben Fisch und Getreidekost gab
es natürlich auch Fleisch, wobei Hundefleisch gewissermaßen
als Delikatesse gegolten haben soll.
Im krassen Gegensatz zu den Römern waren die Karthager ein
ausgesprochenes Mischvolk. Rassenschranken kannten die
Nachfahren der Purpursöhne offenbar keine, wenngleich die
aristokratische Oberschicht, der ja auch Hannibal entstammte,
die physiognomischen Charaktermerkmale der Phönizier beibe-

halten haben dürfte. Die Hautfarbe spielte jedenfalls eine sehr untergeordnete Rolle; es war für einen Karthager durchaus üblich, »nichtkarthagische« Frauen zu ehelichen. Die dieser Verbindung entsprossenen Kinder galten selbstverständlich als vollwertige Karthager. Hannibals Mutter war wahrscheinlich eine sizilische Griechin, seine Frau, von der wir sehr wenig wissen, trug zwar den »punisierten« Namen Imilce oder Imilko, dürfte aber iberischen Ursprungs gewesen sein. Gustav Faber beschreibt die Physiognomie der Karthager folgendermaßen:

»Ihrer Physis nach dürften die Karthager den Menschen von Nahost und Nordafrika in unseren Tagen geglichen haben, vor allem dort, wo das Arabische die alten Völker aus biblischer Zeit nur mit einem dünnen volklichen Firnis überdeckt hat. Die Zeitgenossen Hannibals waren demnach schmalgesichtig, dunkelhäutig (Resultat auch schwarzafrikanischer Beimischung), mit feingebogenen Nasen. Die Männer trugen sorgsam gekräuselte Voll- und Kinnbärte ... auch liebten sie Parfüms ... Die von den Hellenen der Hannibalzeit betonten Merkmale der Körperschönheit wurden ... versteckt. Alles zu Offene und Freie war verpönt, es gab keinen Kult der Physis ... Alt-Karthago war körperfeindlich ... Demnach schlenderte man im fußlangen Wollkleid durch die Straßen ... Schmuck trugen auch Männer. Frauen schminkten sich. Neben Halsketten aus Glasperlen und Muscheln liebten sie Ringe um die Knöchel ...«[3]

Über Hannibals Aussehen hat man sich natürlich immer wieder den Kopf zerbrochen. Einige antike Porträtbüsten sollen den Punier darstellen, es gibt jedoch keinen einzigen stichhaltigen Hinweis, daß diese Büsten tatsächlich dem Bildnis des Barkiden entsprechen. Das hat vor allem Gilbert Charles Picard in seinem Aufsatz »Le portrait d' Hannibal: hypothèse nouvelle« nachgewiesen.[4] Folgt man der in vieler Hinsicht klar und einheitlich

verlaufenden Argumentation des Franzosen, stellt allerdings ein bei Volubilis in Marokko aufgefundener Bronzekopf vielleicht ein Abbild Hannibals dar. In Carthagena geprägte Silbermünzen sollen, wie E. S. Robinson in seinem Essay »Punic Coins and their Bearing on the Roman Republican Series«[5] zu beweisen versuchte, sowohl Hamilkar wie auch dessen Sohn Hannibal zeigen. Auf einigen dieser Münzen figuriert der Kopf des bärtigen Melkart, eines karthagischen Gottes, den Robinson aber als Abbild Hamilkars deutet. Später zu datierende Münzen, welche unter Hannibals Herrschaft zur Prägung gelangten, eröffnen dem Betrachter einen bartlosen Kopf, wobei die Ähnlichkeit mit dem vorhin erwähnten Hamilkar-Melkart-Porträt ins Auge fällt. Daher könne es sich bei dieser Darstellung nur um ein Abbild Hannibals handeln, folgerte der Brite durchaus plausibel. Uns erscheint in diesem Zusammenhang vor allem die Tatsache hervorhebenswert, daß der von Picard ins Spiel gebrachte Bronzekopf aus Marokko den angeblichen Hannibal-Münzen in seinen Grundzügen auffällig gleicht. Sollten also die Carthagena-Münzen tatsächlich ein authentisches Hannibal-Porträt liefern, so können wir feststellen, daß der Barkide gewelltes Haar gehabt haben muß, über eine hohe Stirn und eine ausgeprägt gerade Nase verfügte. Sein Gesamtgesichtsausdruck erscheint bemerkenswert offen und klar und wird zudem durch ein nicht unsympathisches Augenzwinkern bereichert.

Kehren wir aber zu Hannibals Landsleuten zurück und untersuchen wir abschließend zwei wesentliche Komponenten ihres Lebens: die Staatsform und Verfassung sowie ihre überaus düstere Götterwelt. Ursprünglich wurde Karthago wohl monarchistisch regiert – wir wissen von der Dynastie eines mächtigen Familienclans, der Mahagoniden, einer dem viel späteren Militärclan der Barkiden nicht unähnlichen Herrscherkaste. Im Laufe der Jahrhunderte etablierte sich jedoch ein Staatssystem, das

in seinen Grundzügen in etwa dem der Römischen Republik entsprach. Es gab eine Art Senat und eine Volksversammlung. Als höchste Verwaltungsinstanz agierte der Sufet, ein Regierungschef, wie wir heute sagen würden. Auch Hannibal hatte dieses Amt nach seiner Niederlage bei Zama und der Beendigung des Zweiten Punischen Krieges eine Zeit lang inne und bewährte sich, wie wir später sehen werden, so sehr, daß er den Römern selbst als »friedlicher Staatsmann« zu gefährlich schien und sie deshalb konsequent seine Absetzung forderten. Aristoteles, der die ihm bekannte karthagische Verfassung mit großer Exaktheit und Akribie analysierte, strich besonders ein Hauptcharakteristikum heraus: Der aussichtsreichste Bewerber für ein öffentliches Amt war offenbar keineswegs der qualifizierteste und befähigste Kandidat, sondern vielmehr der reichste Anwärter. Augenscheinlich entsprach es der Auffassung der Karthager, nur den Allerreichsten Führungsqualitäten zuzubilligen. Im karthagischen »Oberhaus«, dem Rat der Hundert, wie man es vereinfachend nannte (genau genommen setzte sich diese Körperschaft aus 104 Mitgliedern zusammen), saßen durchwegs vermögende Großgrundbesitzer und reiche Händler. Diese von Theodor Mommsen als »Kapitalistenregierung« titulierte Institution wurde durch eine Kontrollinstanz, dem »Rat der Alten«, überwacht. Schließlich bestimmte die Volksversammlung über alle staatstragenden Entscheidungen. Zwei Sufeten, jeweils für ein Jahr gewählt, standen an der Spitze der Regierung. Resümierend darf gesagt werden, daß die karthagische Verfassung über monarchistische, oligarchische und in Ansätzen auch demokratische Elemente und Merkmale verfügte.
Der große Nachteil einer solchen Regierungsform, über der das Kapital als eigentlicher unsichtbarer Herrscher stand, ist evident. Er lag vor allem in einem sich kräftig entwickelnden, perfekt organisierten Korruptionssystem. Man kann sich nur wun-

dern, daß Karthago in Anbetracht dieser Bestechungen geradezu herausfordernden Herrschaftsstruktur, die zudem von einem
grausamen Götzenkult dominiert wurde, von einer im tiefsten
Aberglauben wurzelnden, Menschenopfer fordernden Götterwelt, einen Hannibal, einen Mann mit hellenistischer Bildung,
hervorbrachte. Hauptgott der Karthager war Baal, ebenso von
den Phöniziern übernommen wie alle anderen wichtigen Gottheiten, Melkart, von manchen als Melek Qart bezeichnet, was
»Herr der Stadt« hieß, und Ashtoreth, die einzige weibliche
Gottheit, der die Karthager den Namen Tanit gaben. Rund um
die Wächterin des heiligen Schleiers der Göttin Tanit, Salammbô, hat Gustave Flaubert seinen farbenprächtigen mit-
reißenden Roman gleichen Namens geschrieben. Durch den
historisch belegten Söldneraufstand, den Flaubert in den Haupt-
handlungsstrang des Romans miteinbezog, verlieh er der Lie-
besgeschichte zwischen der Tanit-Priesterin Salammbô, die bei
ihm als Hamilkars Tochter erscheint, und einem tapferen rebellierenden Söldnerführer eine realistische Note.
Dem sizilianischen Griechen Diodor folgend, erweckte Flaubert
den Menschen und Kinder fressenden Moloch zu schaurigem
Leben, obwohl in Karthago nicmals eine Gottheit dieses Namens existierte. Die packend-anschaulich und sehr realistisch
anmutende Darstellung des großen französischen Romanciers
des vorigen Jahrhunderts gaukelte Generationen ein verfälsch-
tes Bild karthagischer Kulthandlungen vor. Erweisen wir dem
großen Schriftsteller dennoch unsere Reverenz, betrachten wir
sein Sittengemälde, das Bildnis seiner einzigartigen Phantasie,
auch wenn es nicht der historischen Realität entspricht. Flaubert
entwirft folgendes Schreckensszenario eines alles verzehren-
den, bestialischen Molochs:
        »Man hatte Feuer von Aloe-, Zedern- und Lorbeerholz zwi-
    schen den Beinen des ehernen Ungetüms angezündet. Zu sei-

nen Füßen verharrte regungslos der Kreis der Kinder, in
schwarze Schleier gehüllt. Seine übermäßig langen Arme
reichten bis zu ihnen hinab, als wolle der Gott diese lebendi-
ge Krone ergreifen und bis zum Himmel heben. Überall stieß
und drängte sich das Volk, sogar auf den Dächern der Häuser.
Viele wurden ohnmächtig, andere erstarrten in ihrer Ver-
zückung. Todesangst aber schnürte allen die Kehle zu. Die
letzten Rufe verhallten, das Volk von Karthago atmete schwer
und lechzte nach Grausen und Entsetzen. Endlich griff der
Oberpriester unter die Schleier der Kinder und riß einem jeden eine Haarlocke aus und warf sie ins Feuer, wobei die
Priester in roten Mänteln den heiligen Weihegesang an-
stimmten. Der Gesang verlor sich im Lärm der schmettern-
den Blechinstrumente, die das Schreien der Opfer übertönen
sollten. Die unglücklichen Geschöpfe waren an Händen und
Füßen gefesselt. Die dunklen Schleier hinderten sie, zu sehen
und erkannt zu werden. Jedem Kinde legten die Priester die
Hand auf den Kopf, zum Zeichen, daß sie es mit den Sünden
des ganzen Volkes belasteten. Und eins nach dem anderen
legte man dem Ungetüm auf die eisernen Arme, die es zum
feurigen Schlunde führten. Bis zum Abend versuchte man es,
die unersättliche Gier des Gottes zu befriedigen. Je weniger
Opfer noch übrig waren, um so größer wurde der Wahnwitz
der Menge. Priester warfen Asche in die Luft, damit sich das
Opfer über die ganze Stadt verbreite, ja bis zum Himmel
steige.«

Flauberts schaurig-einprägsames Bild stimmt nur insofern, daß
man den Göttern Karthagos tatsächlich Kinderopfer darbrachte.
Zahllose verkohlte Reste von Kinderknochen, die Ausgrabun-
gen in vielen karthagischen Siedlungen in Afrika und auch in
Sardinien zutage förderten, beweisen dieses Faktum. Aber die
grauenhafte, mit einem Geheimmechanismus ausgestattete Mo-

lochfigur, deren ungeheure Arme unglückliche Opferkinder ro-
boterartig in den Feuerschlund des Todes rissen, existierte nur in
der Phantasiewelt des Franzosen. Das Wort Mol'k, aus dem später Moloch werden sollte, stand im Punischen nicht stellvertretend für einen Gott, sondern bedeutete laut de Beer eher
»Selbstopfer« und stellte die rituelle Kulthandlung an sich dar.
Reste eines in Karthago aufgefundenen Tanit-Tempels beher-
bergen Inschriften und Aschenurnen, die die Tatsache von Kin-
deropferungen ebenfalls untermauern.
Was uns heute so barbarisch, so unmenschlich grausam erscheint, war jedoch im frühen Altertum weitverbreitete Sitte.
Immer wieder mußten die ständig zürnenden Götter besänftigt
werden, besonders in Krisen oder Notzeiten, wenn die Elemente verrückt spielten, Seuchen und Hungersnöte wüteten oder
Kriege ins Haus standen, versuchte man die gierigen und blut-
rünstigen Götter auf die aus heutiger Sicht so schaurig anmutende Weise milder zu stimmen und einen Schicksalsum-
schwung herbeizuführen. Die Karthager unterschieden sich in
dieser Hinsicht nicht wesentlich von anderen Völkern der alten
Welt, den Israeliten, Griechen, Römern, Galliern, Kelten, Ger-
manen – sie alle huldigten zu einem bestimmten Zeitpunkt, einer bestimmten Periode ihrer Geschichte dem Menschenopfer,
wie übrigens auch die Inkas und Azteken viele Jahrhunderte
später.
Die Karthager brachten ihren Göttern aber auch andere Opfer-
gaben dar: Nahrungsmittel, Getränke, Vögel und andere Tiere,
wobei sie hier wahrscheinlich einem Fruchtbarkeitsritus huldigten. Ähnlich den Ägyptern – wenn auch nicht in solch gewaltigem Ausmaß – gaben die Karthager ihren Verblichenen Grabge-
schenke auf die lange Reise ins Jenseits mit. Wir wissen sehr
wenig von der Jenseitsvorstellung der Karthager. Aufgrund der
erwähnten Grabbeigaben darf man aber den berechtigten

Die Gottheit Baal-Mammon (4. Jahrhundert v. Chr.).

Schluß ziehen, daß die Punier zumindest an die Möglichkeit
eines Weiterlebens nach dem Tode glaubten.

Wenden wir uns nun der Entstehungsgeschichte und dem
Aufstieg jenes Volkes zu, das zu Karthagos größtem und un-
barmherzigsten Rivalen werden sollte. Wie im Falle Karthagos
steht auch am Anfang der Geschichte Roms der Mythos, die
Legende.

III
DIE STADT AM TIBER –
ROM

Als Gründungstag der Tiberstadt, die in einem halben Jahrtausend voller Kriege und Eroberungen ganz Italien in ihre Gewalt brachte und damit den Grundstein zur Schaffung des späteren römischen Imperiums legte, gilt nach allgemeiner Ansicht der 21. April 753 v. Chr. Die Äneas-Legende liefert den mythischen Hintergrund. Der Trojanerheld und Sohn der Göttin Aphrodite (Venus) überließ, Jupiters Befehl gehorchend, die schöne, unglückliche Karthagerin Dido ihrem traurigen Schicksal und gelangte zur Küste Latiums. Hier sollte die vom Göttervater verheißene neue Nation, prächtiger und gewaltiger als Troja es jemals gewesen war, entstehen und gedeihen.

Wir wollen die hinlänglich bekannte Gründungssage Roms, die mit Äneas' Kampf gegen den einheimischen Rutulerfürsten Turnus beginnt und mit der »Erschaffung« der Stadt am Tiber durch die ausgesetzten, von einer Wölfin gesäugten Zwillinge, den Marssöhnen Romolus und Remus, endet, hier nicht im Detail schildern. Die Sage enthüllt uns den Namen der echten historischen Gründer Roms, nämlich den der Latiner. Dem »pittoresken Melodrama« der Entstehungslegende Roms entnimmt Gavin de Beer folgende »Realitäten«:

»... Die Latiner waren ein Bauern- und Hirtenvolk, das seinen Göttern Opfer brachte; angeborene, kämpferische Tugenden besaß; an Wahrsagerei glaubte; Manneskraft und Fruchtbarkeit schätzte und eine hohe Achtung für das Eigentum, die

Grundlage allen Rechts- und Ordnungssinnes, hatte. Daß sie zudem von Mars und auch von Venus abstammten, muß ihnen ein angenehmes Gefühl des Selbstvertrauens gegeben haben ...«[1]

Das von de Beer so hochgerühmte Bauern- und Hirtenvolk der Latiner war nur einer der zahlreichen indo-europäischen Stämme, welche, die Alpenkette überquerend, von Norden aus den Einfall ins Gebiet des heutigen Italien gewagt hatten. Diese unter dem Sammelbegriff »Italiker« erfaßten ziemlich gemischten Völkerschaften unterschieden sich durch ihre Dialekte. Neben den Latinern, die den offenen Landstrich südlich des Tiber besiedelten und ihn mit dem eponymen Namen Latium ausstatteten, gab etwa die Volksgruppe der Umbrosabeller, welche sich wiederum in eine Anzahl von Nebenstämmen unterteilte, den »Italikern« Zuwachs. Zu den Nebenstämmen gehörten die Osker und in weiterer Folge die Sabiner, deren Wohngebiet an Latium angrenzte; die Samniten, welche das Bergland der Abruzzen bewohnten, während sich andere Stammesgemeinschaften in Bruttium und Apulia, »an der Spitze, dem Spann und der Hacke des italienischen Stiefels«, wie Gavin de Beer hervorhebt, niederließen.

Die Umbrier besiedelten Tuskien. Eine Ausnahme stellten die bei Ugento hausenden Messapier dar, deren Sprache nicht dem italischen Dialektkreis zuzuordnen, sondern illyrischen Ursprungs war.

Neben den »Italikern« hielten sich aber noch andere Volksgemeinschaften jahrhundertelang auf dem Festlandstiefel auf. An erster Stelle muß hier das geheimnisvolle Volk der Etrusker genannt werden. Laut Herodot, einem der großartigsten, leider jedoch auch vielfach unzuverlässigsten Erzähler der antiken Geschichtsschreibung, der gelegentlich geradezu Schwindelakte aufführte, um seine Thesen zu bekräftigen, sollen die Etrusker am Anfang des 11. Jahrhunderts v. Chr., unmittelbar nach der Zerstörung Trojas durch die Griechen, aus Lydien in Kleinasien eingewandert sein.

Griechische Bastionen befanden sich ebenso in Italien, Gründungen Großgriechenlands, der »Magna Graecia«, vor allem im Süden des Landes, an der Südküste Siziliens, wie etwa Syrakus (734 v. Chr.), der Geburtsort von Archimedes und Messana (Messina). Noch früher, um 750 v. Chr., entstand Cumae, um nur die wichtigsten dieser griechischen Städte, die alle eine große Rolle in der römischen Geschichte spielten, zu nennen. Schließlich waren da noch die Gallier. All diese Stämme und Volksgemeinschaften, die die Geschichte des Landes auf die eine oder andere Weise prägten, sollten von den Römern unterworfen werden. Diese Eroberung Italiens dauerte, wie schon angesprochen, 500 Jahre.

Die Latiner, die Gründer der Stadt, zogen es aus strategischen Gründen vor, ihre Städte an hochgelegenen Stellen zu erbauen, wobei bei ihren Überlegungen sicherlich auch die an den Ufern des Tiber grassierende Malaria eine Rolle gespielt haben dürfte. Auf diese Weise entstand das bergige Alba Longa, das sich schnell zum »Foedus Latinum«, zum Zentrum latinischer Föderationsstädte, entwickelte. Alljährlich gedachte man der Föderation auf den Albanerhügeln, feierte den Zusammenschluß, indem man spektakuläre Opferfeste arrangierte, bald erhob sich hier ein Jupitertempel der Latiner. Der von Alba Longa aus gelenkte Städtebund schloß Tusculum (in der Nähe von Frascati), Aricia, Praeneste oder Palestrina und Tibur (Tivoli) ein. Es war nur eine Frage der Zeit, bis einige Latinerstämme jene sieben Hügel entdeckten, welche die Tiberfurt beherrschten. Aufgrund der günstigen Lage entwickelten sich dort zunächst kleinere Religionsgemeinschaften. Im 8. Jahrhundert v. Chr. aber stießen die Etrusker in die latinische Ebene vor, was zu einem

Zusammenschluß von drei Tibergemeinden führte. Die Latiner, Sabiner und Lukaner bildeten einen Staat – Rom war aus der Taufe gehoben.

Als im Jahr 264 v. Chr. der Erste Punische Krieg ausbrach, war aus dem einstmals kleinen Volksstamm der Römer ein mächtiger Staat geworden, der Großmachtansprüche zu stellen begann, und daher unweigerlich auf Kollisionskurs mit Karthago, der älteren und bedeutenderen Weltmacht geraten mußte. Jahrhundertelang war das Verhältnis der beiden Nationen zwar nicht freundschaftlich, aber immerhin von gegenseitigem Respekt geprägt gewesen. Das lag nicht zuletzt daran, daß Rom ständig Mehrfrontenkriege führte, um sich schließlich ganz Italiens zu bemächtigen.

Die Eroberung Italiens durch die Römer ist eine einzige Kette kriegerischer Auseinandersetzungen und Konflikte, die sich kaum chronologisch folgerichtig darstellen läßt. Wir können die Eroberung Italiens daher nur skizzieren und uns auf die wichtigsten Kontrahenten der Römer, die seit Gründung ihres Staates mit unglaublicher Vehemenz und Zähigkeit Kriege gegen alle und jeden geführt zu haben scheinen, konzentrieren.

Roms Hauptgegner waren zunächst Brudervölker wie die Samniten und Umbrier und die weitaus mächtigeren fremden Völker der asiatischen Etrusker und der keltischen Gallier. Hinzu kamen die in Süditalien und Sizilien residierenden Griechen, die Bewohner der Magna Graecia. Der griechische Philosoph Timaios aus Lokri hatte diesen Namen im 4. vorchristlichen Jahrhundert erstmals geprägt. Der Kampf um den »Brückenkopf Sizilien«, bot zwar den Anlaß zum Ersten Punischen Krieg, wie wir an anderer Stelle genauer erfahren werden, doch in der Eroberungsphase Italiens galten die Bewohner Großgriechenlands lange Zeit als das kleinste von allen Übeln. Wesentlich anders stand es da um die Etrusker und die Gallier, die jahrhunderte-

lang mit den Römern Krieg führten. Die rauhen und primitiven
Volksstämme der »Italiker«, aus denen die Römer hervorgingen, fanden in den landhungrigen Galliern, die im 4. und 5.
Jahrhundert v. Chr. über die Alpen kamen, beachtliche Gegner.
Die Gallier vertrieben die Etrusker aus der Poebene und errichteten um 396 v. Chr. Mediolanum, das heutige Mailand. Fünf
Stämme der keltischen Gallier machten den Römern am meisten zu schaffen: Die Insubrer, welche sich um Mediolanum an-
siedelten, die Cenomanen, die in der Gegend von Cremona,
Mantua und Verona heimisch wurden, die Bojer, welche Bononia (Bologna) in Beschlag nahmen, die Lingonen, die zwischen
Ariminum und Ravenna, der viel späteren Hauptstadt des Ost-
gotenreiches, hausten, und letztlich die Senonen zwischen Ravenna und Senagallica (Senigallia). Norditalien, »Gallia Cisalpina«, sollte auch in Hannibals Strategie eine entscheidende
Rolle spielen.

Die Etrusker, die ursprünglich das Land am Tyrrhenischen Meer
bewohnten, 12 bedeutende Stadtstaaten gründeten und auch die
ersten drei Könige Roms stellten, schufen zwar ein gut funktio-
nierendes aristokratisches Regierungssystem, doch es sollte ihnen nie gelingen, einen zentralistischen Nationalstaat aufzubau-
en. Dies war einer der Hauptgründe dafür, daß Rom schließlich
das Kunststück zuwege brachte, alle etruskischen Städte seinem
Staatsgebiet einzuverleiben. Lange Zeit aber blieben die Etrusker eine nicht zu unterschätzende Macht. Es läßt sich belegen,
daß dieses offenbar kleinasiatische Volk, dessen Ursprung bis
zum heutigen Tag Gegenstand hitzigster Debatten ist, entscheidenden Einfluß auf die Römer nahm. Oftmals den Römern zu-
geschriebene Leistungen, Entdeckungen, Institutionen und Erfindungen waren etruskischer Herkunft: Von den Etruskern
übernahmen die Römer zum Beispiel ihr Zahlensystem, das
Rutenbündel und die Doppelaxt als Zeichen der Staatsautorität,

und den Adler als Armeesymbol. Rundbögen und Abwässerkanäle, Gladiatorenkämpfe und feierliche Triumphzüge stammen ebenso von den Etruskern wie die Sitte, den Menschen Vor- und Familiennamen zu geben. Rom hat all diese Errungenschaften gelassen für sich in Anspruch genommen. Gavin de Beer behauptet sogar, Äneas, der mythische Gründervater Roms, sei ein etruskischer Held gewesen, und glaubt dies durch Statuettenfunde in der Etruskerstadt Veii beweisen zu können – eine These, mit der man sich allerdings kaum anfreunden können wird. Rom führte seit dem 7. Jahrhundert v. Chr. die latinische Städteliga an und vertrieb um 505 v. Chr. die drei Etruskerkönige Tarquinius den Älteren, Servius Tullius und Tarquinius den Stolzen. Tarquinius der Ältere hatte das Forum erbaut und die »cloaca maxima«, eine Abwasserleitung, eingerichtet, mit deren Hilfe es möglich war, die Sümpfe zwischen dem Palatinus und dem angrenzenden Hügel trockenzulegen. Auf einem anderen Hügel ließ er Jupiter einen Ehrentempel errichten. In den Grundmauern dieses Tempels stieß man auf den Kopf eines Mannes namens Olus. Aus den Worten »caput oli« (Haupt des Olus) leitet sich Capitol, der Kapitolinische Hügel ab. Die Etrusker nahmen die Vertreibung ihrer Könige nicht so ohne weiteres hin, ein Restaurationsversuch von Tarquinius dem Stolzen scheiterte aber kläglich. Die latinischen Städte hatten sich in dieser Auseinandersetzung auf die Seite Roms gestellt. Bald darauf änderten sie ihre Gesinnung und gründete einen von Rom unabhängigen Föderationsbund. Rom zerschlug diesen Bund 496 v. Chr. in der Schlacht am Regillussee. Der siegreiche Konsul Spurius Cassius schloß daraufhin einen Friedensvertrag, der einem Verteidigungsbündnis zwischen Rom und der unterlegenen latinischen Städteliga gleichkam. Dieser Vertrag trat sehr schnell in Kraft, als die wilden Stämme der Aequer und Volsker Latium mühelos überrannten. Erst nach hartem

Kampf gelang es Rom, die verbündeten Städte zu entsetzen. Roms Erzfeinde aber blieben vorerst die Etrusker, die der Tiberstadt 100 Jahre lang trotzten. Die unweit von Rom gelegenen Etruskerstädte Veii und Fidenae erinnerten die Römer ständig an die drohende Gefahr eines neuerlichen Konfliktes. Zehn lange Jahre belagerten sie Fidenae, 426 v. Chr. eroberten sie die Stadt und machten sie dem Erdboden gleich. Konsul Marcus Furius Camillus vernichtete schließlich um 396 v. Chr. Veii. Der etruskische Niedergang war damit unaufhaltsam geworden, denn etwa zur selben Zeit drangen die Gallier in die Poebene ein, zerstörten die anderen Etruskerstädte und vertrieben alle überlebenden Bewohner. Griechische Seeangriffe vervollständigten den Untergang. Dionysius I. von Syrakus überfiel die etruskischen Hafenstädte im Süden, wie zum Beispiel Caere, und plünderte sie völlig aus.

390 v. Chr. stürmten die senonischen Gallier über den Apennin und eilten von Sieg zu Sieg. Mit all ihrer Macht warfen sich die Gallier auf die mit Rom verbündete Stadt Clusium (Chiusi) und begannen eine hartnäckige Belagerung. Alarmiert machten sich die Römer auf, die bedrohte Stadt zu befreien und trafen an der Allia, einem Nebenfluß des Tiber, erstmals auf die Keltenabkömmlinge. Die wilden bärtigen, gellende Kriegsschreie ausstoßenden Gallier brachten die Römer völlig aus dem Konzept. Mit einem solchen Gegner war Rom bisher noch nie konfrontiert gewesen. Angeführt von ihrem eisenharten und keine Gnade kennenden Häuptling Brennus, fegten die Gallier die Römer förmlich vom Schlachtfeld. Brennus und seine Krieger marschierten, vom Siegesrausch erfaßt, gegen Rom. Mühelos drangen sie in die Stadt ein, alle niedermetzelnd, die sich ihnen in den Weg stellten. Rom wurde ausgeplündert und niedergebrannt, jeder Einwohner, der in die Hände der Gallier geriet, erbarmungslos getötet.

Einzig auf dem Kapitol behauptete sich die Wachgarnison unter ihrem tapferen Kommandanten Marcus Manlius Capitolinus. Immer wieder versuchten die Gallier, Roms allerletzte Bastion zu erstürmen, scheiterten aber jedes Mal erneut. Brennus begann nun, die Garnison auszuhungern. Nach viermonatiger Belagerung sah sich selbst der unbeugsame Marcus Manlius Capitolinus, dessen Männer dem Hungertod nahe waren, gezwungen, zu kapitulieren. Der Gallierhäuptling Brennus, der für gewöhnlich eine Politik der verbrannten Erde verfolgte, erklärte sich überraschenderweise bereit, die Tiberstadt (oder was noch von ihr übriggeblieben war) gegen Zahlung eines Entgeltes von 1000 Pfund in Gold zu räumen. Der Überlieferung zufolge fand Brennus jedoch sehr schnell heraus, daß die Römer eine schwerwiegende Manipulation vorgenommen hatten, indem sie einfach die Gewichte fälschten. Zornig soll darauf der Gallierhäuptling mit den unsterblich gewordenen Worten »Wehe den Besiegten!« sein Schwert in die Waagschale geworfen haben. 360 und 348 v. Chr. stießen die Gallier nochmals gefährlich in die Nähe Roms vor. Die Römer waren bei diesen neuerlichen Attacken offenbar besser gewappnet, es gelang ihnen jedenfalls, die Gallierheere beide Male erfolgreich zu stoppen, ehe sie die Stadt am Tiber erreichten.

Kaum war die Galliergefahr gebannt, brodelte das Feuer des Krieges sozusagen schon wieder am eigenen Herd auf. Diesmal waren es die Samniten, die Rom zu den Waffen zwangen. Sie hatten die Eroberung der Campagna-Ebene und der dazugehörigen Meeresküste im Sinn. Doch die geplante Annektion der begehrten Ebene sollte scheitern. Am Anfang ihres Eroberungsfeldzuges wandten sich die Samniten gegen Capua und belagerten die Stadt 343 v. Chr. Capua leistete heftige Gegenwehr und wandte sich hilfesuchend an Rom, sich selbst als Unterpfand anbietend. Rom zögerte nicht lange, den verzweifelten

Hilferuf der Capuaner zu erhören, witterte es doch neue und reiche Beute. Zwischen Cumae und Neapolis (Neapel), am Mons Gaurus, traf das römische »Befreiungsheer« unter Führung von Valerius Corvus auf die Samniter und bereitete den kampferprobten »Abruzzensöhnen« eine schwere Niederlage. Damit war der Krieg allerdings noch nicht gewonnen, denn eine zweite, von Cornelius Cossus geführte römische Armee, die in Samnium einmarschiert war, um dem Feind auch auf heimatlichem Boden eine Lektion zu erteilen, geriet in einen Hinterhalt. Unter schwersten Verlusten gelang es Cornelius Cossus, sich aus dieser Zange zu befreien und die Vereinigung mit dem siegreichen Heer seines »Kollegen« Valerius Corvus herbeizuführen. Bei Suessula kam es zur Entscheidungsschlacht, die mit einem Sieg der vereinten römischen Armeen endete. Den Samniten blieb keine andere Wahl, als 341 v. Chr. um Frieden zu bitten und die Campagna wieder zu räumen.

Ein Krieg folgte dem anderen. Als die Latiner, sich auf das mit Spurius Cassius geschlossene Verteidigungsbündnis berufend, Teilgebiete der eroberten Campagna beanspruchten, bot dies den Römern den willkommenen Anlaß, die latinische Föderation endgültig zu zerschlagen. Die Latiner wurden zweimal vernichtend geschlagen, am Vesuv und 338 v. Chr. bei Sinuessa. Das römische Staatsgebiet wuchs, Lanuvium, Tusculum und Aricia wurden annektiert, anderen Städten wie Cales (Calvi) und Anxur der Kolonialstatus aufoktroyiert. Während römische Vorherrschaft nicht völlige Unterwerfung der ehemals latinischen Föderation bedeutete und auch mit keinerlei Reparationszahlungen verbunden war, mußten alle neuen Mitglieder des aufblühenden Staatsgebildes Rekruten für die römischen Armeen stellen. Als Lohn winkte einem tapferen Krieger eines Tages die Ehre, zum »Civis Romanus«, Bürger Roms, ernannt zu werden.

Die Expansionspolitik der Römer verschärfte sich. Sie leitete ein langes Ringen ein, in dessen Verlauf es zu Siegen und Niederlagen, Bündnissen und Pakten kommen sollte, das noch einmal nahezu die gesamte Völkervielfalt auf Italiens Boden marschieren ließ. Die Römer begannen ihren Eroberungskrieg 326 v. Chr. Obwohl es gelang, Samnium weitgehend zu verwüsten, fügte ihnen aber der geniale samnitische Feldherr Caius Pontius eine schmachvolle Niederlage zu. Rom verband sich nun mit den Lukanern und Apuliern, Samnium sollte eingekreist und isoliert werden. Doch auch die Samniten blieben nicht untätig und verbanden sich ihrerseits mit den Etruskern, die allerdings kaum noch einen ernstzunehmenden politischen Machtfaktor darstellten. 311 v. Chr. zerschlug Quintus Fabius Rullianus diese Allianz bei Perusia (Perugia), während es seinem Landsmann Lucius Papirius Cursor gelang, Samnium neuerlich in Schutt und Asche zu legen. Nachdem die Römer ihre Hauptstadt Bovianum (in der Nähe von Campobasso) eingenommen hatten, baten die Samniten 304 v. Chr. wieder einmal um Frieden. Die samnitischen Besitzungen am Tyrrhenischen Meer und an der Adriaküste fielen an Rom.

Roms Hegemoniestreben stemmte sich allerdings bereits sechs Jahre später eine Großallianz fast aller Völker, die die Römer als kontinuierliche Bedrohung ihrer Souveränität ansahen, entgegen. Der samnitische Feldherr Gellius Egnatius befehligte das aus Samniten, Umbrern, Etruskern, Lukanern und gallischen Senonen rekrutierte Koalitionsheer. Diesmal dauerte der Krieg vier Jahre.

294 v. Chr. schlugen die Römer das Allianzheer bei Sentium vernichtend. Die Koalitionsversuche der Feinde Roms im Norden wie im Süden waren damit endgültig gescheitert. Einzig und allein die Samniten setzten den Kampf noch weitere vier Jahre fort, ehe sie, nach einer letzten Niederlage im Jahre

290 v. Chr., ausgeblutet und kampfesmüde, Roms Vorherrschaft
endlich anerkennen mußten.

Rom führte seine Kriege fort, große Landstriche im Nordosten
wurden erobert, das Gebiet der gallischen Senonen in die römische Kolonie Senagallica umgewandelt. In Samnium entstand
die Kolonie Venusia. Roms Hegemonie erstreckte sich nun über
ganz Mittelitalien, erst am Golf von Tarent endete vorerst der
Einflußbereich der Römer. Wie de Beer schreibt, verbanden die
»großen Straßen der Konsuln, die Via Appia nach Capua und
dem Süden, die Via Flaminia nach Narnia, Ariminum und dem
Norden und die Via Valeria nach Alba Fucens und dem Osten«[2]
die annektierten Gebiete mit Rom.

De Beer mißt dem Konflikt mit den Samniten, diesem langen
und von beiden Seiten mit äußerster Härte und Kompromißlosigkeit geführten Krieg, geradezu welthistorische Bedeutung
bei, indem er folgenden Bezug zwischen der Niederlage der
Samniten und Hannibals späterem Feldzug gegen Rom herstellt:
»Wäre es Rom nicht gelungen, die Samniten auf die Knie zu
zwingen, dann wären diese im Besitz der Campagna geblieben und hätten schließlich die Vorherrschaft über die griechischen Städte der Magna Graecia errungen. Es hätte dann
nicht nur eine, sondern zwei Mächte in Italien gegeben, und
Hannibal hätte sie beide getrennt schlagen können ...«[3]
Die Hypothese des Briten ist durchaus interessant, muß allerdings, wie alle Spekulationen dieser Art, cum grano salis betrachtet werden. Hätten die Samniten jene griechischen Städte,
denen wir uns sogleich zuwenden müssen, wirklich so problemlos überrennen können oder wären sie nicht vielmehr auf heftigen Widerstand gestoßen? Wer sagt uns außerdem, daß Hannibal sich nicht mit den Samnitern verbunden hätte, um Roms
Niederlage herbeizuführen? Warum hätte er die Gefahr eines
Zweifrontenkrieges riskieren sollen? Und liegt nicht auch die

Vermutung nahe, daß es im Falle einer Existenz zweier Großmächte auf italienischem Boden zu einer Allianz eben dieser beiden, den Römern und Samnitern, gegen den ausländischen karthagischen Aggressor gekommen wäre? Spekulationen über Spekulationen.

Richten wir nun unser Augenmerk auf die griechischen Städte im Süden Italiens, deren reichste und mächtigste Tarentum (Tarent) war, das Rom 281 v. Chr. den Krieg erklärte. Ein Jahr zuvor hatte die griechische Ansiedlung Thurii, eine Invasion des kriegerischen Oskerstammes der Lukaner befürchtend, Roms Waffenhilfe erbeten. Die Römer handelten umgehend und schickten zehn Schiffe, um Thuriis Sicherheit zu gewährleisten. Sie verletzten dabei aber einen kurz zuvor mit Tarentum geschlossenen Vertrag, der ihnen ausdrücklich untersagte, über das lascinische Vorgebirge hinauszusegeln und in tarentinische Hoheitsgewässer einzudringen. Tarentum reagierte prompt. Vier römische Schiffe wurden versenkt, eines gekapert, und der halbierte Rest der kleinen Expeditionsflotte mußte notgedrungen die Rückfahrt antreten. Als römische Gesandte in Tarentum auftauchten und empört Genugtuung für diesen in ihren Augen unverzeihlichen Akt der Aggression forderten, wurden sie verlacht und verhöhnt, mit Schimpf und Schande aus der Griechenstadt gejagt. Somit war der casus belli zwischen Rom und Tarentum gegeben.

Tarentum und Rom waren keine ebenbürtigen Gegner. Das griechische Tarentum war eine prosperierende Stadt mit einem gut ausgerüsteten stehenden Heer, dennoch war den Tarentinern klar, daß sie keine echte Chance besaßen, auf Dauer gegen die kampferprobten, zahlenmäßig weit überlegenen römischen Legionen zu bestehen. Die Tarentiner bemühten sich deshalb um fremdländische Waffenhilfe. Schnell fanden sie einen mächtigen Verbündeten, einen außergewöhnlichen Mann, der den Römern den Krieg ins eigene Land tragen und die langsam zur Metropole werdende Stadt am Tiber erzittern lassen sollte: König Pyrrhos von Epirus.

Pyrrhos, ein militärisches Genie, dessen Strategietaktiken später von Hannibal studiert und bewundert werden sollten, ein wagemutiger, tollkühn-draufgängerischer Mann, hatte schon lange auf eine Eingreifmöglichkeit in Italien gewartet. Wie Eduard Meyer in seiner interessanten vergleichenden Studie »Hannibal und Scipio« schon 1923 ausführte, markierte Pyrrhos' Feldzug gegen Rom den wahrscheinlich letzten großen Versuch, »die Weltgriechen vor dem drohenden Untergang durch die immer weiter um sich greifende Macht Roms und Karthagos zu retten.«[4] Der »epirotische Abenteurer«, wie Gustav Faber den König von Epirus abschätzig und völlig unobjektiv bezeichnet, hatte die Vision, alle Griechen in Süditalien unter seinem starken Zepter zu einen.

Dieser bemerkenswerte Mann erhörte den so gut in sein Konzept passenden Hilferuf der Tarentiner also sofort und setzte mit einem für damalige Begriffe gewaltigem Heer, bestehend aus 30 000 Fußsoldaten, 3000 Reitern und 20 Elefanten über die Adria. Am Golf von Tarent, bei Herakleia, standen ihm die römischen Legionen unter Levinus Valerius 280 v. Chr. zum ersten Mal gegenüber. Es war ein fast unwirkliches Aufeinanderprallen zweier zu allem entschlossenen Armeen und Heerführer. Die gefürchteten Legionäre starrten ungläubig auf die Elefanten, die sie nie zuvor gesehen hatten – die »Panzer der Antike« erlebten hier ihren ersten Auftritt auf römischer Bühne – und wurden zudem durch den Einsatz der mazedonischen Phalanx, derer sich Pyrrhos meisterhaft bediente,durcheinandergebracht. Dennoch kämpften die Römer tapfer und ungestüm wie immer, bereit keinen Zoll zu weichen, welch furchtbaren Gegner ihnen das Schicksal auch beschert hatte. Der Einsatz der »lukanischen

Kühe«, wie die Legionäre die ihnen unbekannten Dickhäuter nannten, die strategisch perfekt ausgeführten Manöver der mazedonischen Phalanx, und nicht zuletzt die überragende Koordinationsfähigkeit von König Pyrrhos selbst gaben letztlich den Ausschlag. Die Römer wurden besiegt. Aber der Preis des Sieges war hoch. Die Legionäre um Levinus Valerius hatten sich mit dem Mut der Verzweiflung zur Wehr gesetzt und das Heer des Gegners derart dezimiert, daß Pyrrhos den deprimierten

König Pyrrhos von Epirus (319–272 v. Chr.)

Ausspruch getan haben soll: »Noch ein solcher Sieg, und ich muß wohl allein nach Epirus heimkehren!«

Pyrrhos besaß nun die Oberhoheit und Vorherrschaft im Süden. Damit schien er sich vorerst – vor allem eingedenk des hohen Blutzolls, den die Schlacht von Herakleia gefordert hatte – zufriedenzugeben. Er beschloß, in sofortige Friedensverhandlungen mit Rom einzutreten; doch seine Gesandten kehrten unverrichteter Dinge aus der Tiberstadt zurück. Unmißverständlich ließen die Römer den König von Epirus wissen, daß sie erst dann zu Gesprächen bereit wären, wenn er all seine Truppen aus Italien abgezogen hätte. Diese hochmütige Antwort erzürnte Pyrrhos so sehr, daß er sich auf der Stelle zum Marsch auf Rom entschloß. Sein Truppenkontigent wurde durch sich ihm willig anschließende Samniter, Lukaner und Bruttier aufgestockt. Der bunt gemischte Heerhaufen des Griechenkönigs kam bis auf Sichtweite an Rom heran. Dort standen dem Mann aus Epirus aber zwei große Armeen gegenüber. Der hervorragende Stratege erkannte sofort, daß ein Waffengang sinnlos sein würde. Die römischen Legionäre waren von der Anzahl her fünfmal so stark wie seine eigenen Krieger. Dieser Übermacht war Pyrrhos nicht gewachsen, und so gab er den Befehl zum Rückzug ins Winterlager nach Tarentum. Es ist bemerkenswert, daß sich keine einzige römische Kolonie auf seine Seite schlug. Offenbar zweifelten die Kolonisten niemals ernsthaft an Roms Stärke.

Im darauffolgenden Jahr setzte Rom eine von Publius Decius Mus geführte Streitmacht nach Apulien in Marsch, wo Pyrrhos sie bei Ausculum (Ascoli b. Foggia) erwartete. Wieder prallten die beiden Heere mit unglaublicher Wucht aufeinander, es kam zu einer unsagbar blutigen, zwei Tage andauernden Schlacht, aus der Pyrrhos, der selbst im dichtesten Nahkampfgewimmel zu sehen war und Römer um Römer niederhieb, erneut als Sieger hervorging. Als der König aus Epirus sich jetzt abermals zu

Friedensverhandlungen bereit erklärte, antworteten die Römer
gar nicht erst auf dieses neuerliche Angebot, sie hatten in der
Zwischenzeit einen Bündnispakt mit der Weltmacht Karthago
geschlossen! Warum entschloß sich Karthago, der spätere Erz-
feind Roms zu diesem Schritt? Sicherlich nicht aus Sympathie
für die Römer. Karthago bangte um seine Machtposition in
Sizilien und fürchtete wohl, Pyrrhos könnte die »balance of
power«, das Mächtegleichgewicht auf der weitgehend von ihren
Stützpunkten beherrschten Insel durch einen Zusammenschluß
der dortigen Griechenstädte empfindlich stören.
Syrakus setzte Pyrrhos von dieser neuen Konstellation in
Kenntnis und prompt schiffte sich dieser nach Sizilien ein, da er
nicht Gefahr laufen wollte, seine Truppen in einem Zweifrontenkrieg aufzureiben. Relativ rasch gelang es ihm, die Karthager aus all ihren Stützpunkten zu vertreiben – mit Ausnahme der
Stadt Lilybaeum (Marsala) , die er nicht einnehmen konnte.
Die Römer nutzten indes Pyrrhos »Gastspiel« auf Sizilien best-
möglichst, indem sie ihre Truppenstärke in Süditalien konsoli-
dierten. Als der Herrscher von Epirus 275 v. Chr. an der Reling
seines Schiffes stand und im Lichte der untergehenden Sonne
auf die sizilische Insel zurückblickte, sollen ihm die wahrhaft
prophetischen Worte »Was für ein gewaltiges Schlachtfeld hinterlassen wir den Römern und Karthagern!« über die Lippen gekommen sein. In Süditalien erwarteten Pyrrhos zwei mächtige
Armeen. In Samnium stand Marcus Curius Dendatus an der
Spitze seiner Legionen, in Lukanien versprach Lucius Cornelius Lentulus seinen Truppen den Sieg, den man mit vereinter
Kraft erringen wollte. Pyrrhos erkannte die Gefahr, in die Zange zu geraten. Waren diese beiden Armeen erst einmal vereint,
würde die Übermacht zu groß sein, um die Schlacht gewinnen
zu können. Dem König von Epirus blieb keine Wahl. Er warf
sich daher zuerst auf Marcus Curius Dendatus, in der Absicht,

einen schnellen Sieg zu erringen, um sodann das zweite Heer des Feindes angreifen zu können. Doch die Römer hatten ihre Lektion aus den beiden vorangegangenen Niederlagen gelernt. Als die Legionäre bei Maleventum auf das Pyrrhos-Heer trafen, jagten ihnen die Elefanten keine Angst mehr ein. Todesmutig hielten sie den Dickhäutern brennende Fackeln unter die Rüssel. Diese Taktik bewährte sich auf hervorragende Weise. Panikartig machten die Elefanten kehrt und richteten ein furchtbares Chaos in den eigenen Reihen an.

Diesmal war das Kriegsglück auf Seiten der Römer. Der Mann, der übers Meer gekommen war, um Rom in die Knie zu zwingen, mußte seine erste und zugleich vernichtendste Niederlage hinnehmen. Nur mit Mühe entging Pyrrhos der Gefangennahme. Alle seine Einigungsträume von einem von Epirus beherrschten Großgriechenland hatten sich in nichts aufgelöst.

Mit dem Sieg über Pyrrhos hatte Rom die Eroberung Italiens abgeschlossen. Maleventum wurde zum Gedenken an die große Entscheidungsschlacht in Beneventum umgetauft. Ein Jahr vor Pyrrhos Tod (270 v. Chr.) sahen sich die Tarentiner zur Kapitulation gezwungen und unterwarfen sich der Gnade Roms. Alle Völker, die Pyrrhos beigestanden hatten, bekamen nun Roms Rache zu spüren. Nach der Annektierung all ihrer Gebiete beherrschten die Römer ganz Italien. Sie waren jetzt die Herren des Landes vom Arno bis zum Golf von Tarent und der Straße von Messina. Rom war zur Großmacht geworden und warf bereits sein gieriges Auge auf Sizilien. Hier sollten sich Pyrrhos prophetische Worte bewahrheiten. Die Insel sollte zum karthagisch-römischen Schlachtfeld werden. Auf ihr sollten die Interessen der beiden Weltmächte, der älteren und bedeutenderen, Karthago, und der neuen und aufstrebenden, Rom, erstmals aufeinanderprallen. Die Weichen zum Ersten Punischen Krieg waren gestellt.

IV
KAMPF UM SIZILIEN –
DER ERSTE PUNISCHE KRIEG

Im Jahre 264 v. Chr. begann der Erste Punische Krieg, der nicht weniger als 23 Jahre dauern sollte. Der Anstoß für das erste kriegerische Aufeinandertreffen der beiden Großmächte Rom und Karthago war vergleichsweise unbedeutend, in seiner Langzeitwirkung aber von gewaltiger historischer Dimension. Nur 13 Jahre vorher waren Karthago und Rom noch Bündnispartner gewesen, hatte der Eroberungsfeldzug von König Pyrrhos von Epirus Karthager und Römer kurzzeitig zu Verbündeten werden lassen. Nachdem die »epirotische Gefahr« gebannt war, hatten sich sowohl Rom wie auch Karthago mehr als ein Jahrzehnt lang vorwiegend internen Aufgaben und Problemen zugewandt, obwohl es aufgrund der so aggressiv verlaufenden Expansionspolitik der Römer nur eine Frage der Zeit sein konnte, wann diese den Entschluß fassen würden, die latent schwelende »sizilianische Frage« zu lösen, was unweigerlich zum Konflikt mit den Karthagern führen mußte.

Mit dem Griff nach Sizilien setzte Rom zweifelsohne den ersten Schritt zur Schaffung seines über die Grenzen Italiens hinausgehenden Imperiums, dem »Griff zur Weltherrschaft«. Die schon von den antiken Autoren heftig erörterte Frage der Kriegsschuld ist bis zum heutigen Tag nicht restlos geklärt worden. Nach Werner Huß liegt dies nicht zuletzt daran, daß die Chronisten des Altertums die Geschehnisse tendenziös darstellten.[1] Nach Ansicht der meisten modernen Historiker erweist sich die Schilderung des Polybios – auch wenn er sein Werk sicherlich in prorömischem Sinne abfaßte – als am vertrauenswürdigsten. Im folgenden halten wir uns daher an seine Version, wobei wir versuchen werden, seine Aussagen gegebenenfalls zu objektivieren.

Abenteurer, Freibeuter und Piraten aus der Campagna, der Gegend um Neapolis (Neapel), hatten im Sold von Agathokles, dem Tyrannen von Syrakus, einige Zeit lang gegen die Karthager gekämpft. Nach ihrer Entlassung schlossen sich die arbeitslos gewordenen Söldner zu einem bunt gemischten Heerhaufen zusammen und zogen marodierend und plündernd durch die Lande. Die Abenteurer gaben sich den stolzen Namen Mamertiner, was »Marssöhne« hieß und sich von »Mamers«, dem oskischen Ausdruck für den Kriegsgott, herleitete. 265 v. Chr. standen die »Söhne des Mars« vor den Toren der Griechenstadt Messana und begehrten Einlaß. Messana (Messina) kam der Forderung der Heerscharen nach, nicht ahnend, welches Unglück ihr nun bevorstehen sollte. Die Mamertiner machten ihrem Namen alle Ehre, Vergewaltigungen, Morde und Plünderungen waren bald an der Tagesordnung. Messana wurde zur Söldnerstadt, in der es weder Recht noch Gesetz, sondern nur noch Terror und Willkür gab. Außerdem kaperten die Mamertiner alle Schiffe, die sich in die Meerenge Messanas wagten. Ihr Terrorregime erzürnte vor allem einen Mann. Messana lag im Einzugsbereich eines Herrschers, der es als seine Aufgabe empfand, Sizilien vom mamertinischen Joch zu befreien: Hieron II., der Tyrann von Syrakus, brach sogleich auf, um Messana zu belagern. Die »Marssöhne« wußten, daß Hieron keine Gnade kennen würde und baten Karthago um militärische Hilfe. Karthagische Truppen rückten daraufhin, von den Mamertinern willig empfangen, in Messana ein. Hieron II. mußte seine Belagerung aufgeben.

Die karthagischen Bundesgenossen gingen nicht besonders zimperlich mit den Söldnern und Marodeuren um. Die Mamertiner entschlossen sich daher zu einem Doppelspiel und schmuggelten Gesandte aus der Stadt, welche nach Rom eilten. Am Tiber empfing man die Abgesandten der Mamertiner anfänglich relativ kühl, nicht so, wie diese es erwartet hatten. Obwohl sie in maßloser Übertreibung die Unterdrückung, die »ihre« Stadt durch die karthagische Besatzungsmacht erfuhr, schilderten, zögerte Rom. Sollte es, nur um einer Bande wild gewordener Halsabschneider zu ihrem zweifelhaften Recht zu verhelfen, die Gefahr einer möglicherweise größeren Auseinandersetzung mit Karthago riskieren? Schließlich setzten sich die »Falken« im römischen Senat durch, die Expansionisten, die darauf hinwiesen, daß Sizilien ohnehin quasi vor der Haustüre lag und eigentlich längst römische Kolonie sein müßte. Polybios' These von einem römischen »Verteidigungskrieg« erscheint unglaubwürdig. Es kann kein Zweifel daran bestehen, daß es in der Hauptsache wirtschaftliche Gründe waren, die Rom bewegten, in Messana militärisch aktiv zu werden. Sizilien war zum begehrten ersten Objekt des römischen Imperialismus geworden.

Nachdem die Intervention beschlossene Sache war, schiffte sich der Tribun Caius Claudius Cadix zusammen mit seinen Legionären nach Sizilien ein. Im Schutze der Nacht rückte Cadix unbemerkt nach Messana vor. Das Überraschungsmoment war auf seiner Seite. Der karthagische Oberbefehlshaber der Griechenstadt schien die bedrohliche Lage nicht richtig zu erfassen und ließ sich von Cadix ins römische Lager locken, um durch ein persönliches Gespräch mit dem Tribunen die Situation zu entschärfen und vielleicht einen friedlichen Kompromiß erreichen zu können. Der vertrauensselige Karthager wurde sofort dingfest gemacht und Caius Claudius Cadix befahl den Sturmangriff auf Messana. Messana fiel. Mit der Vertreibung der

Karthager aus Messana begann 264 v. Chr. der Erste Punische Krieg, ausgelöst von einer Bande von Marodeuren. Aus einem an sich unbedeutenden Konflikt wurde ein Krieg gewaltigen Ausmaßes. Die Karthager verbündeten sich zunächst mit Hieron II. von Syrakus und belagerten zusammen mit seinen Truppen das leidgeprüfte Messana. Der römische Tribun ließ sich nicht beeindrucken, sondern handelte bemerkenswert schnell und umsichtig. Eilends wurden Flöße gebaut, mit deren Hilfe Cadix' Armee über die Meeresenge gelangte und Hierons Streitkräften in den Rücken fiel: Hierons Heer wurde geschlagen und einen Tag später auch die Karthager. Messana war nun wieder fest in römischer Hand.

Der Tyrann von Syrakus, der über 90 Jahre alt werden sollte, war ein Opportunist und nahm jetzt, auf die Überlegenheit der Römer setzend, einen Seitenwechsel vor. Damit lieferte Hieron den Römern wichtige Stützpunkte für ihren weiteren Krieg mit Karthago. Die Römer, fest entschlossen, ganz Sizilien in ihren Besitz zu bringen, hatten bald die gesamte Insel in ihrer Hand. Drei Jahre nach Beginn des Krieges öffnete die karthagische Festungsstadt Acragas nach siebenmonatiger Belagerung den Römern die Tore. Nur noch drei karthagische Stützpunkte konnten sich vorerst weiter behaupten: Lilybaeum (Marsala), Drepanum (Trapani) und Panormus (Palermo). Der Hauptgrund dafür lag in der Tatsache begründet, daß alle drei Ansiedlungen einen Zugang zum Meer hatten und sie Karthago von See aus versorgen konnte. Die Römer, die bis dato stärkste Landmacht des westlichen Mittelmeerraums, benötigten schnellstens eine schlagkräftige Kriegsflotte, um diese Versorgung effektiv unterbinden zu können. Nur so konnte man die verbliebenen karthagischen Städte auf der Insel wirklich isolieren und die letzten Bastionen karthagischen Widerstands einnehmen.

Mit der ihnen eigenen Zähigkeit und Beharrlichkeit gingen die

Römer daran, ihr neues Konzept in die Tat umzusetzen und bauten in kürzester Zeit eine Flotte von 120 Schiffen. Faber beschreibt, wie genial und einfallsreich die römischen Schiffskonstrukteure nun agierten:

»Das Entscheidende des Krieges, der sich im wesentlichen auf und um Sizilien abgespielt hat, war nicht irgendeine gewonnene oder verlorene Schlacht, geglückte oder gescheiterte Belagerung, sondern daß hier eine ausgesprochene Landmacht einer fast ebenso ausschließlichen Seemacht gegenüberstand ... Den im Schiffsbau ganz unerfahrenen Römern war es gelungen, eines der punischen Ruderschiffe zu kapern und in einen ihrer Häfen einzubringen, worauf sie die Beute als Modell für den Bau ihrer eigenen Seefahrzeuge benützten: 100 Fünf- und 20 Dreiruderer mit jeweils so vielen Bankreihen übereinander ... Für jeden Fünfruderer (Quinquereme) benötigte man 300 Ruderer, für jeden Dreiruderer (Trireme) 170. Man nimmt an, daß die Römer italische Bundesgenossen anheuerten, ... weil man keine Cives Romani auf den Ruderbänken dulden wollte ... Die Angeworbenen, meist bäuerlicher Herkunft, wurden auf eigens angefertigten Gestellen gedrillt. Ausschlaggebend für die bald erzielte Seeüberlegenheit eines Binnenvolkes war indes eine Erfindung, die man geradezu als Wunderwaffe bezeichnen kann.«[2]

Worin bestand nun die großartige Leistung der römischen Schiffsbauer? Lediglich in einer originalgetreuen Kopie eines karthagischen Kriegsschiffes, das zudem nicht gekapert wurde, wie Faber schreibt, sondern an der bruttischen Küste strandete? Der karthagische Fünfruderer, das sogenannte Penteren, wurde von den Römern nur mit einem anderen Namen ausgestattet. Ob die Römer zu Beginn ihrer Seekriegsführung Bauern anwarben oder Sklaven und Verbrecher auf die Ruderbänke setzten, wie sie es später praktizierten, ist eine andere Frage.

Die von Faber als »Wunderwaffe« ins Feld geführte neue Erfindung war allerdings tatsächlich den Römern zuzuschreiben: Es handelte sich um bewegliche Enterbrücken, etwa acht Meter lang und aus Sicherheitsgründen mit einem Geländer ausgestattet. Die Enterbrücken waren außerdem breit genug, bequem zwei Legionären Platz zu bieten. Hauptgedanke dieser die Seekriegsführung revolutionierenden Idee war es, aus einer Seeschlacht eine Art improvisierter Landschlacht zu machen. Nachdem die Feindschiffe mit Enterhaken festgemacht worden waren, konnten die Legionäre fast wie auf dem Festland kämpfen und das Deck der gegnerischen Galeeren stürmen. Wir wissen nicht, welcher Mann diesen genialen Einfall hatte. Vielleicht war es der mit der Durchführung des Schiffsbauprogramms betraute Konsul Cornelius Scipio Asina.

Nahezu alle modernen Historiker sind der Ansicht, daß die Römer bereits beim ersten Flottenzusammenstoß mit den Karthagern einen gewaltigen Sieg davontrugen. Eduard Meyer vertrat diese Auffassung schon 1923[3], Gustav Faber übernahm sie 60 Jahre später, offenbar ungeprüft, in seine Hannibal-Biographie. Auch Werner Huß schreibt 1990 in seinem Buch *Die Karthager:* »... Und das Sensationelle geschah. In ihrer ersten großen Seeschlacht schlugen die Römer die Beherrscher der Meere ...«[4] All diese Darstellungen sind falsch. Denn beim ersten tatsächlichen Aufeinandertreffen der beiden Flotten, das in der Nähe der Liparischen Inseln stattfand, erwies sich die karthagische »Rammstoßtaktik« immer noch als erfolgreich. Das von Cnaeus Cornelius Scipio kommandierte römische Geschwader wurde 261 v. Chr. von den Karthagern versenkt. Der erste große Seesieg der Römer fand erst ein Jahr später, 260 v. Chr. statt, als römische und karthagische Flotteneinheiten in der Straße von Messana, bei Mylae (Milazzo), erneut aufeinanderprallten. Diesmal kamen die Karthager offenbar nicht dazu, ihre gefürchteten Rammstoßmanöver durchzuführen. 140 römischen Galeeren standen fast 200 karthagische Kriegsschiffe gegenüber. Die punischen Schiffe waren zudem viel wendiger als die schwerfällig wirkenden römischen Galeeren. Trotzdem kamen hier die Enterbrücken erstmals entscheidend zum Tragen. Während die Enterhaken auf die karthagischen Schiffe herabdonnerten und die Legionäre von den Enterbrücken aus das Deck der Feinde stürmten, ruderten die römischen Galeerenruderer mit aller Kraft rückwärts, um zu verhindern, daß sich die punischen Schiffe wieder von den Enterbrücken lösten. Mylae wurde, wie erwähnt, zum ersten großen Seesieg der Römer. 100 karthagische Schiffe konnten versenkt, viele andere manövrierunfähig gemacht werden. Der punische Admiral verlor sein Flaggschiff, jene prächtige Heptere, welche einst König Pyrrhos von Epirus gehört hatte, aber es gelang ihm, sein Leben und einen kleinen Teil der stark dezimierten Flotte zu retten.

Caius Dulius, der stolze Sieger von Mylae, zog triumphierend in Rom ein, eine Anzahl schnabelartiger Bronzeornamente, die den Bug karthagischer Schiffe geziert hatten, als Kriegstrophäe mit sich führend. Auf dem Forum Romanum wurde eine marmorne Triumphsäule zu Ehren des siegreichen Konsuls Dulius aufgestellt. Sie wies sechs Nachbildungen dieser Ornamente – die Römer nannten sie »rostrae« – auf.

Der so überschwenglich gefeierte Sieg von Mylae stellte zwar die Vorherrschaft der Karthager zur See erstmals wirklich in Frage, wurde jedoch in seiner Bedeutung weit überschätzt. Die Karthager zogen vorerst ihre Lehren und beschränkten sich nun hauptsächlich darauf, eine Art Zermürbungskrieg zu führen. Größeren Zusammenstößen wichen sie bewußt aus. Die Römer aber faßten eine Invasion Karthagos ins Auge. 256 v. Chr. stießen die beiden Flotten bei Kap Eknomos an der Südküste Siziliens neuerlich aufeinander. Diesmal boten die Römer 320

Schiffe und mehr als 40 000 Mann auf. Die kommandierenden Konsuln Lucius Manlius Vulso und Marcus Attilius Regulus, die den Auftrag hatten, die karthagische Flotte auszuschalten, um sodann nach Afrika vorzustoßen, errangen einen Sieg. An der Spitze ihrer mehr oder weniger intakt gebliebenen Armeen landeten die beiden Konsuln in Afrika. Sie ankerten östlich von Kap Bon und bereiteten sich auf die entscheidende Landschlacht mit den Karthagern vor. Wenn man den Ausführungen von Werner Huß folgen will, so gelang ihnen die Einnahme der in der Nähe des Kaps liegenden Stadt Aspis, die zur Kommandozentrale und Operationsbasis gemacht wurde. Wie Huß schreibt, verheerten die Römer das umliegende Land und machten an die 20 000 Gefangene.[5] Da beschloß der römische Senat aus unerfindlichen Gründen, Lucius Manlius Vulso und seine Armee zurückzubeordern – mit Sicherheit ein unverzeihlicher Fehler.

Konsul Marcus Attilius Regulus, ein ehrgeiziger, aus den Reihen der Plebejer zum Konsul emporgestiegener Mann, der offenbar Order bekam, Friedensverhandlungen in die Wege zu leiten, dachte nicht daran, den Kampf abzubrechen. Er erhoffte sich neuen militärischen Ruhm und sah sich als großer Feldherr. Und wirklich blieb ihm das Kriegsglück vorerst hold. Abtrünnige ortsansässige Krieger stockten seine Armee auf, und es gelang ihm, die Karthager bei Tunes zu besiegen. Karthago geriet in eine immer bedrohlichere Lage, zumal sich auch noch einige Numidierstämme zur offenen Rebellion entschlossen. Die entnervte Landbevölkerung suchte Schutz in der Hauptstadt, in der sich, wie um das Unglück zu vervollständigen, eine Hungersnot ausbreitete. Angesichts dieser beängstigenden Konstellation der Dinge, beschloß der karthagische Senat, den römischen Konsul um Frieden zu bitten. Der vom Machtrausch erfaßte Regulus diktierte ihm absolut unannehmbare Bedingungen. Regulus lag nichts an einem Frieden. Eigenmächtig handelnd, wollte er Karthago zerstören und sich selbst zum erfolgreichsten Feldherrn seiner Zeit aufschwingen. Nur so wird der von ihm geforderte überharte Friede, sein unbotmäßiges Friedensdiktat verständlich. Sicherlich spekulierte er darauf, daß die Karthager sich niemals bereit erklären würden, einen Friedensvertrag zu seinen Konditionen abzuschließen.

Seine Rechnung schien aufzugehen. Karthago hob ein neues Söldnerheer aus und bestellte den fähigen Spartaner Xanthippos zum Oberkommandierenden. 255 v. Chr. kam es in der Ebene von Tunes zur Schlacht. Xanthippos verfügte über 100 Elefanten und verstand es, seine numidische Reiterei, die beste leichte Kavallerie der damaligen Welt, so meisterhaft einzusetzen, daß sie einen bedeutenden Beitrag zu seinem Sieg leisten sollte. Der Anführer der Reiterei des Spartaners war der schneidige, damals noch recht junge Hamilkar Barkas, Hannibals Vater. Den Ausschlag gaben aber einmal mehr die »Panzer der Antike«. Die vor den punischen Schlachtreihen angetretenen Kolosse durchbrachen das Zentrum der von Regulus besonders nahe aneinandergereihten römischen Manipel und zertrampelten die ihrer Mobilität beraubten eng gestaffelten Legionäre. Regulus, der in der Aufstellung seiner Manipel zweifelsohne die mazedonische Phalanx kopieren wollte, trug selbst die Hauptverantwortung für die sich nun anbahnende Katastrophe. Ausweichmanöver waren unmöglich, es kam zu einem chaotischen Zusammenbruch innerhalb des römischen Heeres – Regulus geriet in Gefangenschaft.

Obwohl es belegt ist, daß die Elefanten die Schlacht von Tunes zugunsten der Karthager entschieden, kann Fabers Behauptung, daß die Römer erst zu Hannibals Zeiten lernten, den Einsatz der Elefanten durch effektive Gegenmaßnahmen zu entschärfen, nicht unwidersprochen hingenommen werden. Wir haben gesehen, daß die Römer bereits im Kampf gegen König Pyrrhos von Epirus mit brennenden Fackeln agierten und die Dickhäuter auf diese Weise außer Gefecht setzten. Regulus muß wohl die schon einmal so erfolgreiche Methode seiner Landsleute vergessen haben, sonst hätte er seine Manipel in Anbetracht eines Elefantenangriffs kaum so katastrophal ungünstig postiert. Als der Senat von Regulus' schmählicher Niederlage erfuhr, wurde der Entschluß gefaßt, eine Expeditionsflotte zu entsenden, um die Überlebenden evakuieren zu können. Doch die Götter schienen ihnen nicht gewogen. In einem orkanartigen Sturm am Kap von Passaro ging die Flotte bis zum letzten Schiff unter.

Ein Jahr später hatten die Römer jedoch bereits wieder eine neue Flotte gebaut und eroberten Panormus (Palermo), die Punierstadt auf Sizilien. Als 253 v. Chr. aber auch diese zweite Flotte der Römer einem mörderischen Sturm zum Opfer fiel, hielten die Karthager die Zeit für einen Gegenschlag gekommen. Allein ihre gewaltige Expeditionsarmee scheiterte an Prokonsul Lucius Cecilius Metellus, dessen hervorragend motivierte Truppen das karthagische Heer vernichtend schlagen und die meisten der 120 zum Einsatz gebrachten Elefanten töten konnten. Einige wenige Dickhäuter wurden als Kriegsbeute nach Rom mitgeführt.

Nach dem Sieg des Metellus, den die altbewährten Legionäre errangen, kam es in Rom zu einem Umdenkprozeß. Alle Pläne, ein neues kostspieliges Flottenbauprojekt in die Wege zu leiten, wurden vorerst auf Eis gelegt. Man war allgemein der Ansicht, daß auch ein zahlenmäßig eher bescheiden wirkender Flottenverband den Schutz Italiens gewährleisten könnte.

Karthago andererseits, dessen Finanzmittel nahezu erschöpft waren, konnte die letzte schwere Niederlage kaum verkraften. So wurde der Entschluß gefaßt, Rom um einen ehrenvollen Frieden zu bitten. Die Friedensinitiative ging also neuerlich von den Karthagern aus, was die These nahe legt, daß es ihnen in diesem Krieg in erster Linie darauf ankam, den status quo ante aufrechtzuerhalten. In diesem Zusammenhang kann kaum von einem karthagischen Imperialismus gesprochen werden.

In Karthago erinnerte man sich des Gefangenen Regulus und erlaubte dem Konsul, nach Rom heinzukehren, um dort das Friedensangebot der »Königin der Meere« zu unterbreiten. Regulus mußte sich aber mit seinem Ehrenwort verpflichten, Roms Antwort den Karthagern selbst zu übermitteln. In Rom eingetroffen, unterrichtete Marcus Attilius Regulus die Senatsmitglieder darüber, daß Karthago faktisch am Boden liege und finanziell völlig am Ende sei. In einem eindringlichen und beschwörenden Plädoyer überzeugte er die Senatoren, nicht auf die Friedensbedingungen der Karthager einzugehen. Als man sich also auf die Fortsetzung des Krieges geeinigt hatte, legten manche Senatoren Regulus nahe, sein Ehrenwort zu brechen und in Rom zu bleiben. Dieser aber schlug all ihre Warnungen in den Wind und kehrte wie versprochen nach Karthago zurück.

Als er den Karthagern die unmißverständliche Haltung seiner Regierung mitgeteilt hatte und zudem stolz und hochgemut erklärte, er sei selbst für eine Fortsetzung des Krieges eingetreten, wurde er kurzerhand hingerichtet. Sowohl Livius wie auch Cicero beschreiben, mit welcher Grausamkeit die Karthager den Römer zu Tode folterten. Diesen Berichten zufolge wurden Regulus die Augenlider abgeschnitten, um ihn sodann der unbarmherzig herabbrennenden Sonne auszusetzen. Der Wahrheitsgehalt dieser Aussagen bleibt umstritten. Bei Polybios finden wir keinerlei Hinweise auf eine derartige Tortur.

Der Krieg wurde fortgesetzt. Auf der Suche nach einem neuen fähigen Oberbefehlshaber in Sizilien fiel die Wahl Karthagos auf einen Edelmann, der über Jahre hinweg die Geschichte seines Heimatlandes dominieren sollte: Hamilkar Barkas. Wir werden den Vater Hannibals, der sich jetzt anschickte, in das Rad der Geschichte einzugreifen, im nächsten Kapitel sehr genau kennenlernen. Hamilkar, der zweifelsohne über ein beachtliches Charisma verfügte, ging sogleich ans Werk. Er versprach seinen bewährten Söldnern bessere Entlohnung und motivierte sie dadurch zu erhöhter Kampfbereitschaft. Drei Jahre lang führte Hamilkar Barkas sehr erfolgreich eine Art Guerillakrieg in Sizilien, kommandoartige Überfälle trafen die Römer stets an ihren empfindlichsten Stellen. Hamilkar erweiterte die karthagischen Landpositionen auf der Insel und befestigte die drei verbliebenen Bastionen, Lilybaeum, Drepanum (Trapani) und den strategisch wichtigen Stützpunkt auf dem Berg Eryx neu. Bradford meint, Hamilkar hätte eine ausgesprochene Defensivtaktik verfolgt, indem er sich mehr oder weniger verschanzte, ohne größere Ausfälle zu wagen.»Am Monte Eryx in Westsizilien stand Hamilkars Festung, wo er sieben Jahre lang den Angriffen der Gegner trotzte.«[6] Dies widerspricht wie oben erwähnt, dem Strategiekonzept Hamilkars, den römischen Feind durch Überraschungsangriffe zu demoralisieren. Von einem Verschanzen konnte also keine Rede sein. Hamilkar operierte wie ein Guerillaführer unserer Tage, ortete die neuralgischsten Punkte der römischen Linien, griff sie immer wieder unerwartet an, um sich sodann zurückzuziehen. Sein Hauptquartier befand sich auch nicht auf dem Monte Eryx, wie Bradford behauptet, sondern in Drepanum. Nur den umsichtigen Bemühungen Hamilkar Barkas, seinen Finten und Listen, war es zuzuschreiben, daß der karthagische Brückenkopf Sizilien gehalten werden konnte.

Rom hatte indes, alarmiert durch die Rückschläge, die seine Legionen in Sizilien erlitten, neuerlich den Schiffsbau forciert und eine dritte Flotte auf Kiel gelegt. 249 v. Chr. schiffte sich Konsul Appius Claudius Pulcher mit 210 Galeeren nach Sizilien ein. Sein Auftrag war, Drepanum einzunehmen und zu zerstören.

Pulcher beabsichtigte, den Stützpunkt einzuschließen, Hamilkar und dem punischen Admiral Adherbal blieb dies nicht verborgen. Sofort nachdem die römische Flotte gesichtet worden war, traf Adherbal die Vorbereitungen zur Schlacht. Bevor Pulcher den Angriffsbefehl gab, ließ er nach altbewährter Sitte die Omen befragen. Als die heiligen Hühner in ihren goldenen Käfigen jede Nahrungsaufnahme verweigerten, soll den Konsul der Zorn gepackt haben. Mit dem Ausruf »Wenn die verdammten Viecher schon nicht fressen wollen, sollen sie wenigstens saufen!« beförderte er das unberechenbare »Hühnergetier« über Bord. Psychologisch gesehen machte Pulcher dadurch einen schweren Fehler, da seine unbedachte Aktion von den meisten Legionären als Lästerung angesehen wurde. Seine Soldaten gingen also angeschlagen in die Schlacht.

Die Karthager errangen einen überraschend leichten Sieg. Es ist anzunehmen, daß die römischen Chronisten Pulchers Niederlage unter dem Gesichtspunkt des Sakrilegs sahen. Huß schreibt über das schmachvolle Scheitern des »frevlerischen« Konsuls: »Die Karthager siegten in dieser Seeschlacht ... dank der erfahreneren Marinetruppen, des besseren Schiffsmaterials und der überlegenen Taktik des Adherbal. 93 Schiffe fielen – großenteils samt der Besatzung – den Karthagern in die Hände.«[7] Dieser Zahlenangabe zufolge muß die punische Flotte unter Adherbal also 87 römische Galeeren versenkt haben. Konsul Pulcher entkam zusammen mit ungefähr 30 Schiffen. Auf ihn wartete ein hartes Los. Rom verurteilte den Unterlegenen von Drepanum gnadenlos wegen Hochverrats zum Tode.

In der Tiberstadt herrschte lange Zeit Ratlosigkeit. Denn nun war auch sie an die Grenzen ihrer finanziellen Möglichkeiten gestoßen. Zum Bau einer neuen Kriegsflotte fehlte das Geld, die Staatskasse war praktisch leer. Die reichen Bürger Roms starteten schließlich eine Sammelinitiative und brachten genügend

Bug einer römischen Kriegsgaleere, die den karthagischen Fünfruderern nachgebaut und mit Enterbrücken ausgestattet wurde.

Geldmittel zusammen, um 242 v. Chr. den Bau einer vierten Flotte in die Wege zu leiten. Diese vierte römische Flotte traf ein Jahr später an der Westküste Siziliens, bei den Ägadischen Inseln, auf den karthagischen Gegner. Bei diesem Zusammenstoß bewährte sich die Enterbrückentaktik großartig, Karthagos Kriegsflotte wurde nahezu restlos zerstört. 50 Schiffe waren versenkt, weitere 70 samt der Besatzung gekapert worden und der römische Befehlshaber Konsul Lutatius Catullus hatte nicht nur einen glänzenden Seesieg davongetragen. Die entscheidende Schlacht des langen Krieges war damit gewonnen.

Allgemeine Kriegsmüdigkeit machte sich nun breit, beide Kontrahenten waren finanziell schwer ausgeblutet. Karthago verfügte über keine Flotte im eigentlichen Sinn mehr, außerdem riet vor allem Hamilkar Barkas zur Waffenruhe. Auch im römischen Senat drängten die »Tauben« ebenfalls zu einem raschen Friedensschluß, zumal die Römer nach ihrem letzten großen Sieg die Bedingungen stellen konnten. So kam es im Jahre 241 v. Chr. zum Friedensschluß. Das lange Ringen um Sizilien war vorbei. Wie lauteten die gar nicht so unannehmbaren Friedenskonditionen Roms? 1. Sizilien und alle Inseln zwischen der Insel und dem afrikanischen Festland mußten an die Römer abgetreten werden. 2. Karthago wurde untersagt, italienische Küstengewässer zu befahren. 3. Karthago durfte keine Verbündeten Roms, wie etwa Syrakus, bekriegen. 4. Karthago mußte sich verpflichten, Reparationszahlungen zu leisten – innerhalb eines Jahrzehnts mußte es 3200 Silbertalente an Rom abliefern.

Sizilien wurde römische Provinz. Zähneknirschend akzeptierten die Karthager die Bedingungen eines Friedens, der eher einem erzwungenen Waffenstillstand glich. Der Erste Punische Krieg sollte aber nur das Vorspiel sein, das schon seinen Schatten auf die nächste Auseinandersetzung der beiden Weltmächte, den »Hannibalischen Krieg« warf. Er sollte Rom an den Rand der Vernichtung bringen.

V
DER RETTER IN DER NOT –
HAMILKAR BARKAS

Stolz pochte der karthagische Edelmann Hamilkar Barkas darauf, in direkter Linie von der mythischen Gründerkönigin Dido abzustammen, sein Vorname leitete sich von dem des Gottes Melkart her, sein Nachname bedeutete auf punisch »Der Blitz«. Eindrucksvoll hatte er sein Feldherrngenie in Sizilien, wo er sich bis zur Beendigung des Krieges unbesiegt behauptete, unter Beweis gestellt. 247 v. Chr., in der schwersten Phase dieses Krieges, war ihm sein ältester Sohn Hannibal, was auf punisch Chenu Bechala, die »Gnade des Baal« hieß, geboren worden. Drei weitere Söhne sollten folgen und alle sein Erbe des Hasses auf Rom antreten.

Notgedrungen hatte Hamilkar den sizilischen Krieg zu einem mehr oder weniger ehrenvollen Ende gebracht. Allein der Revanchegedanke blieb stets im Hirn des Barkiden haften, der sich mit Karthagos Niederlage niemals wirklich abfinden konnte. Er trat als militärischer Oberbefehlshaber zurück und überließ es einem Heerführer namens Gisgo, die karthagischen Söldnertruppen in sein Heimatland zurückzuführen.

Die auf Hamilkar eingeschworene Söldnerarmee hatte einen harten und verlustreichen Kampf hinter sich. Bald nach ihrem Eintreffen in Afrika forderten die Kriegsknechte ihre längst fällige Entlohnung. Die karthagische Regierung aber stand vor dem Staatsbankrott, der 23 Jahre während Krieg hatte Unsummen verschlungen. Mehrere Male waren die Karthager im Verlaufe des Krieges gezwungen gewesen, hohe Geldanleihen bei König Ptolemaios II. von Ägypten aufzunehmen. Ein zusätzliches Dilemma für die karthagische Führung stellten die Reparationszahlungen an Rom dar, die den vielleicht schmerzhaftesten Dorn im Auge der regierenden Kaufmanns- und Händleraristokratie markierten. Man muß bedenken, welch hohen Stellenwert Geld und Reichtum in der oligarchisch dominierten Gesellschaftsordnung Karthagos einnahmen und zu welch ungünstigem Zeitpunkt die Ansprüche der Söldner gestellt wurden. Die Regierung beschloß jedenfalls, Hamilkars auf Sizilien gegebenes Versprechen nicht einzuhalten und verweigerte den Söldnern kurzerhand die Auszahlung des hohen Lohns. So schnell wie möglich sollte das Söldnerheer aufgelöst und zerstreut werden. Hamilkar Barkas hielt diese Vorgangsweise für äußerst unklug und warnte vor möglichen Konsequenzen. Doch man zog es vor, dem »Schwarzseher« – der übrigens nicht besonders freundlich empfangen worden war, kehrte er doch als Besiegter und nicht als Sieger heim – kein Gehör zu schenken. Erzürnt wartete Hamilkar die weitere Entwicklung ab. Er sollte nur zu bald recht behalten. Noch im Jahr des Friedensschlusses mit Rom kam es zu der von ihm vorausgesagten Rebellion der um ihren Sold geprellten Kriegsknechte.

Der Aufstand der Söldner sollte dreieinhalb Jahre dauern und ging als »Söldnerkrieg« in die Geschichte ein. Polybios sprach davon, daß dieser Söldneraufstand »alle anderen Kriege an Grausamkeit und Ruchlosigkeit weit übertraf.« Tatsächlich stand den Karthagern eine besonders schlimme Zeit bevor. Zu Beginn wurde die praktisch vor den Toren der Stadt lauernde Gefahr einer organisierten Revolte von der Regierung geradezu sträflich unterschätzt. Sie reagierte mehr als stümperhaft, indem sie die murrenden Söldnermassen nicht wie ursprünglich geplant, schnell auflöste oder dezentralisierte, sondern tatenlos zusah, als sich die Meuterer bei Sicca, an der Grenze des heutigen Algerien, sammelten. Man glaubte, die immer höhere Forderungen stellenden Rebellen vorerst damit besänftigen zu können, daß man ihnen ihre Frauen ins Heerlager schickte. Das war ein weiterer Fehler, denn im immer wahrscheinlicher werdenden Kriegsfall hätte man die Frauen der Söldner gezielt als Geiseln einsetzen können. Außerdem glaubte man, die um ihren Sold betrogenen »Reisläufer« und kampferprobten Haudegen mit vagen Versprechungen hinhalten zu können.

Die Anzahl der Meuterer wuchs. Die im Krieg mit den Römern besonders hart behandelten libyschen Städte schlossen sich der Rebellion an. Der Haß auf Karthago nahm ein riesiges Ausmaß an, es kam zu Plünderungen und schrecklichen Greueltaten. Aufgestachelt von diversen Rädelsführern, wüteten die Söldner furchtbar. Akte unbeschreiblicher Grausamkeit trugen sich zu.

Drei sehr unterschiedliche Männer hatten sich zu den Anführern des gewaltig anschwellenden Rebellenheeres aufgeschwungen: ein Libyer namens Mathos, der ehemalige campagnische Sklave Spendius, und der Kelte Autaritos. Wie Werner Huß ausführt, ging der von den Söldnerführern ausgeübte Terror so weit, »daß Offiziere und gemeine Soldaten, die in einer Diskussion auch nur den Mund aufzutun wagten, gesteinigt wurden.«[1]

Schließlich beauftragte der karthagische Senat den Ratsherren, Großgrundbesitzer, Bankteilhaber und Reeder Hanno, die Revolte niederzuschlagen. Hanno, der den Beinamen »der Große« führte, war ein erklärter politischer Gegner Hamilkars, wie er überhaupt zeitlebens die gesamte Barkiden-Sippe mit abgrundtiefem Haß verfolgen sollte. Hamilkar blieb vorerst weiter in erzwungener Reserve.

Hanno, laut Gisbert Haefs »eine der mieseren Gestalten der Weltgeschichte«[2], griff 240 v. Chr. die Söldnerarmee bei Utica an und erlebte ein Debakel. Nach der vernichtenden Niederlage mußte er den Rückzug antreten. Das Morden und Brandschatzen, der Aufrührer der ehemaligen Kriegsmaschinerie Karthagos, die nunmehr zu einem kaum zu überwindenden Feind geworden war, ging weiter. Die fast hilflos agierende karthagische Regierung beschloß, jetzt den Verhandlungsweg einzuschlagen und sandte Unterhändler ins Lager der Söldner. Den Mitgliedern der Verhandlungsdelegation gab man jedoch gar keine Gelegenheit, ihre Argumente vorzubringen, sie wurden gekreuzigt und zu Tode gesteinigt.

Die Söldner zeigten keine Verhandlungsbereitschaft mehr, sondern schienen sich auf einen totalen Vernichtungskrieg eingeschworen zu haben. Die wichtigsten punischen Städte wurden neuerlich belagert, dann zogen die Söldnerführer mit ihrem Heer vor Karthago und legten einen Blockadering um die Stadt. Nun, in der Stunde der bittersten Not, erscholl der Ruf nach einem starken Mann, einem Retter, der das drohende Unheil abwenden konnte. Man wandte sich an Hamilkar Barkas, dessen warnende Worte man noch kurz vorher in den Wind geschlagen hatte. Dieser zögerte nicht lange. So sehr er die unfähigen Regierungsmitglieder, die er für das Fiasko verantwortlich machte, auch verachtete, seine Heimatstadt brauchte ihn. Die karthagische Führung hatte auch kaum eine andere Wahl, als nun Hamilkar den Oberbefehl zu übertragen. Selbst sein Erzrivale Hanno mußte sich eingestehen, daß er versagt hatte. Meyer spricht von der durch die letzten Ereignisse schwer erschütterten Position der karthagischen Regierung und begründet ihre Entscheidung, Hamilkar unumschränkte Handlungsgewalt zu geben, wie folgt:

»Der latente Gegensatz zwischen der Regierung daheim und den mit der Kriegsführung betrauten Feldherrn, der sich durch die ganze karthagische Geschichte hindurchzieht, war dadurch wesentlich verschärft worden, daß Hamilkar Barkas sich bis zum Schluß [des Krieges mit Rom; Anmerkung des Verfassers] ... unbesiegt behauptet hatte, während die Schuld für die Katastrophe bei den Ägaten in erster Linie auf die Regierung fiel, und daß dann die Mißgriffe bei den Verhandlungen mit den Söldnern und die schwere Niederlage, welche der vom Rat gegen diese entsandte Feldherr Hanno ... erlitt, das überlegene Genie Hamilkars nur in ein um so helleres Licht stellten, Die Regierung mußte dem Druck der öffentlichen Meinung nachgeben und diesem den Oberbefehl übertragen ...«[3]

Objektiv betrachtet, waren Hamilkars Chancen gering. Die Übermacht der Söldner war erdrückend. Doch der überragende Feldherr verfügte über einen eisernen unbeugsamen Willen und geniale strategische Fähigkeiten, denen die Anführer der Rebellenarmee nichts Gleichwertiges entgegensetzen konnten. Das entnervte Volk von Karthago aber sah in dem großen Taktiker, der nun alle Vollmachten besaß, seine allerletzte Hoffnung, und Hamilkar Barkas gab den Eingeschlossenen neuen Mut und Auftrieb. Zu seinen ersten Maßnahmen gehörte die Organisation einer effektiven Bürgerwehr. In kürzester Zeit stellte er ein 10 000 Mann starkes Heer auf die Beine, warb neue Söldner an und brachte durch sein ihm eigenes Charisma auch zahlreiche seiner ehemaligen Soldaten dazu, die Reihen der Aufständischen zu verlassen und zu ihm überzugehen.

Mit diesem Heer und 70 Kriegselefanten sprengte Hamilkar den Blockadering. Seine zahlenmäßig so unterlegene Streitmacht verwickelte die vielfach unkoordiniert kämpfenden Söldnermassen immer stärker in Einzelgefechte. Die Söldner, die keinen Strategen von Hamilkars Format aufweisen konnten, waren seinen klug ausgetüftelten taktischen Manövern nicht gewachsen. Stadt um Stadt wurde entsetzt. 239 v. Chr. stellte sich die letzte große Söldnerarmee, 40 000 Mann stark, dem Barkiden in der Nähe von Tunes. Wieder war Hamilkar zahlenmäßig unterlegen, und abermals gab sein militärisches Genie den Ausschlag. Während unter den Söldnern bald das Chaos ausbrach, dirigierte Hamilkar umsichtig und konzentriert seine Reiterei, setzte die Elefanten gezielt ein und vernichtete das Heer der Aufständischen. 238 v. Chr. war die Söldnergefahr gebannt, der »ruchlose« Krieg vorbei. Der an sich zur Milde tendierende Hamilkar griff jetzt hart und kompromißlos durch. Die ihm gefährlich scheinenden gefangenen Rädelsführer der Rebellion wurden den Elefanten zur Zertrampelung überlassen, wieder andere der wenigen überlebenden Anführer des Aufstandes überantwortete Hamilkar gnadenlos dem Volk von Karthago, das wie vorher die Söldner, seine Gefangenen steinigte und lynchte. Autaritos war gefallen, Spendius wurde ans Kreuz geschlagen und der Libyer Mathos unter großen Qualen zu Tode gefoltert.

Fast ganz Libyen hatte kapituliert, nur die beiden Städte Utica und Hippu Akra setzten den Widerstand noch eine Zeitlang fort, ehe sie von Hamilkar und Hanno »dem Großen«, den der Barkide in der Endphase des Krieges widerwillig als zweiten Feldherrn akzeptieren mußte, erobert wurden und einen Diktatfrieden auferlegt bekamen.

Während dieser Zeit, als Karthago quasi in Agonie darniederlag und buchstäblich um sein Überleben kämpfte, nutzte Rom diese Konstellation, um sich Sardiniens und Korsikas zu bemächtigen. Laut Friedensvertrag gehörten diese beiden Inseln immer noch zur Einflußsphäre Karthagos. Die karthagische Präsenz auf Sardinien stellte in den Augen der Römer jedoch eine nicht zu unterschätzende Bedrohung der italienischen Küstengebiete dar. So suchten sie nach einem passenden Vorwand, der ihnen erlauben würde, in Sardinien militärisch aktiv zu werden. Dieser bot sich im Jahre 238 v. Chr., als der Söldnerkrieg in Karthago in seinem letzten Stadium lag. Abtrünnige karthagische Kriegsknechte hatten nämlich auch auf Sardinien ein Terrorregime errichtet und die sich heftig zur Wehr setzenden karthagischen Sarden blutigst unterjocht. Steinigungen und Kreuzigungen, Mord und Totschlag waren an der Tagesordnung. Als diese neuen »Herren« der Insel von der grausamen Niederschlagung des Aufstandes ihrer Spießgesellen in Karthago erfuhren, riefen sie wohl aus Angst vor einem ähnlich gearteten Schicksal Rom zu Hilfe. Rom zögerte nicht lange. Die Folge war die Annexion Sardiniens und Korsikas. Selten hat Rom, um es mit den Worten von Werner Huß zu sagen, »derart offen sein räuberisches Gesicht gezeigt« wie im Falle der Annektierung dieser beiden Inseln, die eine eklatante Verletzung der Friedensbedingungen von 241 v. Chr. darstellte. Sardinien wurde – zusammen mit Korsika – zur zweiten römischen Provinz nach Sizilien erklärt.

Niemanden erzürnte diese »schamlose Demonstration schrankenloser Machtpolitik«, wie de Beer schreibt, stärker als Hamilkar Barkas, der die Römer schon auf dem Vormarsch nach Afrika sah. Seine Befürchtungen waren sicherlich nicht ganz unbegründet. Roms Politik nach Abschluß des Friedensvertrages mit den Karthagern zeigt eindeutig, daß die römischen Expansionsbestrebungen nun vor allem darauf abzielten, ein internationales Imperium aufzubauen. Die Eroberung Siziliens sollte der erste Meilenstein auf diesem Weg und der Beginn des römischen Imperialismus sein.

Von jetzt an konnten die eroberten Städte und Staaten nicht länger auf eine Eingliederung in die römische Föderation hoffen. Sie erhielten vielmehr Untertanenstatus, Geld- und Sachtribute mußten entrichtet werden und römische Gouverneure – vergleichbar den Vizekönigen des Britischen Empire – übten unbeschränkte Herrschaftsgewalt aus. Die Kriegshandlungen im eroberten Italien waren weitgehendst abgeschlossen, in zunehmendem Maß stürzte sich Rom nun in Auseinandersetzungen in fremden und oftmals abgelegenen Gegenden der damaligen Welt. Dazu forcierten die Römer besonders den Flottenbau, um ihre Seeherrschaft so weit wie möglich auszubauen.

Die Annexion Sardiniens und Korsikas setzte ein unmißverständliches Signal, und als die Römer kurz darauf die karthagischen Reparationszahlungen beachtlich in die Höhe schraubten, war es Hamilkar Barkas vollends klar, daß der Friede mit Rom auf äußerst wackeligen Beinen stand. Karthago hatte nicht nur Sizilien, Sardinien und Korsika, sondern auch seine jahrhundertelange Seevorherrschaft verloren. Was lag näher als die Vermutung, daß Rom, seine Überlegenheit zur See ausnutzend, bald wieder eine kampfstarke Armee nach Afrika entsenden würde? Das durch den Söldnerkrieg schwer in Mitleidenschaft gezogene, seiner Kriegsflotte beraubte praktisch bankrotte Karthago würde im Falle einer Invasion Roms nur geringe Gegenwehr leisten können. Hamilkar bemühte sich verzweifelt, der karthagischen Regierung auseinanderzusetzen, daß sofortige Maßnahmen eingeleitet werden müßten, um etwaigen Invasionsplänen der Römer entgegenzuwirken. Doch dem karthagischen Senat war nicht nach weiteren Kriegsanstrengungen zumute. Im Oberhaus hatte die Friedenspartei das Sagen, welche nicht zögerte, Hamilkar sogar als Kriegshetzer zu brandmarken. Die römische Gefahr wurde bagatellisiert und Hamilkar Barkas, ohne dessen energisches Eingreifen Karthago wahrscheinlich von den marodierenden Söldnerhorden eingeäschert worden wäre, zum unverbesserlichen, überbesorgten Pessimisten abgestempelt.

Jetzt zog sich Hamilkar, die Uneinsichtigkeit der karthagischen Führung abermals verfluchend, aus der Politik zurück. Er beschloß aber, unabhängig von den vorgegebenen Richtlinien der Regierung einen Geheimplan auszuarbeiten, um seine Vater-

stadt rechtzeitig militärisch konsolidieren zu können, wenn
Rom zum nächsten Schlag ausholen würde. Als die Römer die beiden Inseln Korsika und Sardinien annektierten, war Hannibal gerade neun Jahre alt. Der Krieg war ihm
sozusagen in die Wiege gelegt worden. Wie oft erlebte er die
Ausbrüche seines Vaters, wenn dieser Roms unstillbaren
Machthunger verfluchte! Außerdem hatten sich die Schrecknis-
se und Greuel des Söldnerkrieges tief in sein kindliches Bewußtsein geprägt. Für den jungen Hannibal schien das Leben
ausschließlich aus Kampf zu bestehen. Dasselbe galt für seine
jüngeren Brüder Hasdrubal, Hanno und Mago, denen Hamilkar
immer wieder predigte, daß über dem Meer der Todfeind des
karthagischen Volkes lauerte und man jederzeit mit einem Pran-
kenhieb des unersättlichen römischen Ungeheuers rechnen
mußte. Hamilkar nannte seine sich prächtig entwickelnden
Söhne voller Stolz die »Löwenbrut« und gab ihnen damit einen
Namen, dem sie später alle Ehre machen sollten.
Sizilien, Korsika und Sardinien waren für immer verloren, aber
die Karthager besaßen noch die wichtigen Stützpunkte in Spanien. Die wirtschaftlichen Möglichkeiten, die sich ihnen auf der
spanischen Halbinsel, in Iberien, boten, erschienen Hamilkar
Barkas schier unbegrenzt. Das Land war besonders reich, mit
riesigen Mineral- und Holzvorkommen ausgestattet, daneben
bot Iberien vor allem auch ein starkes Reservoir an Arbeitskräf-
ten. In Hamilkars Hirn entstand deshalb die Vision, die verlorenen Inseln durch einen enormen Gebietszuwachs auf der Iberischen Halbinsel zu kompensieren. Aufgrund der periphären
Lage Iberiens hatte bisher noch niemand ernsthafte Besitz-
ansprüche gestellt. Nach Hamilkars Plan sollte also Iberien den
Ausgangspunkt für die unvermeidlichen kriegerischen Hand-
lungen der Zukunft darstellen – es sollte zum Tor nach Rom
werden.

Die geographische Lage der Halbinsel war geradezu ideal, wenn man daran dachte, über Land nach Italien einzudringen – ein kühner Plan, den Hamilkars Sohn Hannibal später so meisterhaft realisieren sollte. Eine Eroberung Iberiens würde es den Karthagern ermöglichen, ihren verlorenen Reichtum nach und nach wiederzuerlangen. Der ihn stets auszeichnende politische Weitblick ließ Hamilkar außerdem erkennen, daß er seine Ambitionen auf der Iberischen Halbinsel sogar mit römischer Billigung in die Tat umsetzen könnte. Was lag näher, als den Römern zu suggerieren, daß es dem verarmten Karthago nur unter Ausschöpfung der Bodenschätze des von der Natur so besonders gesegneten Iberien möglich war, die hochgeschraubten Reparationszahlungen zu leisten? Hamilkar erhoffte sich auch Zuwachs für seine im Aufbau begriffene Armee. Die Iberer standen zwar in dem Ruf, ein kriegerisches Volk zu sein, doch der Barkide zweifelt nicht daran, daß es ihm rasch gelingen würde, sie zu unterwerfen und seinen eigenen Verbänden einzugliedern. Zweifelsohne verband Hamilkar mit dieser Idee auch seine Vorstellung, auf Spaniens Boden eine Art Privatimperium zu errichten. Hatte er Iberien erst einmal fest in seiner Hand, würde es dem karthagischen Senat und insbesondere seinen Gegnern um Hanno sehr schwerfallen, ihm ins Handwerk zu pfuschen. Wie Eduard Meyer betont, betrachtete Hamilkar den von ihm geschlossenen Frieden von 241 nur als Provisorium und verlor nie aus dem Auge, Karthago wieder zur Großmacht zu machen.

Das Problem bestand allerdings darin, daß Karthago keine eigentliche Flotte mehr besaß. Nur ein kleiner Bruchteil ihrer einstmals unbezwingbaren Flotte war der »Königin der Meere« verblieben. Laut Friedensvertrag durften die Karthager auch keine neue Kriegsflotte mehr bauen. Diese Tatsache stellte Hamilkar vor ein ernstes Problem: Wie sollte er seine Armee ohne

Schiffe nach Spanien schaffen? Nach langem Überlegen faßte er den Entschluß und entschied sich für den Landweg. Er setzte seine Armee entlang der nordafrikanischen Küste in Marsch nach Westen, einige Versorgungsschiffe folgten dem Heer. Hamilkar erreichte die »Säulen des Herakles« und überquerte mit Hilfe der Transportschiffe die Straße von Gibraltar. 236 v. Chr. traf der »Blitz« in Cadir (Cadiz), dem römischen Gades, ein und errichtete dort sein Hauptquartier. Sein neunjähriger Sohn Hannibal war von Anfang an mit von der »Partie«. Als er zu Beginn des langen Marsches seinen Vater flehentlich darum gebeten hatte, ihn begleiten zu dürfen, erfüllte Hamilkar die Bitte des Sohnes. Kurz vor der Abreise brachte der Feldherr den Göttern Melkart und Baal ein Opfer dar und ließ seinen Sohn einen feierlichen Eid schwören. Der antike Geschichtsschreiber Livius hat diese Szene, sich auf Polybios berufend, wie folgt beschrieben:

»Man berichtet, als Hamilkar nach Beendigung des afrikanischen Krieges im Begriff war, sein Heer nach Spanien hinüberzuführen, und opferte, habe Hannibal seinen Vater in kindlich schmeichelnder Weise gebeten, ihn nach Spanien mitzunehmen. Da sei er an den Altar geführt und nach Berührung der Opfer eidlich verpflichtet worden, so bald wie möglich als Feind des römischen Volkes aufzutreten.«

Die Authentizität dieser Darstellung ist mehr als wahrscheinlich. Hamilkar fühlte sich durch den Landraub der Römer und die unverschämte Art, mit der man die Bedingungen des Friedensvertrages nach eigenem Gutdünken umgangen hatte, zutiefst in seiner Ehre als karthagischer Edelmann gekränkt. Die Römer hatten durch diese Vorgangsweise nicht nur die karthagische Regierung, sondern vor allem Karthagos fähigsten Feldherrn schwer gedemütigt und sich damit einen unversöhnlichen Feind geschaffen. Bis an ihr Lebensende sollten Hannibal und seine Brüder dem den Vater geleisteten Schwur erfüllen. Rom blieb der verschworene Feind der »Löwenbrut« bis zum bitteren Ende.

Hamilkar sollte Karthago nicht mehr wiedersehen. Er verbrachte die restlichen neun Jahre seines Lebens, die ihm verblieben, in Spanien. Hannibal wuchs in diesen neun Jahren zum Mann heran. Sehr früh wurde er im Gebrauch der Waffen unterwiesen. »Waffengeklirr war das Leitmotiv seiner Jugendjahre«, wie Gustav Faber schreibt. Stets war er an seines Vaters Seite, von Zeltlager zu Zeltlager, von Feldzug zu Feldzug folgte er seinem Abgott. Von Cadir aus stieß Hamilkar nach Osten und besiegte die sich ihm entgegenstellenden heimischen Stämme ohne größere Probleme. Hamilkar zeigte sich mildtätig, und schon nach kurzer Zeit gewann er die besiegten Stämme als Verbündete.

Mit großer Bewunderung betrachtete Hannibal das gewaltige Aufbauwerk seines Vaters, der Karthagos Hoheitsgebiet ständig erweiterte. Obwohl Hamilkar offiziell als Feldherr Karthagos agierte, operierte er in Wahrheit mehr oder weniger auf eigene Faust, bestrebt, dem Haus der Barkiden eine starke Machtbasis zu sichern. Er sah sich wohl als eine Art »König von Iberien«, und seine Herrschaft trug eindeutig die Merkmale eines sich immer stärker herauskristallisierenden Persönlichkeitskultes. Seine Söldner waren nicht so sehr Karthagos Standarte verpflichtet, sondern auf ihren charismatischen Oberbefehlshaber eingeschworen. Sie zogen für Hamilkar Barkas und nicht für Karthago in den Kampf.

Als er den südlichen Teil der Iberischen Halbinsel erobert und befriedet hatte, wandte sich Hamilkar dem Osten des Landes zu. Außerordentlich wertvolle Hilfe leistete ihm Hasdrubal, genannt »der Schöne«, sein Stellvertreter und Schwiegersohn. Hasdrubal, ein in Spanien geborener Karthager, der über großen Einfluß und reichliche Geldmittel verfügte, kannte das Land und seine Bewohner und konnte Hamilkar viele wertvolle Hinweise und Anregungen geben. 228 v. Chr. standen Hamilkar, Hasdrubal der Schöne und der junge Hannibal vor Alicante und errichteten den vorgeschobenen Stützpunkt Lucentum. Just zu diesem Zeitpunkt, da Hamilkars Idee so glänzend aufzugehen schien und die Machtposition des Hauses der Barkiden größer denn je war, schlug das Schicksal unbarmherzig zu. Bei der Überquerung eines reißenden Gebirgsflusses ertrank der Feldherr der Karthager. Ohnmächtig mußte Hannibal mit ansehen, wie sein Vater in den Fluten versank. Über Hamilkars Tod gibt es verschiedene Versionen. Wie Huß herausgearbeitet hat, scheint der Bericht des Diodoros, der sich mit obiger Schilderung des Todes Hamilkars deckt, der Wahrheit am nächsten zu kommen.[4]

Nun übernahm Hasdrubal der Schöne, der sowohl bei seinen Soldaten wie bei den Einheimischen besonders beliebt war, den Oberbefehl. Er führte Hamilkars Eroberungswerk so erfolgreich und konsequent fort, daß es ihm möglich war, Karthagos Machtbereich bis zum Ebro im Norden des Landes auszudehnen. Er gründete Carthagena, sein »Neu-Karthago« und machte es zu seiner Hauptstadt. Wie de Beer schreibt, blühte Carthagena rasch zur »bedeutenden Stadt mit dem besten Hafenbecken der spanischen Mittelmeerküste« auf.

Für Hasdrubal war bald klar geworden, daß es nur einen würdigen Nachfolger für ihn geben würde: Hamilkars Sohn Hannibal, der alle Eigenschaften eines geborenen Befehlshabers in sich vereinte. Wiederholt hatte er die karthagische Volksversammlung wissen lassen, welch überragender tatendurstiger junger Mann in der Gestalt Hannibals in Iberien bereitstand, den Ruhm Karthagos zu mehren. Allerdings hatte Hannibal nicht nur Freunde in Karthago. Der Barkidenclan schien vielen Vertretern der Oberschicht, die sich um Hanno scharten, allzu mächtig geworden zu sein. In der Zwischenzeit hatte Hasdrubal seinen Einflußbereich bis vor die Grenzen der mit Rom verbündeten Griechenstadt Massalia (Marseille) ausgedehnt. Erstmals begann Rom, dessen militärische Kräfte lange Zeit in Illyrien und im transalpinen Gallien gebunden gewesen waren, aufzuhorchen. Bisher hatte man dem karthagischen Vormarsch auf der Iberischen Halbinsel kaum Beachtung geschenkt. Alle Aktionen der Karthager in Iberien dienten ja wohl nur dazu, Mittel für die Reparationszahlungen aufzubringen, wie Hamilkar den Römern immer wieder versichert hatte. Massalia versorgte Rom mit dem für die Waffenproduktion so wichtigen Zinn. Bretagnische Handelsschiffe holten das kriegswichtige Metall auf der anderen Seite des Kanals in Cornwall und transportierten es an die Westküste Galliens. Von dort aus führten sogenannte »Zinnkarawanen« das Metall auf dem Landwege nach Massalia, von wo es Rom bezog. Für diesen Transport benötigten sie zwischen 30 und 40 Tage. Diese Versorgungslinie, deren strategische Bedeutung nicht zu unterschätzen war, konnte nun ohne weiteres von den Karthagern unterbrochen werden. Rom beschloß daher, dem weiteren Vordringen Hasdrubals Einhalt zu gebieten und schickte 226 v. Chr. Gesandte nach Carthagena. Dort kam man überein, die Angelegenheit friedlich zu regeln und den Stromverlauf des Ebros zur Demarkationslinie zu erklären. Roms Machtbereich erstreckte sich laut dieser Vereinbarung bis zum Nordufer des Ebro, Karthago behielt die Oberhoheit in allen Gebieten südlich des Flusses.

221 v. Chr. wurde Hasdrubal von einem iberischen Sklaven ermordet. Es war klar, daß das Erbe Hamilkars nun auf seinen ältesten Sohn Hannibal übergehen würde. Meyer zeichnete ein Bild vom neuen Oberbefehlshaber der karthagischen Armee in Iberien:

»In dem jungen Feldherrn ... lebte ... die militärische und politische Begabung seines Vaters fort ... In Hannibal sind diese Kräfte ins Geniale gesteigert. Wie bei Alexander und Napoleon tritt bei ihm vom ersten Augenblick an der klare Blick des Genius, die richtige Abmessung der eigenen wie der fremden Kräfte, und vor allem die Energie des Willens überwältigend zutage, der, im gegründeten Bewußtsein, als Feldherr jeder Aufgabe gewachsen zu sein, in jedem Moment den richtigen Entschluß zu fassen und ihn ohne Schwankungen durchzuführen vermag. Vor ihm liegen die Dinge klar und durchsichtig, und die Nebel senken sich, die anderen den Blick trüben ... An ihm ist nichts Kleinliches und Niedriges ... die Einwirkung der griechischen Kultur ... zeigt sich in dem Adel der Gesinnung, in der inneren Vornehmheit ... die Hannibal durchwegs bewiesen hat ... nichts ist weniger zutreffend, als ... die Beschuldigung durch die Römer, er sei grausam, rachsüchtig und treulos gewesen.«[5]
Hannibal ist oft mit Alexander, Napoleon oder Dschingis-Khan verglichen worden. Haefs jedoch lehnt diese Vergleiche ab und begründet dies wie folgt: »... Sobald die Hypnose durch das schiere Ausmaß ihrer Aktionen nachläßt, fallen sie ob der blutigen Sinnlosigkeit ihrer Eroberungszüge in einem negativen Archetyp zusammen ...«[6] Haefs These scheint darauf hinauszulaufen, daß Hannibal kein Welteroberer wie die oben erwähnten großen Feldherrn war, sondern auszog, um die Errichtung des römischen Imperiums zu verhindern. Folgt man dieser These, die übrigens auch Meyer und andere Historiker vehement vertraten, so führte Hannibal einen Krieg für die Unabhängigkeit der Völker und Staaten. Auch uns erscheint diese Theorie nicht ganz abwegig.
Das Heer in Iberien übertrug dem inzwischen 25 Jahre jungen Mann, der Rom bald das Fürchten lehren sollte, jedenfalls ein-

stimmig das Oberkommando und feierte ihn enthusiastisch. In der Volksversammlung von Karthago kam es darüber dagegen zu hitzigen Debatten. Die Vertreter des gemeinen Volks begrüßten Hannibals Wahl zwar ebenso begeistert wie die Truppen in Spanien, aber einige Friedenspolitiker der Oberschicht zögerten zunächst, die Wahl zu genehmigen. Wortführer dieser »Tauben« war natürlich Hamilkars alter Feind Hanno, der den Mitgliedern der Volksversammlung sogleich eindringlich ins Gewissen redete.

Hanno prangerte den von Hamilkar ins Leben gerufenen Personenkult an und verwies darauf, daß ein Mann wie Hannibal an der Spitze des Heeres nur eine permanente Gefahr des unsicheren Friedens mit den Römern darstellen konnte. Hatte Karthago nicht schon einmal die volle Schärfe des römischen Schwertes zu spüren bekommen? So lautete die erste Frage, die Hanno der Volksversammlung stellte. Sollte man sich wirklich in die Hände eines Heerführers begeben, der vielleicht nur darauf brannte, einen neuerlichen Krieg mit Rom vom Zaun zu brechen? Hanno führte weiter aus, daß die Macht der Barkiden nicht noch zusätzlich gesteigert werden dürfe, indem man die Befehlsgewalt der Sippe erblich mache. »Sind denn die Barkiden Könige?«, soll Hanno erregt gerufen haben. Als man ihm darauf eröffnete, daß die Truppen Hannibal bereits zu ihrem Oberbefehlshaber gemacht hätten, resignierte der von Hannibals Freunden wüst beschimpfte Hanno. Als die Rufe »Es lebe Hannibal!« immer lauter wurden, beendete Hanno sein wütendes Plädoyer mit den Worten:

»Und dennoch beantrage ich, diesen jungen Mann zu Hause zu behalten, ihn den Gesetzen und der Obrigkeit zu unterstellen und ihn zu lehren, wie man unter gleichem Recht mit seiner Mitwelt zusammenlebt. Er könnte sonst ein gewaltiges Feuer entfachen!«

Hannos Brandrede half nichts. Die Volksversammlung akzeptierte Hannibals Wahl. Ein junger »Löwe« stand nun in Spanien an der Spitze einer hochgerüsteten und motivierten Armee. Er hatte seinen Schwur als Kind nicht vergessen.

VI
DER FALL VON SAGUNTUM –
DER ZWEITE PUNISCHE KRIEG

Der Mann, den die karthagischen Truppen nun in Spanien mit frenetischem Beifall als neuen Oberbefehlshaber auf den Schild gehoben hatten und feierten, besaß bereits in jungen Jahren eine unglaubliche Faszination, um nicht zu sagen, er hatte Charisma. Sein Verhältnis zu seinen Soldaten war stets ein sehr kameradschaftliches, ja fast brüderliches. Das war nicht besonders verwunderlich, war er doch praktisch mit seinem Heer aufgewachsen. Bedingungslos, alle Mühen und Strapazen ertragend, hatte er sich schon als Jugendlicher bereitwillig in das rauhe Soldatenleben eingeordnet. Wie seinen Vater Hamilkar zeichnete ihn ein angeborenes taktisches Genie aus. Auch an persönlicher Tapferkeit stand er dem Vater in nichts nach, übertraf ihn sogar noch.

Gefahr schien für Hannibal ein Fremdwort zu sein, er galt als gefürchteter kaum zu überwindender Nahkampfgegner. Trotz seines offenkundigen Wagemutes agierte er aber stets mit Besonnenheit und stürzte sich niemals unbedacht und ohne vorher alle Alternativen sorgfältig abgewogen zu haben, in gefahrvolle Situationen. Er war ein ausgezeichneter Reiter und legte großen Wert darauf, daß sich seine Ausrüstung immer in bestmöglichstem Zustand befand. Niemand pflegte seine Waffen besser und sorgfältiger als er. Ständig suchte Hannibal den Umgang mit seinen Offizieren und Soldaten, wobei er seinen hohen Rang niemals betonte, sondern seine Rolle als »primus inter pares«

vielmehr dadurch demonstrierte, daß er dieselbe Kleidung wie seine Stabsoffiziere trug. Seine physische Konstitution war einzigartig, seine Ausdauer beispielgebend. Weder extreme Kälte noch äußerste Hitze schreckten den Barkiden ab, er ertrug Hunger und Müdigkeit wie kein anderer Mann im karthagischen Heer. Seine Soldaten hingen mit fanatischer, ja fast hündisch-ergebener Treue an dem Mann, der nun die Figur des »Heeresvaters« Hamilkar Barkas ersetzte und niemals zögerte, seinen Wagemut unter Beweis zu stellen. Hannibals Selbstvertrauen schien grenzenlos. Als bei der Überquerung eines Flusses, die ihn sicherlich an den tragischen Tod seines Vaters erinnert haben muß, eine Reiterschwadron von ihm abgeschnitten wurde, sprang der Oberbefehlshaber selbst in den Strom, durchschwamm ihn und ermutigte die Soldaten, seinem Beispiel zu folgen. Ausschweifungen und Festgelage gab es im Heer Hannibals nicht. Im krassen Gegensatz zu Alexander dem Großen, dessen Maßlosigkeit im Essen und Trinken in seinen letzten Lebensjahren fast pathologische Züge angenommen hatte, war Hannibal weder ein übermäßiger Trinker noch ein Frauenheld. Er soll seiner leidgeprüften Frau Imilko stets die Treue bewahrt haben.

Als er mit 25 Jahren den Oberbefehl des Heeres übernahm, war er sozusagen in Hochform. Er kam mit sehr wenig Schlaf aus, eine Eigenschaft, die auch den großen Korsen Napoleon auszeichnete. Es war Hannibal, »dem Soldaten par excellence« ohne weiteres möglich, im Stehen oder, wie man sagt, sogar beim Marschieren zu schlafen und schon nach kurzer Erholungszeit, gestärkt und regeneriert, wiederum härteste Strapazen zu ertragen. Seine Schlafgewohnheiten richteten sich interessanterweise überhaupt nicht nach einem bestimmten Tag-und-Nacht-Rhythmus, Hannibal paßte sich vielmehr stets der gegebenen Situation an. Oftmals zog er es auch vor, nicht in seinem relativ bequemen Feldbett zu nächtigen, sondern mischte sich unter die Wachmannschaften, die auf dem Erdboden schliefen. Livius hat uns diese Angewohnheit des jungen Hannibal wie folgt übermittelt:

»Der Nachtruhe gab er sich nicht auf einem weichen Lager hin, noch benötigte er für sie Stille. Viele erblickten ihn oft, nur mit einem Soldatenmantel bedeckt, auf dem Boden zwischen den Posten und Feldwachen liegend. In seiner Kleidung hob er sich in keiner Weise von seinen Altersgenossen ab; nur seine Rüstung und sein Pferd fielen in die Augen. Unter der Reiterei wie unter dem Fußvolk nahm er den weitaus ersten Platz ein: Als erster zog er in den Kampf, und war einmal die Schlacht entbrannt, so verließ er als letzter den Kampfplatz.«

Alle diese Qualitäten, die »das Rüstzeug zum Siegeslauf des letzten der Barkiden« bildeten, wie Faber schreibt, muß man sich vergegenwärtigen, wenn man an die gewaltigen Anstrengungen denkt, die Hannibal seinen Soldaten abverlangte. Seine Truppen waren auf ihn eingeschworen, der Persönlichkeitskult um ihn war vielleicht noch größer als der seines Vaters.

Während die römischen Legionäre aus Patriotismus in die Schlacht zogen und ein Gemeinschafts- und Zusammengehörigkeitsgefühl sie an Roms Standarte band, kämpfte der Großteil des bunt zusammengewürfelten punischen Söldnerheeres lediglich aus Gründen der persönlichen Ergebenheit für ihren charismatischen Feldherren. Einzig und allein die überragende Person Hannibals stellte das einigende Band dar, das die karthagischen, numidischen, spanischen, balearischen und gallischen Söldnerhorden zusammenhielt. Der abgöttisch verehrte Hannibal war untrennbar mit dem Schicksal seiner Truppen verbunden. Man zog – und das kann nicht oft genug betont werden – für Hannibal in die Schlacht und nicht für Karthago.

Manche Historiker bezichtigten Hannibal eines sturen »Kommißkopfdenkens«, stellten ihn als überharten und grausamen Potentaten dar, der über wenig Flexibilität verfügte und lediglich im rauhen Kriegshandwerk seinen Lebensinhalt sah. Bereits die antiken Chronisten, die übrigens mit Ausnahme von Sosylos, Hannibals spartanischem Lehrer, Freund und Berater, alle den Standpunkt der siegreichen Römer vertraten, führen diese Anschuldigungen ad absurdum. Wir wissen zum Beispiel von Cornelius Nepos, daß Hannibal nicht nur ein hervorragender Stratege, sondern auch ein sehr belesener und gebildeter Mann war. Sein hohes Bildungsniveau sollte besonders bei seinem späteren Wirken als Staatsmann und Politiker zur Geltung kommen. Sein Lehrer Sosylos unterwies den Barkiden im Griechischen, das er bald fließend beherrschte. Angeblich soll Hannibal sogar mehrere Bücher in griechischer Sprache verfaßt haben.

Die hellenistische Bildung, die ihm Sosylos in reichem Maße angedeihen ließ, bewirkte in Hannibal eine Symbiose zwischen orientalischer und abendländischer Denkungsart. Wahrscheinlich war es dieser Einfluß, der Hannibal später ein von der karthagischen Götterwelt abweichendes »Privatgötterpantheon« für das Haus der Barkiden schaffen ließ. Charakteristisch dafür ist, daß Hannibal sich öfters mit Herakles verglich und nicht mit Melkart, wie sein Vater Hamilkar es tat. Als er mit Griechenland in Kontakt trat und einen Vertrag mit Philipp V. von Mazedonien schloß, geschah dies im Namen der hellenischen Gottheiten Zeus, Herakles und Phoebus Apollon.

Auf spanischem Boden war, wie wir gehört haben, eine vom karthagischen Senat faktisch unabhängige Familiendiktatur des Barkasclanes entstanden. Die Hauptsäule des Hauses der Barkiden, dem Hannibal nun vorstand, war zweifelsohne das Heer. Betrachten wir also die punischen Truppen, die mit solcher Ergebenheit an ihrem jungen Oberbefehlshaber hingen. Woraus bestand die von Hamilkar kontinuierlich hochgerüstete karthagische Armee? Aus welchen Einheiten setzte sich Hannibals Streitmacht zusammen? Wie war das Heer der Karthager aufgebaut und an welchen taktischen Prinzipien orientierte es sich? Beginnen wir bei der Kavallerie. Hier ist in erster Linie die numidische Reiterei besonders hervorzuheben, wahrscheinlich die beste leichte Kavallerie der antiken Welt. Die aus Algerien und Marokko stammenden Numidier waren ein Nomadenvolk geborener Reiter. Sie waren praktisch auf dem Rücken ihrer Pferde zu Hause und jagten nur leicht bekleidet in den Kampf. Ihre Waffen bestanden aus Lanzen und Wurfspeeren, und sie ritten kleine und ausdauernde kräftige Pferde, wobei sie weder Sättel noch Zügel benötigten. Die Pferde wurden einzig durch aufmunternde Zurufe und unter Zuhilfenahme dehnbarer Ruten gesteuert und dirigiert.

Die Numidier operierten vorwiegend aus dem Hinterhalt. Zuerst wurde die Aufmerksamkeit des Feindes erregt, dann zog man sich schnell zurück, um ihn entweder unter Ausnützung des Terrains aus dem Hinterhalt anzugreifen oder ihm ständig in die Flanke zu fallen. Blitzartiges Auftauchen, kurzer Feindkontakt, schneller Rückzug und ständig wiederkehrende vorzugsweise aus dem Hinterhalt erfolgende, den Feind zermürbende Attacken – das war das Geheimrezept der gefürchteten leichten numidischen Reiterei.

Vervollkommnet wurde die Kavallerie Hannibals durch schwere spanische Einheiten. Die Iberer sprengten zumeist zu zweit auf einem Pferd in die Schlacht. Hatte das Getümmel erst einmal begonnen, setzte der eine Krieger den Kampf zu Pferd fort, während der andere schnell absprang und zu Fuß kämpfte. Gallische Schwadronen unterstützten die schwere Kavallerie der Spanier.

Die karthagische Infanterie orientierte sich weitgehend an dem Vorbild des griechischen Phalanx. Der spartanische General Xanthippos, den wir schon kurz kennenlernten, hatte die karthagische Wehrmacht im Laufe des Ersten Punischen Krieges erfolgreich reorganisiert, und es läßt sich unschwer erraten, daß er dabei die bewährten Kampfmethoden aus seiner Heimat »einführte«. Woraus bestand die nunmehrige karthagische Phalanx, als Hannibal Oberkommandierender wurde? Hauptsächlich aus einer 4000 Mann starken Einheit schwerer Infanterie. Diese kompakte Einheit setzte sich aus 256 Reihen, bestehend aus jeweils 16 Mann, zusammen, wobei die mit Schwertern und Langspeeren bewaffneten Phalanxsoldaten Schulter an Schulter standen und zudem schwere Rüstungen und Schilder trugen. Obwohl diese gewaltige Formation allein schon beim Aufmarsch eine beachtliche psychologische Wirkung erzielte, hatte sie auch einen eklatanten Nachteil. Diese 256 eng gestaffelten Schlachtreihen litten unter mangelnder Flexibilität und Mobilität, ein Manko, das sich besonders beim Vorstoß über unebenes, bergiges Terrain negativ auswirkte. Neben der Phalanx, der schweren Infanterie, gab es die leichte Infanterie, deren Soldaten keine Rüstungen trugen und mit kleinen Rundschilden und Kurzspeeren bewaffnet waren.

Die »Geheimwaffe« der karthagischen Infanterie waren 2000 Männer von den balearischen Inseln. Man konnte dieses Korps auch als »Schleuderereinheit« bezeichnen, denn seine Waffe war die Schleuder. Die Zielgenauigkeit dieser Spezialtruppen, die runde Kieselsteine oder leichte Bleikugeln abfeuerten, soll so ungewöhnlich groß gewesen sein, daß sie einen seidenen Faden treffen konnten. Jeder Kämpfer trug zwei Schleudern mit sich, eine für den Nahkampfbeschuß und eine andere für weiter entfernte Ziele. Ein Stein oder Bleikugelbeschuß war, wie die Römer im Verlaufe des Zweiten Punischen Krieges schmerzlich herausfinden sollten, oftmals gefährlicher und todbringender als jeder Pfeilhagel.

Schließlich seien noch die »Panzer der Antike«, die Elefanten, genannt, die in den Augen der Nachwelt ebenso untrennbar mit Hannibal verbunden sind wie seine Alpenüberquerung. Allerdings können wir ihre Rolle in der antiken Kriegsführung nicht so genau untersuchen wie es der Brite de Beer und andere Historiker taten.[1] Auch liegt uns fern, hier eine Studie über die Elefanten vorzulegen. Der Belgier de Visscher hat mit seinem Aufsatz »Une histoire d' éléphants«[2] die wohl beste Studie über die Bedeutung der Dickhäuter in der antiken Welt verfaßt. Wir wollen uns lediglich einen kurzen Überblick über den Einsatz von Kriegselefanten verschaffen.

Alexander der Große war der erste, der bei seinen zahlreichen Eroberungsfeldzügen auf größere Elefanteneinheiten traf. 326 v. Chr. besiegte der nach der Weltherrschaft greifende Sohn Philipps von Mazedonien, in der Schlacht am Hydaspes, seinen Widersacher König Poros, der ein Aufgebot von 200 Kriegselefanten in den Kampf warf. Nach dieser Auseinandersetzung erreichten die Elefanten als Kriegsmittel ihren Höhepunkt. Man tauschte ganze Provinzen gegen Elefantenherden, so sehr schätzte man das neu entdeckte »lebende Kriegsgerät«. Die in sich zerstrittenen Erben von Alexanders Reich, die Diadochen Seleukos, Antiochus und Demetrios bedienten sich ebenfalls der Elefanten, die nach und nach die lange Zeit unverzichtbaren Streitwagen aus der antiken Kriegführung verdrängten. Pyrrhos von Epirus entschied die Schlacht von Herakleia, wie wir erfuhren, hauptsächlich durch den Einsatz von Elefanten. Der König von Epirus wie auch die Diadochenherrscher setzten indische Elefanten ein, die mit einer Schulterhöhe von 2,90 m zur zweitgrößten der drei bekannten Elefantengattungen zählten. Die größte Art stellte der afrikanische Buschelefant mit einer Schulterhöhe von 3,50 m dar. Hannibals »Panzer« gehörten zur kleinsten Spezies. Es waren afrikanische Waldelefanten mit einer Schulterhöhe von 2,30 m, die man vor allem in der Oase Ghadames, einem bevorzugten Sammelplatz der Tiere im Süden Tunesiens, einfing, zähmte und zum Kampfeinsatz heranzog. Obwohl Hannibal auf seinem Zug über die Alpen wahrscheinlich auch einen oder mehrere indische Elefanten mitführte, waren es in der überwiegenden Mehrzahl die afrikanischen Waldelefanten, die zum großen Marsch antraten. Diese vergleichsweise relativ kleinen Kolosse ließen sich gut dressieren und waren auch schneller und wendiger als ihre indischen Artgenossen, die allerdings über einen wesentlich höheren Intelligenzgrad verfügten. Hannibal baute vor allem auf die Schockwirkung, die seine gepanzerten und grell bemalten, furchterregend wirkenden Elefanten bei all jenen Gebirgsstämmen und Völkern hinterlassen würden, die noch nie mit solchen Fabelungeheuern konfrontiert worden waren. Die Schocktaktik bewährte sich auch im Einsatz gegen feindliche Kavallerieeinheiten, da die Pferde zumeist vor den ihnen unbekannten Dickhäutern zurückscheuten. Die »Panzer der Antike« boten einem umsichtigen Feldherren also unübersehbare Vorteile.

Doch es gab einige schwerwiegende Nachteile. Oftmals erschwerten die Elefanten beträchtlich den Stellungswechsel, behinderten den gezielten Einsatz der eigenen Kavallerie, und im schlimmsten Fall konnten sie, wie es am Beispiel des Pyrrhos gezeigt wurde, die eigenen Abteilungen ebenso dezimieren wie die feindlichen. Um einer solchen Gefahr vorzubeugen, ließ Hannibal seine Elefantentrainer, die auf den Kolossen ritten, mit Hammer und Schlagbolzen ausstatten, um die Tiere im Ernstfall schnell töten zu können. Daß diese Vorgangsweise äußerst riskant und gefährlich und in den meisten Fällen sogar wenig erfolgversprechend war, braucht nicht besonders betont zu werden.

Schließlich stellte die Nahrungsversorgung ein weiteres Hauptproblem dar. Die Verpflegung der riesigen Tiere war überaus kostspielig, die Elefanten verschlangen gewaltige Futtermengen. Im Verlaufe des Zweiten Punischen Krieges perfektionierten die Römer dann auch noch ihre effektiven Gegenmaßnahmen, wie Faber exakt beschreibt:

>»Rom bildete regelrechte Abwehrtrupps aus, die auf dem Exerzierfeld mit erbeuteten Dickhäutern übten und deren schwache Punkte herauszufinden suchten. Mittels Fackeln und Geschossen mit brennendem Teer, Harz, Schwefel machten sie die Tiere scheu; auch durchschlugen sie ihnen die Kniekehlen mit Beilen, daß sie zusammensackten. Vor allem aber wandte sich ihre Attacke gegen den empfindlichen Rüssel, was oft zur Folge hatte, daß Elefanten sich gegen die eigenen Reihen wandten. Das bedeutete höchste Alarmstufe. Dem Treiber blieb nichts anderes übrig, als den Dickhäuter sofort zu töten ... Nicht immer glückte die Tötung. Im günstigsten Fall stürzte der Elefant wie vom Blitz getroffen zu Boden, ähnlich dem Kampfstier Spaniens nach dem Genickstoß durch die Espada des Matadors ...«[3]

Nach Hannibals Tod verloren die Elefanten immer mehr an Bedeutung. Dennoch ist es bemerkenswert, daß man zwar nun auf den Einsatz der Kampfkolosse zu verzichten begann, aber trotzdem das Schockelement weiter beibehielt. So ließ zum Beispiel König Perseus von Mazedonien Elefantenattrappen aufstellen, um seine Gegner einzuschüchtern, wobei Trompeten die posaunenartigen Laute, welche die Tiere ausstießen, simulieren sollten. Diese Attrappentaktik fand sogar moderne Nachahmer in unserem Jahrhundert. Sowohl die alliierten Truppen wie auch die deutsche Wehrmacht setzten im Zweiten Weltkrieg wiederholt Panzerattrappen ein, um den Feind zu verunsichern und ihm fehlende Kampfstärke vorzugaukeln.

Doch zurück zu Hannibal. Der neue Oberbefehlshaber sah sich zuerst vor die Aufgabe gestellt, die Machtposition Karthagos, die sein Vater und sein Schwager so erfolgreich aufgebaut hatten, zu festigen und zu konsolidieren. Er schloß Freundschaftsverträge mit einigen karthagofreundlichen Stämmen Südspaniens, wie etwa dem der Turdetaner. Besonders dieser Vertrag sollte in der weiteren Entwicklung tiefgreifende Folgen zeitigen.

Kriegerische Stämme, die sich nicht mit Karthagos Oberhoheit abfinden wollten, wurden unterworfen. So belagerte Hannibal 221 v. Chr. Carteia, die Hauptstadt des rebellischen Olkadenstammes. Auch Carteia lag südlich des Ebro und somit innerhalb der Einflußsphäre Karthagos. Nach zweimonatigem Widerstand kapitulierte Carteia. Ein Jahr später drang Hannibal abermals nach Norden vor, brach jeden Widerstand und befriedete endgültig die gesamte Iberische Halbinsel südlich des Ebro.

Ein Dorn im Fleisch blieb ihm vorerst die griechische Stadt Saguntum (Murviedro), die unter römischen Schutz stand, obwohl sie in der Südzone, also innerhalb Karthagos Machtbereich lag. Trotzdem hielt sich Hannibal zunächst immer noch an die Vereinbarung, die sein Schwager Hasdrubal mit den Römern geschlossen hatte.

Vieles spricht aber dafür, daß Hannibal bereits damals Vorkehrungen traf, den visionären Plan seines Vaters Hamilkar, der darin gipfelte, Rom auf italienischem Boden anzugreifen, in die Tat umzusetzen. Die Zeit war reif, die Voraussetzungen gegeben, nie zuvor war die politische Konstellation günstiger für die Karthager gewesen als jetzt: Hannibal hatte die politischen Machenschaften Roms in den letzten fünf Jahren genau verfolgt. Er wußte, daß die Gallier den Römern in diesem abgelaufenen halben Jahrzehnt neuerlich schwere Probleme bereitet hatten. Die

gallischen Stämme Norditaliens hatten 225 v. Chr. offen gegen
Rom rebelliert und eine 70 000 Mann starke Streitmacht nach
Etrurien in Marsch gesetzt. Alles ausplündernd und niederbren-
nend, was ihren Weg kreuzte, hatten die Gallier den Römern bei
Faesolae (Fiesole) eine empfindliche Niederlage zugefügt.
Rom hatte entsprechend reagiert. Zuerst waren die Sibyllinischen Bücher befragt worden. Die Antwort des Orakels hatte
besagt, daß Italiens Boden zweimal in seiner Geschichte von
fremdländischen Völkern okkupiert werden würde. Der Senat
war daraufhin selbst daran gegangen, diese unheilvolle Prophe-
zeiung zu erfüllen: Je ein gallisches und ein griechisches Ehe-
paar war – stellvertretend für die fremdländischen Invasoren –
lebendig auf dem Forum begraben worden. Dann war das gallische Problem angegangen worden. Die in Etrurien eingefalle-
nen Gallier waren in der äußerst grausam geführten Schlacht
von Telamon (Talamone) bis auf den letzten Mann niedergemetzelt, schließlich auch die gallischen Gebiete Norditaliens
von den Römern erobert worden. Westlich der Alpen hausende
Gallier waren ihren bedrängten Stammesbrüdern zwar zu Hilfe
geeilt, doch in einer Säuberungskampagne ohne Gleichen war
es den Römern um 220 v. Chr. gelungen, das Land unter ihre
Kontrolle zu bringen.
Hannibal wußte all dies, er wußte auch, daß es im gallischen
Volk immer noch gefährlich gärte, daß die stolzen Gallier nach
Rache dürsteten und haßerfüllt gegen Rom blickten. Diesen
übermächtigen Haß, den die geknechteten Gallier für die Römer
empfanden, gedachte der Barkide für sich auszunutzen. Hannibal rechnete außerdem damit, daß es bald zu ernsthaften Diffe-
renzen zwischen Rom und illyrischen Seeräubern kommen würde, wie er auch glaubte, daß sich ein Konflikt zwischen Rom
und Griechenland anbahnen würde. De Beer hat die seit langem
sorgsam geplante, durch die brisante Entwicklung in Rom aktu-

eller gewordene Invasion Italiens von Hannibals Standpunkt aus betrachtet:

»Hinzu kam, daß es weder den Führern Roms noch irgendwelchen anderen Staatsmännern der damaligen Zeit jemals eingefallen war, daß es der karthagischen Armee möglich sein könnte, einen Landmarsch von Spanien über den Ebro und die Pyrenäen, durch Gallien und über die Rhone und die Alpen bis nach Italien zu bewerkstelligen. Genau das aber wollte Hannibal durchführen... Die Operation mußte unter größter Geheimhaltung geplant werden und erforderte die Sammlung und Auswertung umfangreichen Nachrichtenmaterials. Zunächst war die militärische Lage in den verschiedenen Marschabschnitten zu erkunden. Hierzu gehörten Informationen über die Bodenbeschaffenheit... sowie... die Truppenstärken und Kampfmethoden der einzelnen heimischen Heere. Diese Unterlagen erhielt Hannibal von Militärmissionen, die die verschiedenen gallischen Stämme auf seinen Wunsch hin in das karthagische Hauptquartier entsandten... Ebenso wichtig... waren Nachrichten über die politische Situation in den Operationsgebieten. Faktoren wie die Meinungsbildung, Allianzen und Antipathien der verschiedenen Völkerschaften, ihr Widerstandswille und ihre Ausdauer im Kampf gegen Rom sowie die Zahl ihrer Bevölkerungen mußten erwogen werden. Es war... von größter Bedeutung zu wissen, inwieweit die karthagische Armee mit der aktiven Unterstützung der einheimischen Stämme rechnen konnte... Einmal auf italienischem Boden angelangt, war Hannibal von seiner 1500 Kilometer entfernten Nachschubbasis abgeschnitten.«[4]

Das Heer war hochgerüstet, das Terrain sondiert, Hannibals Vorbereitungen zum Marsch auf Rom weitgehend abgeschlossen. Trotz seiner Machtposition konnte er allerdings nicht ohne

Wissen und Einverständnis des karthagischen Senats losschlagen. Was er benötigte war eine Kriegserklärung, die zudem ziemlich schnell erfolgen mußte, wenn er die für Karthago so überaus günstige Konstellation gewinnbringend ausnützen wollte. Es ging Hannibal also darum, Rom so sehr zu provozieren, daß es nicht anders konnte, als Karthago den Krieg zu erklären.

Natürlich wußte er von Hannos Brandrede im karthagischen Senat und von manchen neiderfüllten und geldgierigen Politikern, die ihn und den gesamten Barkidenclan haßten. Diese Männer handelten nicht ausschließlich aus »friedfertigen« Überlegungen: Ein neuer Krieg würde ihre lukrativen Geschäfte erschweren, wenn nicht völlig zum Stillstand kommen lassen.

Es gab jedoch auch eine ausgesprochene Barkidenpartei im karthagischen Senat, auf deren Hilfe Hannibal im casus belli zählen konnte. Aber es war ihm daran gelegen, daß die Römer zuerst den Krieg erklärten. Hannibal brauchte aber einen Anlaß, der Rom zum Handeln zwingen würde. Lange schon hatte er sich über das Verhalten der Einwohner von Saguntum geärgert, die sich offen zu Rom bekannten, obwohl ihre Stadt im karthagischen Machtbereich lag. Roms Protektoratsverhältnis zu Saguntum bot dem Barkiden endlich den Vorwand, Rom in einen Konflikt zu verwickeln.

Die Griechenstadt lag inmitten des Siedlungsgebietes des iberischen Turdetanerstammes, mit dem Hannibal einen Freundschaftsvertrag geschlossen hatte. Die Turdetaner haßten die Sagunter, und Hannibal beschloß, Saguntum, den römischen Pfahl in Karthagisch-Iberien, endgültig zu entfernen, indem er sich bewußt auf die Seite des befreundeten Stammes schlug und die Stadt 219 v. Chr. zu belagern begann. Hamilkars Sohn sah die Reaktion der Sagunter voraus. Sie wandten sich sofort an Rom um Hilfe, setzten sich energisch und heftig zur Wehr. Der rö-

mische Senat handelte auch umgehend und beorderte zwei
Gesandte nach Spanien: Publius Valerius Flaccus und Quintus
Baebius Tamphilus. Ihr Auftrag war unmißverständlich: Sie
sollten den jungen Barkidensproß veranlassen, die Belagerung
Saguntums sofort einzustellen und ihm nachdrücklich einschär-
fen, daß er hier nicht gegen eine mit Rom verbündete Griechenstadt zu Felde zog, sondern gegen Rom kämpfte.

Als die römischen Gesandten vor den Toren des karthagischen
Feldlagers standen, war der Kampf gerade besonders heftig aufgeflammt. Hannibal selbst setzte zum Sturm auf den die Stadtmauer von Saguntum dominierenden Turm an. Mit Abschirm-
lauben versehene gewaltige Rammböcke wurden an die Mauern
der Stadt geschoben. Auf einem dieser Rammböcke stand Hannibal. Die Sagunter empfingen ihn mit einem Speerregen. Brennende Pfeile und Speere prasselten auf die Karthager herab. Die
Sagunter jubelten auf, als ein solcher Wurfspieß den punischen
Feldherrn an der Hüfte traf, und stimmten schon ein johlendes
Siegesgeheul an, da sie glaubten, den Kopf der karthagischen
Armee außer Gefecht gesetzt zu haben. Doch der leicht schwan-
kende Hannibal kümmerte sich kaum um die Hüftwunde und
stand schon nach kurzer Zeit wieder auf dem Rammbock, der
mit unglaublicher Härte an die Mauer prallte und sie an einer
schwachen Stelle fast zum Einsturz brachte. Allein die so entstandene Lücke im Verteidigungswall war nicht besonders groß
und die Sagunter ersetzten sie durch einen lebenden Schilder-
wall. Der Angriff war gescheitert. Als Hannibal sich in sein Zelt
zurückzog, erfuhr er erstmals von der Anwesenheit der römischen Gesandten.

Der verwundete »junge Löwe«, der nicht mit einer solch unvermutet harten Gegenwehr der Sagunter gerechnet hatte, weigerte
sich demonstrativ, die Gesandten zu einem klärenden Gespräch
zu empfangen. Unfreundlich ließ er Flaccus und Tamphilus

lediglich ausrichten, schnellstens das Weite zu suchen, da sie sich mitten im Kriegsgebiet befanden und er ihre persönliche Sicherheit keinesfalls garantieren könne. Seine Hoffnungen, daß dieser Affront ausreichen würde, um Rom zu einer Kriegserklärung zu veranlassen, wurden aber nicht erfüllt. Die brüskiert abziehenden Gesandten hinterließen ihm nämlich die Nachricht, daß sie nun nach Karthago weiterreisen würden, um vor Ort festzustellen, ob der »junge Abenteurer« mit Wissen und Billigung des karthagischen Senats agiere.

Die Belagerung der sich hartnäckig zur Wehr setzenden Griechenstadt Saguntum dauerte schon vier Monate. Hannibal hatte seinen Freunden im Senat den ins Haus stehenden Besuch der römischen Delegation bereits in warnenden Briefen avisiert, die Karthago noch vor den Römern erreichten. Flaccus und Tamphilus traten in der karthagischen Hauptstadt besonders forsch auf und bezeichneten Hannibals Belagerung von Saguntum als unverzeihlichen Aggressionsakt. Hannibal hätte sich einfach über alle Bestimmungen des mit Hasdrubal vereinbarten Vertrages hinweggesetzt, das Abkommen mit Rom verletzt und sie außerdem persönlich gedemütigt.

Nachdem man den römischen Gesandten ausführlich Gelegenheit gegeben hatte, ihren Standpunkt zu erläutern, berief Karthago den Hohen Rat ein. Eine mehrere Stunden andauernde Debatte folgte, in der sich die Barkidenpartei durchsetzte. Der alte Feind des Hauses der Barkiden, Hanno, gab den Römern als einziger recht und befürwortete die von ihnen geforderte Auslieferung Hannibals. »Wir müssen diesen unberechenbaren jungen Feldherren der Gerechtigkeit Roms überantworten, sonst werden die brennenden Trümmer von Saguntum auf unsere ehrenwerten Häupter fallen!« lautete der Kernsatz der Argumentation des ewigen Warners.

Wie schon einmal wurde der reiche Barkidenhasser niederge-

brüllt. Die Antwort des Hohen Rats ernüchterte die beiden römischen Konsuln völlig: An eine Auslieferung Hannibals sei
nicht zu denken, Saguntum selbst hätte die Krise heraufbeschworen und die Belagerung werde daher fortgesetzt. Außerdem könne man sich nicht vorstellen, daß die Römer ihre ihnen
aufgrund des Hasdrubal-Vertrages gar nicht zustehende Protek-
toratsrolle zum Anlaß nähmen, das gute Einvernehmen zwischen Karthago und Rom, das nun immerhin schon 20 Jahre
währte, leichtfertig aufs Spiel zu setzen.
Während Flaccus und Tamphilus also Nordafrika unverrichteter
Dinge verließen, ging in Saguntum die Belagerung weiter. Sieben Monate trotzte die Griechenstadt den Karthagern nun schon
– Hannibal war im Verlaufe der Belagerung von seiner iberischen Frau Imilko ein Sohn geboren worden. Rom konnte seine
Beschützerrolle nicht ausüben, denn neuerliche Aufstände in
Oberitalien und sogar auf Sizilien banden die römischen Streit-
kräfte. Außerdem existierte immer noch kein Kriegszustand
zwischen den beiden Mächten. Trotzdem sah die Lage der Stadt
im achten Monat der Belagerung gar nicht so aussichtslos aus:
Das eingerissene Mauerstück war wieder aufgebaut worden, die
Verteidigungslinie der Saguntcr stand nach wie vor wie ein
Mann. Selbst Hannibal mußte eingestehen, daß er hier auf einen
besonders tapferen und hartnäckigen Gegner getroffen war.
Jetzt meldeten sich auch noch einige Stabsoffiziere des Barkiden zu Wort, die die Stadt für uneinnehmbar hielten, und zu
einem Abbruch der Belagerung rieten.
Diese Krise im Karthagerheer wurde noch dadurch verstärkt,
daß zwei iberische Hilfsvölker, die Oretaner und die Carpetaner,
zu murren begannen. Selbst die Turdetaner, die verschworenen
Erzfeinde der Sagunter, klagten über die ausgesprochen stren-
gen Aushebungen und den hohen Blutzoll, den die Belagerung
in ihren Reihen bisher gefordert hatte. Doch Hannibal erstickte

jeden Widerstand im Keim. Gerade eingedenk all der Mühen und Entbehrungen, die der lange Kampf um die Stadt ihnen allen abverlangt hatte, sei es unsinnig, jetzt, da der Sieg in immer greifbarere Nähe rücke, aufzugeben.

Wieder einmal riß der Feldherr seine Offiziere und Soldaten durch sein Charisma mit. Hannibal sprach vom ungeheuren Reichtum der Stadt, von der gewaltigen Beute, die seine Krieger nach der Einnahme erwarten durften. Der achte Monat würde der letzte Monat der Belagerung sein, versicherte der »junge Löwe« seinen Truppen immer wieder. Seine neue »Wunderwaffe« sollte den Sieg gewährleisten. Riesige Rolltürme waren erbaut worden, welche die saguntischen Stadtmauern beträchtlich überragten. Als diese rollenden Ungetüme auf die eingeschlossene Stadt zudonnerten, machte sich in Saguntum eine ungeheure Panikstimmung breit. Hannibal entschied sich, diese Situation zu nutzen und entsandte – vielleicht auch aus Respekt vor dem tapferen Gegner – iberische Unterhändler in die Stadt, die den Saguntern in seinem Namen freien Abzug boten. Diese gingen jedoch nicht auf dieses Angebot ein und verspielten damit die allerletzte Chance, der nun folgenden Katastrophe zu entgehen.

Im Zentrum der Stadt spielten sich chaotische Szenen ab: Auf dem Forum hatte man einen gewaltigen Scheiterhaufen errichtet. Man warf Gold und Silber und Wertsachen aller Art ins Feuer, manche Bürger stürzten sich selbst – Dido gleich – in die Flammen. Sie schienen den Weg der Selbstvernichtung gewählt zu haben. Während das Chaos weiter um sich griff, verließen auch viele Mauerposten, von der allgemeinen Panik erfaßt, ihre wichtigen Abwehrpositionen. Da gab Hannibal, der sich nun entschlossen hatte, keine Gnade mehr walten zu lassen, den Befehl zum totalen Sturmangriff. Die Rolltürme hatten die beabsichtigte Wirkung erzielte, und es gelang den Karthagern, mehrere Wachtürme einzureißen und eine große Bresche in die Stadtmauer zu schlagen.

Nach und nach drangen immer mehr Söldner des Barkiden in die Griechenstadt ein. Ein furchtbares Gemetzel hob an, die sich verzweifelt wehrenden Sagunter wurden erbarmungslos niedergemacht. Die Stadt brannte an allen Ecken und Enden. Viele Bürger verbrannten in ihren Häusern, das Zerstörungswerk der Karthager war vollkommen. Als Hannibal durch die verwüstete Stadt, die so lange heroischen Widerstand geleistet hatte, schritt, vorbei an den brennenden Häusern und Trümmern, und das schaurige Bild betrachtete, das seine vom Sieges- und Blutrausch erfaßten Truppen hinterlassen hatten, wußte er, daß er mit dem Fall von Saguntum einen Erdrutsch ausgelöst hatte: Rom würde den Krieg erklären, und er konnte, dem genialen Plan seines Vaters folgend, seine Armee über die Alpen führen. Der Zweite Punische Krieg war unvermeidlich geworden. Obwohl sich Saguntum gewissermaßen selbst entleibt hatte und ein Raub der Flammen geworden war, machten die Eroberer immer noch reiche Beute. Ein Teil davon wurde an die Soldaten verteilt, die wertvollsten Schätze, die in seine Hand gefallen waren, schickte Hannibal aber in weiser Voraussicht nach Karthago ...

Nach dem Fall Saguntums kehrte Hannibal in sein Winterlager nach Carthagena zurück, um dort die weitere Entwicklung abzuwarten. Es war ihm klar, daß ihn bald die Nachricht von der römischen Kriegserklärung an Karthago erreichen würde. In Rom erfuhr man vom Fall der Stadt Saguntum gerade zu dem Zeitpunkt, als Publius Valerius Flaccus und Quintus Baebius Tamphilus wieder am Tiber eintrafen und Bericht erstatteten. Der Fall Saguntums stellte Rom nun vor vollendete Tatsachen, der Krieg mit Karthago schien unausweichlich geworden zu sein. Rom war bereit zum Krieg, unternahm aber dennoch eine allerletzte Friedensinitiative, indem es neuerlich Gesandte nach

Nordafrika schickte. Der Anführer dieser Delegation war Quintus Fabius Maximus. Die Gesandtschaft hatte Order, herauszufinden ob die Zerstörung Saguntums vom karthagischen Senat gebilligt oder vielleicht sogar befohlen worden war. Sollte sich diese Befürchtung bewahrheiten, war Quintus Fabius Maximus autorisiert, die römische Kriegserklärung zu übergeben. Allein im eher unwahrscheinlichen Fall, daß Hannibal eigenmächtig gehandelt haben sollte, konnte Maximus klärende Gespräche führen, erneut die sofortige Auslieferung Hannibals fordern und damit den Frieden weiter sicherstellen.

Aber die den karthagischen Senat dominierende Barkidenpartei war – vor allem in Anbetracht des großen Sieges, den Hannibal gerade errungen hatte und der Reichtümer, die er in seine Heimatstadt transportieren lassen hatte – zu keinerlei Konzessionen bereit. Man lavierte, antwortete der römischen Delegation ausweichend und beschränkte sich auf Interpretation des Vertrages mit Hasdrubal, die de Beer wie folgt zusammenfaßt:

»Sie brachten vor, daß in dem Vertrag, der festlegte, daß keine der beiden Seiten sich in die Angelegenheiten von Verbündeten der anderen Seite einmischen solle, von Saguntum nicht die Rede sei, aus dem einfachen Grunde, weil die Stadt zur Zeit des Vertragsabschlusses noch nicht mit Rom verbündet war. Abgesehen davon ... war der Vertrag niemals vom römischen Senat ratifiziert, noch vom römischen Volk bestätigt worden. Er wäre daher ebenso hinfällig wie Hasdrubals Abkommen über die Einflußsphäre in Spanien, das ebenfalls nicht vom karthagischen Senat beglaubigt worden war«⁵

Diese Argumentation stellte die Römer natürlich nicht zufrieden und wurde von Quintus Fabius Maximus mit Recht als Verschleierungstaktik bezeichnet. Voller Zorn rief der hochgewachsene stolze Delegationsleiter den Karthagern zu: »Genug! Wir bringen euch Frieden oder Krieg. Wählt, was ihr wollt!« Als die

Karthager wiederum keine klare Antwort gaben, sondern den
Ball erneut den Römern zuspielten mit den Worten:»Die Wahl
liegt bei euch und nicht bei uns!«, raffte Quintus Fabius Maximus die Falten seiner Toga zusammen und schrie:»So nehmt
den Krieg!« Die Antwort darauf war klar und unmißverständlich:»So sei es!« Der Zweite Punische Krieg war erklärt und es
waren die Römer, die die Kriegserklärung vorbrachten, genau
wie Hannibal es gewollt hatte. Die Barkidenpartei im karthagischen Senat hatte ganze Arbeit geleistet!
Flüchtig gesehen entsprach die Kriegserklärung Roms einer
Verletzung des 241 v. Chr. abgeschlossenen Friedensvertrages.
In Wirklichkeit aber hatte Hannibal konsequent darauf hingearbeitet, Rom aus der Reserve zu locken, er hatte den Zwist zwischen den Turdetanern und Saguntern geschickt geschürt, und
mit der Eroberung der Stadt die Römer zum Handeln gezwungen. Sein Konzept war aufgegangen, nun konnte er sich für die
Schmach rächen, die sein Vater auf Sizilien erleiden mußte, und
den Römern die Rechnung dafür präsentieren, daß sie den für
Karthago lebensbedrohenden Söldneraufstand ausgenutzt hatten, um sich Sardiniens und Korsikas zu bemächtigen. Sein
Haßschwur der Kindheit konnte jetzt konkrete Gestalt annehmen. Die Römer waren von den Ereignissen überrollt worden,
Hamilkars visionärer Traum würde Wirklichkeit werden – Hannibal machte sich bereit zum Marsch auf Rom. Wir schreiben
das Frühjahr 218 v. Chr.
Nachdem er in Cadir (Gades) dem Gotte Melkart ein Opfer dargebracht hatte, eilte er in sein Hauptquartier nach Carthagena
zurück. Dort versammelte er all seine Truppen um sich und hielt
eine wild akklamierte begeisternde und anfeuernde Ansprache –
ein meisterhaftes Demagogenstück. Nachdem er den Soldaten
eingangs erzählt hatte, daß Rom wiederholt die Auslieferung ihres bewunderten Heerführers verlangt hatte – was Stürme der

Entrüstung und Empörung hervorrief –, begann er seine eigentliche Rede. Er entwarf ein großartiges Szenario vom Reichtum und Wohlstand all jener Länder, durch die die karthagische Armee marschieren würde, und verhieß seinen Söldnern reiche Beute. Alles sei bis ins kleinste Detail geplant. Das karthagische Heer würde unsterblichen Ruhm auf seine Fahnen heften, viele der von den Römern unterjochten Stämme und Völker würden den Puniern nicht feindlich begegnen, sondern sie vielmehr freudig und als Befreier auf italischem Boden willkommen heißen. Alle Vorteile lägen eindeutig auf der Seite der Karthager. Es galt nur, so schnell wie möglich aufzubrechen.

Der 27. Mai des Jahres 218 v. Chr. wurde als Tag des Aufbruchs festgelegt. Hier in Carthagena hören wir, kurz vor dem Aufbruch zum langen Marsch über die Alpen, zum letzten Mal von Imilko, der Gattin Hannibals, die den geliebten Mann bestürmte, ihn begleiten zu dürfen. Silius Italicus beschreibt, wie Imilko versuchte, ihren Mann, in dessen Armee es keinen Platz für Frauen gab, umzustimmen. Die verzweifelte Frau des Barkiden soll auf die Knie gefallen sein und ihn angefleht haben: »Lassen unsere Verbundenheit und ehelichen Freuden Dich daran zweifeln, daß ich, Deine Frau, nicht fähig wäre, die eisigen Bergesgrate mit Dir zu übersteigen? Vertraue in Deines Weibes Kraft und Zähigkeit!« Hannibal ließ sich nicht erweichen. Er schickte seine Gemahlin und das im Verlauf der Belagerung von Saguntum geborene Kleinkind zurück nach Karthago. Über Imilkos weiteres Schicksal ist so gut wie nichts bekannt. Wahrscheinlich sind Imilko und auch Hannibals Sohn während seiner langen Abwesenheit von Karthago verstorben.

Mit einer gewaltigen Armee, bestehend aus 90 000 Fußsoldaten, 12 000 Reitern und 37 Elefanten brach Hannibal von Carthagena auf. In den ersten Julitagen des Jahres überschritt er den Ebro – der lange Marsch auf Rom hatte begonnen

VII
DER MARSCH AUF ROM –
HANNIBALS ZUG ÜBER DIE ALPEN

Der junge und dynamische Barkide setzte bei dem von Hamilkar erträumten und jetzt von ihm durchgeführten gewaltigen Unternehmen vor allem auf die psychologisch so wirksame Waffe der Überraschung. Ihm war daran gelegen, so schnell wie möglich voranzukommen, das unerschlossene, wahrscheinlich schneebedeckte gefährliche und zumindest für große Heeresverbände als unpassierbar geltende Hochgebirge im Eilmarsch zu überwinden, um schließlich die Römer durch sein überraschendes Auftauchen in der Poebene zu überrumpeln und aus dem Konzept zu bringen. Tatsächlich sollte die unmöglich scheinende Operation gelingen. In nur fünf Monaten sollte Hannibal nach einem 1500 Kilometer langen von Entbehrungen, dem Kampf gegen fremde Völker, Wind, Wetter, Schnee und Eis geprägten Marsch in Oberitalien stehen.

Vor dem Aufbruch hatte er einige für seinen Weitblick charakteristische Kalkulationen und Überlegungen angestellt. Er betrachtete die Lage vom Standpunkt der Römer aus und stellte fest, daß man folgenden etwaigen Komplikationen entgegenwirken müßte: Während er seine Armee über die Alpen führte, konnten die Römer nicht nur Iberien bedrohen, sondern vielleicht auch von Sizilien aus eine Expeditionsflotte nach Afrika entsenden und Karthago bedrohen. Es galt also, sowohl Spanien wie auch die karthagische Heimat effektiv abzusichern und auf alle Eventualitäten vorzubereiten.

Hannibals Vorkehrungen hatten zunächst darin bestanden, 20 000 Mann nach Karthago zu schicken. Eine Eliteeinheit, die sich aus 5000 zuverlässigen und mit Bedacht ausgesuchten Männern zusammensetzte, sollte die Wachgarnison der »Königin der Meere« verstärken. Die restlichen Truppen – jeweils 5000 Schleuderer, Nahkampfspezialisten und Reiter – sollten der römischen Invasionsarmee in offener Feldschlacht standhalten können.

Römische Attacken in Spanien suchte Hannibal dadurch zu verhindern, daß er dort ebenfalls ein starkes Heereskontingent zurückließ. Zum »Wächter Iberiens« ernannte er seinen tapferen Bruder Hasdrubal Barkas, der 15 000 Soldaten und eine bescheidene Flotteneinheit kommandierte sowie 22 Elefanten zum Einsatz bringen konnte. Hannibal hatte die zu erwartenden römischen Maßnahmen richtig eingeschätzt. 218 v. Chr., im Jahr der Alpenüberquerung der Karthager, ernannte Rom Publius Cornelius Scipio und Tiberius Sempronius Longus zu Konsuln. Scipio sollte Störmanöver in Spanien durchführen, Sempronius Longus stand bald mit 160 Schiffen in Sizilien bereit, um den Krieg ins karthagische Mutterland hineinzutragen. Dieses Strategiekonzept Roms gelangte allerdings durch Hannibals überschnelles und überraschendes Auftauchen in Oberitalien nicht zur Ausführung. Die Römer waren gezwungen, all ihre Truppen in der Heimat zu konzentrieren. Der Senat erteilte dem tatendurstigen Sempronius, der schon im Begriff war, sich nach Karthago einzuschiffen, den Befehl, sich umgehend an den norditalienischen Kriegsschauplatz zu begeben. Die »Operation Afrika« war hinfällig geworden, an einen Angriff auf Karthago war nicht mehr zu denken, sah man sich doch mittlerweile selbst mit einer Invasion konfrontiert. Doch es soll hier nicht weiter vorgegriffen werden.

Im Juli des Jahres 218 v. Chr. durchquerte Hannibals Armee das hügelige Katalonien, wo sie erstmals auf Widerstand stieß. Die besonders stolzen und halsstarrigen Stämme der Ilurgeten und Andosiner, die Urahnen der heutigen Katalanen, deren Freiheitsliebe legendär geworden ist, verwickelten die Karthager in zahlreiche blutige Gefechte. Hannibal, dessen Hauptstrategiefaktor die Schnelligkeit seines Vorrückens war, gelang es erst nach verlustreichen Kämpfen die rebellischen Stämme zur Räson zu bringen und beschloß, das unsichere und instabile Katalonien nicht unbeaufsichtigt hinter sich zu lassen. Sein Bruder Hanno wurde zum »Herrn über Katalonien« ernannt. Hannibal unterstellte ihm 1000 Reiter und 10 000 Fußsoldaten. Hanno Barkas Auftrag war die Sicherung der westpyrenäischen Bergpässe.

Die Pyrenäen markierten die erste große geographische Barriere, die sich Hannibals Heer entgegenstellte. Als Hannibal, wahrscheinlich in der Nähe des heutigen La Junquera – die genaue Route sowie die zum Übergang benutzten Pyrenäenpässe sind nicht bekannt und weitgehend Spekulationsgegenstand geblieben – die paßartige Senke, welche die sanften Ausläufer des Gebirges dort dominierte, passierte und von Emporiae (Ampurias) aus den Aufstieg in Angriff nahm, taten sich erste ernsthafte Probleme auf – im eigenen Heer. Vor allem nicht-karthagische Einheiten begehrten nun auf. Die Gegend an den Ausläufern der Pyrenäen hatte man noch willig durchquert, man war an Pappeln, Pinienhainen und Weinfeldern vorbeimarschiert, doch nun befand man sich in einem kargen und rauhen Gebirgstal. Die Aussicht, nach der Überquerung der Pyrenäen auch noch die schneebedeckten Alpen überwinden zu müssen, schreckte plötzlich viele Soldaten ab. Ungefähr 3000 Männer weigerten sich, den Marsch in die Ungewißheit weiter mitzumachen. Hannibal, der keine Verzögerung gebrauchen konnte und außerdem keinerlei Druck auf die Verweigerer ausüben wollte, da anson-

sten mit Ausschreitungen, ja vielleicht sogar mit offener Rebellion anderer fremdländischer Söldnereinheiten zu rechnen war,
entließ daraufhin 7000 von den ihm unzuverlässig erscheinen-
den Söldnern.

Es waren nun nur mehr 40 000 Fußsoldaten, 9000 Reiter und
natürlich die erwähnten 37 Elefanten, welche mit Hannibal die
Pyrenäenpässe erklommen. Die von den Puniern begangenen
Pässe können, wie gesagt, nicht exakt bestimmt werden. Angeblich soll Hannibal am Col de Banyuls in 360 Meter Höhe gelagert haben, etwa 37 Kilometer vom spanischen Emporiae entfernt. 33 Kilometer weiter lag auf der anderen Seite das
gallische Illiberis (Elne), auf das Hannibal nach dem Abstieg
zuerst treffen sollte. Hier erfuhr der Barkide auch, daß ihn bei
Ruscino (Castel Roussillon) ein gallisches Heer erwartete.

Die Gallier, die von der blutigen Niederwerfung der Katalanen
erfahren hatten, wollten den Karthagern um jeden Preis Paroli
bieten. Doch Hannibal wollte seinen Vormarsch nicht durch
weitere Kampfeinsätze aufhalten. Er lud die Gallierhäuptlinge
daher in sein Lager ein und machte ihnen in einem langen und
eindringlichen Gespräch klar, daß sie von ihm nichts zu befürchten hätten. Er sei als ihr Freund ins Land gekommen und
kenne, wie sie selbst, nur einen richtigen Feind – die Römer.
Wozu sollte deshalb gallisches und karthagisches Blut vergos-
sen werden? Es gelang Hannibal, die Gallierführer zu bewegen,
ihm den Durchmarsch durch ihr Land zu gestatten.

Hannibal befand sich nun in der Gegend des heutigen Midi, das
zwischen der italienischen und spanischen Grenze liegt. Zu
Hannibals Zeiten waren die Gebiete des Midi, die Languedoc,
Roussillon und Provence von Sümpfen und Lagunen übersät,
das Hinterland durchwegs unerschlossenes, unwegsames Gelände. Die Marschroute des karthagischen Heeres in Südgallien
ist uns genausowenig bekannt wie die Namen der zum Aufstieg

benützten Pyrenäenpässe. Allerdings liegt die Vermutung sehr nahe, daß die Punier hauptsächlich der Küstenlinie folgten. An der Mündung des Hérauld lag die Griechenstadt Agde, eine Kolonie des mit Rom verbündeten Massalia, dem heutigen Marseille. Hannibal eroberte die Karthago feindliche Stadt und äscherte sei ein. Er stieß in die damals von Sümpfen durchzogene Camargue vor und erreichte das Mündungsdelta des unteren Rhodanus, der Rhone. Folgt man der von Polybios aufgestellten Marschtabelle, die von modernen Historikern oftmals als wertlos verworfen wurde, so hatte die karthagische Armee seit ihrem Aufbruch von Carthagena nun an die 1031 Kilometer zurückgelegt. Von Polybios wissen wir auch, daß Hannibal nur fünf Tage benötigte, um den Rhonestrom zu überqueren.

An dieser Stelle müssen wir uns ein wenig mit Polybios, dem unserer Ansicht nach zuverlässigsten Chronisten, und anderen antiken Geschichtsschreibern befassen, die alle der Faszination Hannibals erlagen und sich mit seinem Leben und Feldzügen auseinandersetzten. Der Grieche Polybios war 19 Jahre alt, als Hannibal, von den Römern verfolgt und aufgespürt, in der Villa Lybissa in Bithynien im Jahre 183 v. Chr. Selbstmord beging. Er wurde 202 v. Chr. in Arkadien geboren und entwickelte sich zu einem tüchtigen Soldaten. Es war der Reitergeneral Polybios, dem die Ehre zukam, die Aschenurne von Philopoimen, dem allerletzten großen griechischen Feldherrn der Antike, beizusetzen. 168 v. Chr. kam der gebildete und schneidige Grieche als Geisel nach Rom. Dort fungierte er als Lehrer von Scipio Aemilianus, der 146 v. Chr. Karthago zerstören und den Dritten Punischen Krieg erfolgreich beenden sollte. Polybios begleitete seinen Schüler auf diesem letzten entscheidenden Kriegszug und dürfte sicherlich manchen Veteranen aus dem hannibalischen Krieg »interviewt« haben. Man kann Polybios deshalb wohl als den sachverständigsten der antiken Chronisten bezeichnen, seine Darstellung erweist sich ohne Zweifel auch heute noch als stichhaltig. 160 v. Chr. begab sich der wahrscheinlich gewissenhafteste antike Hannibal-Chronist auf eine Reise ganz besonderer Art: Quasi als verspäteter antiker »Kriegsberichterstatter« folgte Polybios der Marschroute des karthagischen Heeres. Auf Hannibals Spuren ging er den gesamten Weg, den der Barkide und seine Truppen zurückgelegt hatten, nach. Zehn Jahre später errechnete er in bewundernswerter Kleinarbeit die Länge der verschiedenen Etappen des Hannibalmarsches. Er bediente sich griechischer Stadien, obwohl er in seinem Urtext darauf verweist, daß die diversen Etappenentfernungen von den Römern sorgfältig vermessen wurden, in »Einheiten von acht Stadien pro römischer Meile«. Daraus ergäbe sich eine Länge von 185 Metern für ein römisches Stadion. Strabo, der Polybios´ Berechnungen im ersten nachchristlichen Jahrhundert einer exakten Überprüfung unterzog, fand jedoch heraus, daß der griechische Reitergeneral die römische Meile, aus welchen Gründen auch immer, mit achteindrittel Stadien ermittelt hatte. Demzufolge ergibt sich eine kleine Abweichung. Die Länge des Stadions von Polybios entspricht, wenn man Strabos Korrekturmaßnahme folgt, somit 177,5 Metern. Auf dieser Basis kann die Entfernungstabelle des Polybios mit ziemlicher Sicherheit als einigermaßen korrekt bezeichnet werden. Die gesamte Marschroute Hannibals, von Carthagena bis zur Ebene von Piemont, umfaßt bei Polybios 8400 Stadien, annähernd 1500 Kilometer, und entspricht daher weitgehend der modernen nachvollziehbaren Strecke.

Mit der ihm eigenen Akribie unterteilte Polybios den Hannibalmarsch, welchen er, wie wir hörten, selbst nachvollzog, in folgende Einzeletappen:

1. 461 km oder 2600 Stadien, die die Route von Carthagena zum Ebro ausmachen;

2. 285 km oder 1600 Stadien, die die Wegstrecke vom Ebro bis nach Emporiae markieren;

3. weitere 285 km oder 1600 Stadien, die Hannibal von Emporiae zum Rhodanus führten;

4. 248 km oder 1400 Stadien, die die karthagische Armee benötigte, um von der Rhone aus zu den Ausläufern der Alpen zu gelangen;

5. 213 km oder 1200 Stadien, welche die letzte und gefährlichste Teilpassage, die Alpenüberquerung bis zum Eintreffen in der Ebene von Piemont darstellten.

Polybios' Ausführungen sind auch deshalb von allergrößter Bedeutung, weil er nachgewiesenermaßen Material auswertete, das den Kriegsverlauf von karthagischer Sichtweise aus betrachtet, und in seine Schriften einarbeitete. An dieser Stelle sind in erster Linie zwei verschollen gebliebene Werke zu erwähnen. Einmal die Biographie, welche Hannibals spartanischer Lehrer und Freund Sosylos laut Cornelius Nepos über den Barkiden verfaßt haben soll, und zweitens die Aufzeichnungen eines gewissen Silenos, der wie Sosylos Kriegsteilnehmer war und Hannibal auf seinem Marsch nach Italien begleitete. Cicero erwähnt, daß Silenos' Bericht von Lucius Coelius Antipater aus dem Griechischen ins Lateinische übersetzt worden sei. Obwohl diese Werke, wie gesagt, verloren gingen, können wir davon ausgehen, daß Polybios sie zu Gesicht bekam und wesentliche Passagen in sein Geschichtswerk übernahm. Der zweite wichtige Gewährsmann des hannibalischen Krieges ist zweifelsohne der aus Padua stammende, 59 v. Chr. geborene Titus Livius, dessen »Geschichte Roms« sich detailliert mit dem Punier auseinandersetzt. Livius hat sich weitgehend an Polybios orientiert, liefert aber zahlreiche wertvolle Ergänzungen und bediente sich unter anderem der der Nachwelt ebenfalls nicht erhaltenen Aufzeichnungen des römischen Zeitzeugen Fabius Pictor. Schließ-

lich bleibt uns noch das Versepos von Silius Italicus, aus dem
wir bereits kurz zitierten. Die Beschreibung der Punischen
Kriege durch Silius Italicus fußt allerdings fast ausschließlich
auf den Grundlagen des umfassenden Geschichtswerkes von
Livius. Wir haben uns diesen Einschub erlaubt, um zu demonstrieren, wie unumgänglich und unentbehrlich die exakte Auswertung der antiken Quellen für den modernen Hannibal-Forscher ist. Lediglich zwei bescheidene archäologische Funde,
eine lateinische Inschrift aus Brindisi, und Waffen und Grabstätten, die am Trasimener See zutage gefördert worden sind,
belegen Hannibals Eindringen nach Italien. Ohne die reichlich
fließenden antiken Quellen wäre es uns daher unmöglich, Hannibals Leben gegen Rom nachzuzeichnen.

Als der Barkide am Rhodanus stand, wußte er, daß er den Strom
so schnell wie möglich überqueren mußte. Das Vormarschtem-
po seiner Armee mußte überhaupt beschleunigt werden, denn es
galt, die Alpen vor Einbruch des »General Winter« zu überschreiten. Nur so konnte er den beabsichtigten Überraschungs-
effekt den Römern gegenüber voll ausspielen. Ein vorzeitiger
Wintereinbruch in den Alpen konnte ihm aber zum Verhängnis
werden und die ganze gewaltige Operation quasi auf halbem
Wege zum Scheitern bringen, ehe er noch einen Fuß auf Italiens
Boden gesetzt hatte. Eilends suchte er daher nach einer günstig
gelegenen Furt, die es ihm ermöglichen würde, seine große Armee über den nahezu einen Kilometer breiten Fluß überzuset-
zen. Der genaue Punkt seines Überschreitens der Rhone ist bis
zum heutigen Tag Gegenstand eines regelrechten Gelehrten-
streites. Von Avignon wurde gesprochen, ebenso wie von Pont
St. Esprit, wo das Ufer des Flusses besonders flach und zugäng-
lich ist. Polybios liefert einmal mehr die wahrscheinlichste
Übergangsstelle. Denn er beschreibt, daß die hannibalische Ar-

mee das gefährliche Manöver an einem Ort durchführte, »wo sich der Rhodanus noch nicht geteilt hatte«. Laut Polybios lag diese Stelle außerdem fünf Tagesmärsche vom Meer entfernt. Auch floß der Strom hier in einem einzigen Bett, wie der Grieche erläutert. Es ist naheliegend, daß Hannibal an einer Stelle eine Furt suchte, wo das Flußwasser möglichst seicht war und kaum nennenswerte Strömungen aufwies. De Beer glaubt, diese Übergangsstelle in der Nähe von Arles lokalisiert zu haben und in der Tat entspricht der von dem Briten identifizierte Ort Fourques allen Voraussetzungen der Schilderung von Polybios.

Fourques befindet sich, Arles gegenüberliegend, oberhalb jenes Punktes, an dem sich die »kleine« und »große« Rhone teilen und westlich und östlich auseinanderfließen. Es erscheint daher plausibel, daß sich die ideale Furt wirklich bei Fourques befand. Die gallischen Bewohner des rechten Ufers des Rhodanus erwiesen sich als hilfreich. Hannibal überreichte den Flußanrainern Geschenke und erwarb ihre brauchbarsten Flußschiffe. Wie immer mußte alles sehr schnell vonstatten gehen. Flöße wurden gebaut und Baumstämme ausgehöhlt. Nach zwei Tagen waren genügend Wasserfahrzeuge vorhanden, um das Manöver in Angriff zu nehmen. Der Erfolg des Unternehmens wurde jedoch von feindlichen Galliern, die zum Stamm der Volsker gehörten und am anderen Ufer Aufstellung bezogen hatten, in Frage gestellt. Das Kriegsgeheul der Volsker dröhnte über den Strom herüber und bot, um es mit den Worten des Polybios zu sagen, »ein ergreifendes und angsterregendes Schauspiel«. Das Schlachtgebrüll der Gallier ließ keinen Zweifel darüber aufkommen, daß es das erklärte Ziel der Keltenabkömmlinge war, das Übersetzen des karthagischen Heeres zu verhindern.

Hannibal, der geborene Taktiker, erkannte die schwierige Lage sofort. Das Übersetzen an sich war schon problematisch genug, auf dem Fluß war seine Armee faktisch hilflos und konnte von den Feinden empfindlich behindert werden. Am anderen Ufer war mit einem konzentrierten Massenangriff der Gallier zu rechnen. Dieser Gefahr mußte Hannibal rechtzeitig begegnen. Er schickte daher Hanno, den Sohn des Sufeten Bomilkar, mit einem spanischen Voraustrupp entlang des rechten Flußufers stromaufwärts. Hanno und seine Spanier marschierten ungefähr 35 Kilometer, ehe sie zu einer Insel gelangten, welche den Fluß teilte. Die beiden Flußarme waren an dieser Stelle bedeutend schneller und tiefer als bei Fourques. Das bereitete Hanno aber kaum Schwierigkeiten, denn er hatte weder Pferde noch Elefanten bei sich. Die Spanier trieben auf ihren Schilden in der Nacht über den Strom.

Nun marschierte der Sufetensohn zurück nach Süden. Er befand sich jetzt im Rücken der feindlichen Volsker. Im Morgengrauen des fünften Tages gab Hanno das mit Hannibal vereinbarte Rauchzeichen, um dem Barkiden zu signalisieren, daß sein kleiner Truppenverband bereit zum Losschlagen war. Daraufhin gab der Feldherr der Karthager den Befehl zum Übersetzen. Die Fußsoldaten bedienten sich der Hohlbäume oder wurden auf Flößen transportiert. Boote beförderten die Kavallerie, wobei viele Reiter und Pferde einfach den Fluß durchschwammen. Hannibal war unter den ersten, die an Land gingen und sich den Speere und Schilde schwingenden, wild aufbrüllenden Galliern stellten. Der Kampf währte nur kurz. Denn als Hanno, das Feldlager der Volsker überrennend, diesen in den Rücken fiel, immer mehr Punier an Land strömten und Hannibal an der Spitze seiner Truppen zum Frontalangriff antrat, ergriffen die Gallier sofort die Flucht.

Ungehindert konnte das Gros der karthagischen Truppen nun an Land gehen. Die Übersetzung der Elefanten schloß das Manöver ab. 60 Meter weit in die Strömung ragende Stege wurden gebaut und mit kräftigen Tauen an Bäumen festgemacht.

Hannibal überquert mit seinen Elephanten die Rhone.

(Stich aus dem 18. Jahrhundert)

Am Ende der Stege befanden sich zwölf Meter große Flöße, die wie die Stege mit Erde überschüttet wurden, um bei den Elefanten den Eindruck hervorzurufen, sie befänden sich auf Festland. Mit Hilfe der Taue wurden die Flöße über den Strom gezerrt. Obwohl manche Dickhäuter ausbrachen und in den Fluß fielen, ging kein einziger verloren. Die Furt war so seicht, daß sie ihre Rüssel aus dem Wasser stecken und unbeschadet und gemächlich an Land trotten konnten.

Während Hannibal und seine Stabsoffiziere wegen der überschnellen Flucht der Volsker noch darüber debattierten, daß ihre Brüdervölker, die zukünftigen Verbündeten der Karthager im Kampf gegen Rom, wohl auch nur unzuverlässige und nicht besonders kampfstarke Partner sein würden, erreichte ihn eine alarmierende Botschaft: Publius Cornelius Scipio lagerte mit einer Armee an der großen Rhone. Als der Konsul erfahren hatte, daß die Karthager die Rhone überquerten, schwante ihm, was Hannibal im Sinne haben könnte. Das endgültige Ziel seines Feldzuges konnte eigentlich nur Italien sein. Scipio sandte eine 300 Mann starke Kavalleriekundschaftertruppe aus, der Hannibal an der Spitze von 500 numidischen Reitern entgegentrat. Das Gefecht verlief blutig und verlustreich auf beiden Seiten. Die römische Kavallerieeinheit war praktisch aufgerieben, als sich Hannibal überraschend zurückzog. Einige mutige römische Reiter verfolgten die zurückweichenden Numidier in gemessenem Abstand und konnten das karthagische Feldlager ausmachen. In vollem Galopp ritten sie zurück zu Scipio und gaben ihm den Standort des feindlichen Heeres bekannt.

Publius Cornelius Scipio zögerte keine Minute und marschierte flußaufwärts. Seine starke Armee folgte am linken Ufer der großen Rhone. Die Absicht des Konsuls war klar: Er wollte Hannibal bereits am Strom zur Schlacht zwingen. Drei Tage später stand Scipio im Heerlager Hannibals – es war leer und verlassen, alle Zelte längst abgebrochen. Zähneknirschend mußte der Römer zur Kenntnis nehmen, daß der Barkide bereits am Tag der Auseinandersetzung mit seiner Kavallerieeinheit ins Binnenland vorgerückt war.

Unmittelbar nach dem Scharmützel mit dem römischen Kavalleriespähtrupp hatte der zurückkehrende Hannibal einen Gast in seinem Lager vorgefunden. Es handelte sich um den Bojerhäuptling Magilus, der mit einer kleinen Delegation aus der Poebene eingetroffen war. Magilus versicherte dem Barkiden, daß er auf die Waffenhilfe seines Gallierstammes zählen können würde. Willig bot er Hannibal außerdem Kundschafter für seine Armee an. Vor allem aber drängte der Bojerhäuptling Hannibal zur Eile. Eine große Schlacht mit Scipio würde nicht nur erhebliche Verluste nach sich ziehen, sondern auch Hannibals Zeitplan durcheinander bringen, argumentierte der Gallierführer. Magilus sprach Hannibal aus der Seele. Die erste größere Schlacht mit den Römern sollte auf jeden Fall auf italienischem Boden stattfinden, die psychologische Wirkung eines Sieges würde dort um so größer sein.

Das Erscheinen der Bojerdelegation hatte auch einen anderen wichtigen Effekt. Magilus schilderte den Karthagern in den glühendsten Farben, welch weites und fruchtbares Land sie auf der anderen Seite der Alpen erwarten würde. Immer wieder sprach er zudem von der hohen Kriegsbegeisterung seiner Stammesbrüder, die Seite an Seite mit den Karthagern gegen die verhaßten Römer marschieren würden. Hannibal nutzte den Besuch der Gallier, um die Moral seiner Truppen zu stärken. Wieder hielt er eine seiner Brandreden – die Soldaten benötigten auch dringend eine Aufmunterung. Viele im karthagischen Heer sahen der Überquerung der frostigen schneebedeckten Alpen bereits mit Angst und Schrecken entgegen, manche meinten, daß die Römer, die bereits den Ersten Punischen Krieg gewonnen hatten, vielleicht doch ein zu übermächtiger Gegner für die karthagische Expeditionsarmee seien. Hannibal aber appellierte an den Mut und die Tapferkeit seiner kampferprobten Männer:

»Was seid ihr so zaghaft, meine Soldaten? Blickt doch auf Magilus und seine Gefolgsleute! Sie sind die Nachfahren jener Gallier, die vor 200 Jahren ebenfalls die Alpen bezwangen und noch dazu mit Weib und Kind! Magilus und seine Gefährten haben gerade dasselbe Kunststück zuwege gebracht. Auch sie haben den beschwerlichen Weg über die Eisesgrate nicht gescheut, nur um uns willkommen zu heißen und uns ihrer Freundschaft zu versichern! Habt ihr unter meiner Führung nicht überall in Spanien gesiegt? Sind wir nicht von Sieg zu Sieg geeilt? Denkt an Saguntum, meine wackeren Soldaten, denkt an Agde, denkt auch an den Reichtum Italiens, der, wie Magilus sagt, nur darauf wartet, eure Beute zu werden! Habt Mut, Soldaten! Ihr habt allen Grund stolz zu sein. Haben wir nicht die Pyrenäen überschritten und den Rhodanus überquert – trotz des versuchten Widerstandes jener Gallier, deren Ahnen einst Rom eroberten? Zeigt nicht das Beispiel des Magilus, wie willkommen wir im Herzen Italiens sein werden? Wovor also, meine tapferen und getreuen Soldaten, die ihr zusammen mit mir bereits so viel erreicht habt, wovor habt ihr eigentlich Angst?«

Hannibals flammende Rede verfehlte ihre Wirkung nicht. Ungeheurer Jubel brauste auf und immer wieder skandierten die johlenden Söldnermassen: »Hannibal! Hannibal! Hannibal!« Wieder einmal war es dem Feldherren gelungen, seine Truppen mitzureißen und derart zu motivieren, daß sie ohne zu murren, ja fast freudig erregt, weiterzogen.

Scipio marschierte indes zur östlichen Rhonemündung zurück und übergab seinem Bruder Cnaeus den Oberbefehl. Cnaeus sollte sich mit der Armee nach Spanien einschiffen, während Konsul Publius Cornelius Scipio selbst nach Italien zurückfuhr. Dort konnte er den »verrückten« Karthager erwarten, der offenbar tatsächlich die Wahnsinnstat unternahm, eine große Armee mitsamt Troß über die eisigen Alpenhöhen zu führen. Insgeheim gab Scipio Hannibal nur sehr geringe Chancen, mit seinem großen Heer die gefährlichen und steilen Alpenpässe überwinden zu können. Aber nach allem was sich ereignet hatte, war Vorsicht geboten. Es gab keinen Zweifel, daß die Karthager, die ihrem Heerführer offenbar blind vertrauten und ihm bereitwillig überall hin folgten, zumindest den Versuch unternehmen würden, das Hochgebirge zu überschreiten.

Vielleicht würde es nur bei diesem Versuch bleiben. Der Marsch der Karthager würde durch unfruchtbare und vegetationslose Gebiete führen. Hungersnot würde bald überall ausbrechen. Die rauhen und wilden Gebirgsstämme,welche die kargen Bergtäler bewohnten, würden dem Vormarsch der Karthager sicherlich auch nicht tatenlos zusehen. Es würde zu aufreibenden Gefechten und Schlachten im Gebirge kommen. Die Gefahr war also mehr als überschaubar, vielleicht sogar äußerst gering. Wahrscheinlich würde Hannibal auf irgendeinem der eisigen Grate sein Schicksal ereilen. So dachte zumindest der Scipione.

Falls es dem Sohn Hamilkars wider Erwarten aber doch gelingen sollte, nach Italien einzudringen, würden er und seine bewährten Legionen in der Poebene bereitstehen. Die strategische Ausgangslage dort war besonders gut. Es konnte doch nicht so schwer sein, im Fall der Fälle eine derart geschwächte Armee zu schlagen. Auf Italiens Boden sollte es sich zeigen, wie sehr Scipio den Karthager unterschätzte.

Nach viertägigem flußaufwärts führenden Marsch erreichte Hannibals Armee ein größtenteils von Wasser umgebenes dichtbevölkertes und überaus fruchtbares Landdreieck, das in etwa

»den topographischen Charakteristiken des Nil-Deltas« entsprach, wie de Beer schreibt, und von Polybios wie auch von Titus Livius als die »Insel« bezeichnet wurde. Als die Schriften der antiken Chronisten im 16. Jahrhundert erstmals im Druck erschienen, wunderte man sich darüber, daß die beiden Historiker des Altertums einen Nebenfluß der Rhone, der für die Bestimmung der »Hannibalinsel« ausschlaggebend war, unterschiedlich angaben. Polybios spricht vom »Skaras«, während Livius den Nebenfluß »Arar« nannte. Aus unerklärlichen Gründen entschied man sich dafür, die Bezeichnung des Polybios zu vergessen. In beiden Druckwerken figurierte von nun an jahrhundertelang die Liviusversion. Auch im Werk des Polybios wurde der Name »Skaras« willkürlich durch »Arar« ersetzt.

Man verwies auf die Ähnlichkeit des Wortes »Arar« mit der lateinischen Bezeichnung »Isare« und glaubte den umstrittenen Nebenfluß in der Isére entdeckt zu haben. »Hannibals Insel« wurde daher als das Landdreieck zwischen der Rhone und der etwas oberhalb von Valence einmündenden Isére lokalisiert. Auch Faber nahm noch 1983 diesen Standpunkt ein. Wir allerdings teilen die Meinung de Beers, der einen anderen Nebenfluß der Rhone, die Aygues, zur Diskussion stellte. Dieser Fluß mündet bei Orange, ungefähr 90 Kilometer südlicher als die Isére, in die Rhone. Der Marsch von Fourques nach Orange dauert ungefähr vier Tage. Außerdem entsprechen die topographischen Gegebenheiten zwischen der Rhone und der Aygues nahezu exakt den Angaben des Polybios. Die Baronnies, ein niedrig gelegener Höhenzug, begrenzt das Landdreieck im Osten. Alles spricht daher dafür, daß sich die »Insel« des Barkiden tatsächlich in dem von de Beer angeführten Landstrich zwischen Rhone und Aygues befand.

Hannibal gönnte seinen Truppen vorerst Ruhe, wurde aber bald in einen lokalen »Bruderzwist« verwickelt. Die keltischen Vo-

koulier, die diese Gegend beherrschten, waren in zwei Lager gespalten. Zwei Brüder stritten um den Thron, es herrschte eine
Art Bürgerkrieg. König Brancus sah sich von seinem jüngeren
Bruder, der die Macht mit Hilfe einiger Edelleute an sich reißen
wollte, bedroht. Brancus sprach bei Hannibal vor und bat ihn
um Hilfe. Hannibal wurde also gewissermaßen um einen
schlichtenden Schiedspruch ersucht. Der Punier hörte sich die
Standpunkte der beiden Kontrahenten an und gab dem älteren
Bruder recht. Er sprach Brancus den Thron zu und schlug die
unkoordiniert kämpfenden Truppen des jüngeren Bruders in die
Flucht. König Brancus erwies sich als überaus dankbar: Er stelle Hannibals Armee Getreide und Lebensmittel in reichem Ausmaß zur Verfügung und versorgte die Karthager zudem mit
Kleidung und dem nötigen für den Alpenübergang so wichtigen
Schuhwerk. Ferner stellte er Kriegsgerät und bot der karthagischen Armee Geleitschutz an, da die kriegerischen Allobroger,
deren Gebiet nun zu durchqueren war, seine Truppen wahrscheinlich angreifen würden. Die zu befürchtenden Attacken
und Überfälle des unberechenbaren Gebirgsvolkes könnten sehr
gefährlich sein, betonte Brancus ausdrücklich.

Die Karthager zogen nun gestärkt und ausgeruht und von Hannibal, dem es mit Hilfe des Vokoulierkönigs gelungen war, die
gesamte Ausrüstung der Armee zu erneuern, abermals zur Eile
angespornt, weiter. Nach zehntägigem Marsch durch das
Rhonetal erreichten die Karthager den Anstieg des Gebirges.
Als die große Armee in das unübersichtliche Berggelände vor-
drang, verließ die Eskorte von König Brancus, die bis dahin vor
allem die karthagische Nachhut geschützt hatte, Hannibals Heer
und kehrte zu ihrem Herrscher zurück. Die Allobroger hatten
den Aufmarsch des gewaltigen Heeres schon aus der Ferne beobachten können und besetzten sofort die strategisch wichtigen
Höhenzüge.

Der Aufstieg ins Gebirge führte über einen bestimmten Paß, dessen exakter geographischer Standort, wie so vieles im Verlauf der Alpentraversierung, ebenfalls Spekulationsgegenstand geblieben ist. Der in der Liviusschrift »Cremonius Iugum« genannte Bergpaß wurde von einigen modernen Forschern als der heutige Petit Saint Bernard, der Kleine St. Bernhard, identifiziert. Eine genaue Analyse des Polybiosberichts macht aber deutlich, daß Hannibal diesen Paß nicht benutzt haben kann. Vom Petit Saint Bernard kann man die Poebene nicht in jener Zeit erreichen, die Hannibals Armee benötigte. Faber führt den an der französisch-italienischen Grenze gelegenen Col du Mont Geneve an, in dessen Nähe der Angriff der Allobroger stattgefunden haben könnte, plädiert aber dann für die Paßstraße von Mont Cenis, die von gefährlichen Schluchten durchzogen wird. De Beer hingegen, der die Schriften des Polybios besonders sorgfältig studierte, erblickt den »Aufstiegspaß« am 248 Kilometer von Fourques entfernten Col de Grimone. Wir tendieren dazu, dem Briten auch hier zuzustimmen, da die Beschreibungen des verläßlichen Griechen mit den topographischen Verhältnissen dieses Passes übereinstimmen.

De Beer hält sein Interpretationssystem für das einzig richtige, da er, wie er behauptet, im Gegensatz zu den meisten Geschichtsforschern, mit dem »erforderlichen wissenschaftlichen Ernst« an die Sache herangegangen wäre, sich 40 (!) Jahre mit der komplizierten Materie auseinandergesetzt und zudem »gestützt auf die Quellenforschung, die Erkenntnisse der modernen Naturwissenschaften auf den Gebieten der Physik, der Meteorologie, der Topographie und der Botanik« ausgewertet hätte. Wir wollen die Leistungen des verdienten »Hannibalisten« keineswegs schmälern, zumal seine wohlfundierten Bücher geradezu als Lebenswerk zu betrachten sind, aber die Tatsache, daß sich Hannibals Marschroute nicht exakt bestimmten läßt, bleibt bestehen. Wir sind immer noch auf Mutmaßungen und Spekulationen angewiesen und wollen in Hinkunft auch nicht mehr detailliert auf die verschiedenen divergierenden Gelehrtenmeinungen eingehen, sondern uns auf die wahrscheinlichsten Thesen beschränken.

Ein Angriff aus dem Hinterhalt wäre für Hannibals Armee sicherlich vernichtend gewesen. Doch die Allobroger waren so von sich überzeugt, daß sie auf jede Geheimhaltungstaktik verzichteten. Vom Talgrund aus konnten Hannibal und seine Stabsoffiziere den Aufmarsch der sich auf den dominierenden Höhen verschanzenden allobrogischen Truppenverbände gut beobachten. Der Punier schickte gallische Späher aus, deren Aufgabe es war, die Feindlage genauestens zu sondieren. Hannibals Spähtrupp kam mit einer überraschenden Nachricht zurück. Offenbar besetzten die Allobroger die Bergschanzen lediglich am Tage. Die Nacht verbrachten sie in einer nahe gelegenen Stadt und ließen die beherrschenden Höhenzüge unbewacht zurück. Das war ein großer Fehler. Hannibal rückte mit seiner Armee bis zur Mitte des Talgrundes vor und schlug dort sein Nachtlager auf. Gewaltige Feuer erhellten den Nachthimmel, während Hannibal, das Gros seiner Armee zurücklassend, mit einer kleinen Eliteeinheit durch eine der zahlreichen Schluchten auf die unbewachten Höhenzüge gelangte und in den verlassenen Stellungen Position bezog. Nachdem die Allobroger am nächsten Morgen ihren Fehler erkannt hatten, stürzten sie sich mit voller Kraft auf das Gros der karthagischen Armee, die, behindert durch die Pferde, Tragtiere und Elefanten, nur mühsam vorrückte. Das Tal wurde immer enger, das Gelände felsiger und schwieriger. Der riesige Heerwurm, der sich nun an den steilen Abgründen und Schluchten vorbeizwängen mußte, lieferte dem Bergstamm eine ausgezeichnete Angriffsfläche.

Die Allobroger attackierten vor allem den karthagischen Troß und fielen über die sich schleppend vorwärts bewegende Marschkolonne her. Die Pfeile der Allobroger trafen nicht nur Hannibals Fußsoldaten, sondern auch die Pferde und Lasttiere. Der karthagische Troß hatte, wie gesagt, am meisten unter dem Angriff zu leiden. Verwundete Pferde und Lasttiere brachen aus, was sich besonders problematisch auswirkte, da der relativ schmale Weg an einer Steilschlucht vorbeiführte. Viele Treiber konnten die verwundeten, sich wild gebärdenden Tiere nicht mehr bändigen und wurden mit ihnen in den Abgrund gerissen. Lange tobte der Kampf hin und her. Die von den Hängen herab-strömenden Allobroger hatten die von Chaos und Panik erfaßte Marschkolonne fast zum Stehen gebracht, als Hannibal mit sei-ner Eliteeinheit ins Tal preschte und dem Feind in den Rücken fiel. Hannibal, der wie immer in vorderster Linie focht, schlug die Allobroger, die sich nun von zwei Seiten bedroht sahen, schließlich in die Flucht.

Während der Rest seiner Armee ungehindert durch den Paß marschierte, eilte Hannibal sogleich wieder mit einer Spezial-einheit voraus, um die Stadt der Allobroger, die sich auf der an-deren Seite des Passes befand, zu erobern. Als er und seine nu-midischen Reiter nach hartem Ritt in der Stadt eintrafen, fanden sie sie verlassen vor. Die Allobroger hatten, offenbar demorali-siert durch ihre Niederlage und aus Angst vor Hannibals Rache-akten, ihre Stadt aufgegeben. Die kampflos eingenommene Stadt war zwar menschenleer, doch Hannibal erbeutete viele Pferde und Tragtiere, ebenso Schlachtvieh und Getreide, Wein und Korn. In jedem Fall bot die in einer fruchtbaren Talsenke gelegene verlassene Allobroger-Stadt genügend Vorräte, um Hannibals Armee einige Tage lang versorgen zu können. Die Operation hatte nur zwei Tage gedauert.

Hannibal hatte in seiner ersten Alpenschlacht gesiegt und blieb einen Tag lang in der Stadt, um seinen erschöpften Truppen eine kurze Ruhepause zu gönnen. Faber wirft die Frage auf, warum die »Berggallier« der durchziehenden karthagischen Armee, die keinerlei Eroberungsabsichten hegte, so betont feindlich begegneten. Er erklärt die permanenten Attacken mit der »angeborenen Kriegslust« der Keltenstämme, die offenbar gegen alle Eindringlinge zu Felde zogen, verweist aber auch darauf, daß Hannibals 46 000 Mann starke Armee über keine Etappe verfügte und somit natürlich gezwungen war, Fouragierungsmaßnahmen zu ergreifen. Gewaltige Nahrungsmengen mußten oftmals gewaltsam requiriert werden.

Als Hannibal am vierten Tag nach dem Anmarsch zum Paß den Befehl zum weiteren Vorrücken gab, rechnete er sicherlich mit neuerlichen Übergriffen der kriegerischen Bergbewohner. Manche seiner Stabsoffiziere neigten allerdings zur Ansicht, daß sich die Nachricht vom Sieg der Karthager schnell herumsprechen würde und daß man dem kriegerischen Bergvolk eine derartige Lektion erteilt hatte, daß es kein Stamm mehr wagen würde, die karthagische Armee offen anzugreifen. Allein diese Hoffnungen erwiesen sich als trügerisch, obwohl die Karthager die nächsten drei Tage lang keine Gallier zu Gesicht bekamen und ungehindert weitermarschieren konnten. Am siebten Tag traf eine Abordnung des Trikorierstammes in Hannibals Lager ein.

Die Trikorier hatten mit anderen ortsansässigen Stämmen eine Allianz geschlossen und planten einen konzentrierten Großangriff auf die Karthager an einer ideal gelegenen Stelle. Sie wählten die sogenannte Guilschlucht, die sich wahrscheinlich östlich des heutigen Mont Dauphin befand. Diese unwegsame Schlucht war von steilen Felswänden umgeben. Der vergleichsweise schmale Pfad, den die Karthager passieren mußten, führte an einer kahlen hohen Steilwand entlang, auf der anderen Seite lag ein gefährlicher Abgrund.

Die Gesandtschaft der Trikorier hatte den Auftrag, Hannibals Armee zur Guilschlucht zu dirigieren, wo die verbündeten Stämme auf der Lauer lagen. Die Aktion war offenbar sorgfältig geplant worden. Die Gesandten traten Hannibal betont freundlich entgegen, heuchelten Friedfertigkeit und schwangen Ölzweige und Kränze als Zeichen ihrer Freundschaft. Sie erklärten dem Barkiden, daß sie von der Niederlage ihrer Stammesbrüder erfahren hatten und keinerlei Intentionen hegten, seiner unüberwindlichen Armee Widerstand zu leisten. Als Zeichen ihrer Ergebenheit boten sie den Karthagern Geiseln und Schlachtvieh an. Hannibal vermutete zwar eine List, beschloß aber, die überschwenglichen Freundschaftsbekundungen vorerst zu akzeptieren. Mißtrauisch wie er war, setzte er die Gesandten der Trikorier als Führer ein und postierte sie am Anfang seines Heereszuges. Das Konzept der Gallier schien voll aufzugehen. Die Gesandten führten die karthagische Armee geradewegs in die Guilschlucht, wo es zwei Tage später zur Schlacht kommen sollte.

Steinlawinen donnerten auf die Karthager herab, es hagelte Pfeile und Speere. Die Karthager erlitten schwerste Verluste an Soldaten, Pferden und Tragtieren. Die Lage erschien ziemlich fatal. Hannibal, der insgeheim mit einem Überfall rechnete, hatte in weiser Voraussicht die Elefanten, Tragtiere und seine Reitertruppen an der Spitze der Marschkolonne postiert. Diese Vorhut mußte also die Hauptlast des Angriffs tragen. Die in höchste Alarmbereitschaft versetzte schwere Infanterie aber besaß größere Handlungsfreiheit und prallte mit ungeheurer Wucht auf die feindlichen Truppen. Das Gemetzel war entsetzlich, die in der Schlucht eingeschlossene Armee sah sich ständig neuen Attacken ausgesetzt, während die Steilwände weiter vom Feind besetzt blieben. Die Verwirrung im Karthagerheer nahm chaotische Ausmaße an und Hannibal, der die Vorhut dirigierte, wurde vom Gros seiner Truppen abgeschnitten. Notgedrungen mußte er die Nacht auf einem unwirtlichen Plateau zubringen und konnte nur ahnen, unter welchen Schwierigkeiten sich die Hauptkolonne durch die Schlucht quälte. Immer wieder wurde die sich auf einem schmalen Steilpfad durch die Nacht tastende Armee aus dem Hinterhalt angegriffen. Die Gallier schienen überall zu sein. Die Spitze und das Ende des Zuges wurden ständig attackiert und auch die Flanken blieben nicht verschont. Es gelang den Galliern, die Kolonne zu spalten. Fast die gesamte Nacht hielten Verbände der Trikorier den wichtigen Mittelteil des Pfades besetzt. Im Morgengrauen aber preschten Hannibal und die Numidier vom Plateau aus so ungestüm auf die Gallier zu, daß diese schließlich den besetzten Teil des Pfades räumen mußten. Die Armee konnte wieder vereinigt werden.

Am achten Tag des Alpenmarsches ließen die Angriffe der Gallier nach. Sie zogen sich allmählich zurück. Hannibal setzte sich sofort an die Spitze des Heeres und führte es auf einen Hochgebirgspaß zu, der die Wasserscheide der zur Rhone und dem Po hinunterstürzenden Flüsse markierte. Größere Angriffe der Gallier waren nicht mehr zu befürchten, es kam jedoch zu einer Reihe von Vorhut- und Nachhutgefechten, kleineren Scharmützeln, bei denen sich vor allem die Elefanten großartig bewährten. Die Dickhäuter erzielten die beabsichtigte Schockwirkung, der Anblick der ihnen unbekannten, gewaltigen Tiere erschien den wilden Bergstämmen so furchterregend, daß sie ihr Heil in panikartiger Flucht suchten. Am neunten Tag war der Aufstieg abgeschlossen. Hannibal stand auf einem schneebedeckten Hochgebirgspaß. Polybios zufolge muß Hannibal diesen Paß im Hochgebirge in den ersten Novembertagen des Jahres 218 v. Chr. erreicht haben.

Der Karthager stand weiterhin unter Zeitdruck. Der Winter hatte bereits eingesetzt und der Abstieg konnte noch größere Gefahren in sich bergen als der Aufstieg. Seine Männer waren erschöpft, hungrig und müde. Allgemeine Mutlosigkeit schien sich breitzumachen. Zu groß waren die Strapazen der letzten Tage gewesen. Hannibal entschied sich zur Rast. Zwei Tage lang kampierten die ziemlich demoralisierten und zermürbten Truppen, nach und nach vervollständigte sich der Troß. Von dem erwähnten Paß aus, bei dem es sich aller Wahrscheinlichkeit nach um den 2950 Meter hohen Col de la Traversette handelte, konnte man in der Ferne Italien erblicken. Hannibal nutzte diese Gelegenheit, die Moral seiner entnervten Soldaten durch eine ermunternde Ansprache aufzurichten. Dort unten lagen die weiten Gebiete der Poebene, die blühenden fruchtbaren Gefilde Oberitaliens, wo man sie mit offenen Armen empfangen würde, versicherte der Barkide seinen Soldaten. Dort unten warteten die Bundesgenossen, die sich ihnen freudig anschließen würden, wie der Bojerhäuptling Magilus ausgeführt hatte. Man würde die karthagische Armee als Befreier begrüßen. Alle Mühen und Strapazen würden durch den Reichtum des sie erwartenden Landes aufgewogen werden.

Beeindruckt vom unbeugsamen Willen ihres Oberbefehlshabers, der, wie sie, alle bisherigen übermenschlichen Anstrengungen klaglos ertragen, die Truppe zwar mit unnachgiebiger Härte vorangepeitscht hatte, aber stets beispielgebend in der Bewältigung aller Probleme gewesen war, faßten die Karthager wieder neuen Mut. Hannibals Durchhalteparole erfüllte ihren Zweck. Angestachelt von seinem unbeirrbaren Glauben an den letztendlichen Erfolg der gewaltigen Mission, brachen die Karthager am zwölften Tag ihr Lager ab. Der gefährliche Abstieg konnte beginnen. Die letzte Teiletappe des Unternehmens erwies sich in vieler Hinsicht wesentlich verhängnisvoller als der Aufstieg. Für viele Soldaten Hannibals wurde der Abstieg zum

Todessturz in die Tiefe. Die Pfade waren schmal, eisig und mit Schnee bedeckt. Hauptfeinde der Karthager waren jetzt die Witterung und das Gelände. Unglücksfälle häuften sich. Soldaten und Pferde verloren das Gleichgewicht und stürzten in die Abgründe und Schluchten. Die Ausfälle waren extrem hoch. Polybios schildert die witterungsbedingten Kalamitäten der Karthager am eindruckvollsten:

>»Da auf den bereits früher vorhandenen und vom vorigen Winter liegengebliebenen Schnee soeben diesjähriger gefallen war, konnte man diesen zwar leicht mit dem Fuß durchstoßen, weil er wegen seiner Frische noch weich war und noch keine Tiefe hatte; wenn Hannibals Leute ihn aber durchtreten hatten und dann auf den darunter befindlichen, fest gewordenen kamen, so drückten sie diesen nicht mehr ein, sondern fuhren auf beiden Füßen gleitend über ihn hin, so wie es auf der Erde geschieht, wenn man über eine lehmige Oberfläche zu gehen hat. Was aber weiter folgte, war noch viel schlimmer. Denn wenn die Menschen, deren Fuß im unteren Schnee keinen Halt fand, nach ihrem Sturz sich mit den Knien oder Händen aufstützen wollten, um sich wieder aufzurichten, dann rutschten sie mitsamt den Gliedern, die ihnen als Stütze dienen sollten, nur noch weiter ab. Wenn jedoch die Lasttiere stürzten, dann traten diese beim Versuch, wieder aufzustehen, durch den unteren Schnee hindurch und blieben mitsamt ihren Lasten wie festgefroren stecken ...«

Nur durch die enorme Autorität der Person ihres Heerführers konnte die Armee immer wieder aufgerichtet und motiviert werden, das scheinbar Unmögliche möglich zu machen. Die größte Krise trat auf, als ein riesiger Bergrutsch den ohnehin kaum gangbaren Pfad total verschüttete. Das Hindernis schien unüberwindlich, 200 Meter Erde und Schutt hatten den Pfad unter sich begraben. Außerdem setzte heftiger Schneefall ein, an ein

Weiterkommen war nicht mehr zu denken. Hannibal sah sich gezwungen, den Vormarsch zu stoppen. Verzweifelt bemühte man sich, die Schneemassen aus dem Weg zu räumen, um wenigstens ein Lager errichten zu können. Als der Schneefall aufgehört hatte, ging man mit schier übermenschlichen Anstrengungen daran, die den Pfad versperrenden Schutt- und Geröllhalden zu beseitigen, wobei man sich wieder hauptsächlich der Elefanten bediente. Schließlich konnte der Abstieg fortgesetzt werden.

Die Niederungen lagen in greifbarer Nähe. Allein ein riesiger Felsblock versperrte den einzig möglichen Durchlaß. Diese Felsenbarriere stellte das letzte entscheidende massive Hindernis dar und warf für viele moderne Forscher ein Problem auf, da Polybios diese Episode des so gefahrvollen Abstiegs nicht erwähnt. Titus Livius hingegen geht detailliert auf das »Felsblockproblem« ein und schildert, mit welch raffinierter Technik es den Karthagern gelang, das unüberwindlich scheinende Hindernis aus dem Weg zu räumen. Laut Livius' Beschreibung ließ Hannibal Bäume fällen und Scheite schlagen, die man um den Felsbrocken schichtete. Daraufhin wurde der Block mit aus saurem Wein gewonnenen kaltem Essig übergossen und der Scheiterhaufen in Brand gesteckt. Mit so herbeigeführten Sprengungen wurde der Fels »bearbeitet« und zerbröckelt. Die kleineren Brocken konnte man relativ leicht beiseite schaffen.

Dieses eigenartige Sprengverfahren der Karthager wurde von der modernen Forschung wiederholt angezweifelt. Man schrieb es lediglich der Phantasie des antiken Chronisten aus Padua zu. 1956 aber hat die naturgeschichtliche Abteilung des British Museum in London experimentell nachgewiesen, daß eine solche Sprengtechnik tatsächlich möglich ist. An der Glaubwürdigkeit von Livius' Lösung des »Felsenproblems« dürfte somit kein Zweifel mehr bestehen.

Der Weg in die Niederungen war nun frei. Am 15. Tag nach dem Aufstieg stand Hannibal mit seiner stark dezimierten Armee in der Poebene. Die Verluste waren furchtbar gewesen, die Entbehrungen unvorstellbar. In den Alpenregionen war – besonders beim Abstieg – das Hungerproblem immer akuter geworden. Ein Stabsoffizier des Puniers, Hannibal Monomachus, hatte dem Barkiden im Verlauf des Feldzuges sogar einmal den kannibalistischen Vorschlag unterbreitet, die Soldaten an den Genuß von Menschenfleisch zu gewöhnen. Hannibal hatte den barbarischen Gedanken des Monomachus entrüstet zurückgewiesen. Nicht zu Unrecht verweist Polybios auf die Vornamensgleichheit der beiden Männer. Der Ruf brutalster unmenschlichster Grausamkeit und Barbarei, den Hannibal bei den Römern lange Zeit genoß, ist wahrscheinlich auf diese Begebenheit und die Verwechslung mit seinem Stabsoffizier Monomachus zurückzuführen.

In der Ebene angelangt ließ Hannibal zum Halt blasen. Er rastete drei Tage lang und zog Bilanz. Alle 37 Dickhäuter hatten den Alpenmarsch überlebt. Doch der Verlust an Menschenmaterial war gewaltig: Dem Barkiden verblieben nur noch 26 000 Mann, 12 000 karthagisch-afrikanische Fußsoldaten, 6 000 Reiter und 8 000 Spanier. Die Kämpfe in den Bergen und die Unglücksfälle beim Abstieg hatten einen fürchterlichen Tribut gefordert. 20 000 Mann hatten den langen Marsch nicht überlebt, waren Opfer feindlicher Übergriffe geworden oder lagen in den eisigen Schluchten der Alpen. Angesichts dieses ungeheuren Verlustes, den selbst Hannibal nicht in diesem Ausmaß einkalkuliert hatte, konnte er nur auf die versprochene Waffenhilfe der Gallier hoffen, um seinen Mannschaftsbestand wieder aufzustocken.

Mit der Alpenüberquerung hatte der Karthager zweifellos eine welthistorische Großtat, eine »der größten Leistungen der

Menschheitsgeschichte«, wie Faber es ausdrückt, vollbracht. Einzig und allein der unglaublichen Willenskraft und dem immensen Durchhaltevermögen dieses unbeugsamen zu allem entschlossenen Mannes war es zuzuschreiben, daß das undurchführbar scheinende Unternehmen geglückt war. Nun stand der »karthagische Löwe« in Oberitalien ...

VIII
»ITALIEN IN FLAMMEN« – HANNIBALS MILITÄRISCHES GENIE

In Oberitalien angekommen zog Hannibal zunächst ins Land der Taurisker, wo er auf Waffenhilfe und Unterstützung hoffte – vergeblich. Dieser ligurische Stamm galt geradezu als Todfeind der Gallier und lehnte das Bündnisangebot Hannibals brüsk ab. Dem Barkiden blieb keine Wahl – er mußte ein Exempel statuieren. Die Tauriskerhauptstadt Augusta Taurinorum, das heutige Turin, wurde angegriffen und konnte nach dreitägigem harten Ringen eingenommen werden. Hannibal ließ alle Einwohner, die sich aktiv am Kampfgeschehen beteiligt hatten, erbarmungslos niedermetzeln. Mit dieser gnadenlosen Machtdemonstration gelang es ihm, alle anderen in der Gegend hausenden Stämme derart einzuschüchtern, daß sie sich bereitwillig unterwarfen und dem karthagischen Heer die dringend benötigten Truppenverbände zur Verfügung stellten.

Inzwischen war Publius Cornelius Scipio am Po eingetroffen, überschritt den Fluß bei Placentia (Piacenza) und marschierte mit seinen Legionen stromaufwärts. An einem Nebenfluß des Padus, wie die Römer den Po bezeichneten, bezog er ein Lager und hielt eine Truppenschau ab, Tiberius Sempronius Longus, sein Amtskollege, hatte, zur Invasion Nordafrikas ansetzend, gerade die Insel Malta erobert, als ihn der Befehl erreichte, nach Italien zurückzukehren, da Hannibal »vor den Toren« stünde. Scipio konnte nicht auf das Eintreffen der Sempronius-Armee warten und beschloß, die Entscheidung mit seinen Legionen,

die am Ticinus, dem erwähnten Ponebenfluß ihr Lager aufgeschlagen hatten, zu suchen.

Bevor wir auf die Schlacht am Ticinus, die zu Hannibals erstem
großen Sieg über die Römer werden sollte, eingehen, wollen wir
einen Blick auf die Zusammensetzung und den Aufbau der römischen Armeen der damaligen Zeit werfen. Als Scipio am Ticinus auf Hannibal traf, existierte noch kein Berufsheer. Man
zog als Patriot ins Feld und diente in der Armee, um das Vaterland zu verteidigen. Es galt als ausgesprochene Ehre, in eine Legion aufgenommen zu werden. De Beer hat Struktur und Taktik
der römischen Armeen, denen sich Hannibal im Verlauf seines
langen Eroberungsfeldzuges immer wieder stellen mußte, untersucht. Seine Analyse sei hier nur auszugsweise und gerafft zi-
tiert:

Das Wort »Legion« bedeutete Auswahl ... Als taktische Einheit war die Legion etwa das Gegenstück zur modernen Divi-
sion. Sie bestand aus zehn Kohorten, die ungefähr den heutigen Bataillonen entsprachen. Jede Kohorte verfügte über drei
Manipel. Ein Manipel bestand aus 120 Hastati, jungen Männern, die mit Schwertern, Wurfspeeren und Lanzen bewaffnet
waren; ein zweites aus Principes, etwas älteren Männern,
ebenfalls 120 an der Zahl und ähnlich bewaffnet wie die jungen, und das dritte aus sechzig Triarii, gereiften Männern
mittleren Alters, die mit Schwert und Spieß bewaffnet waren
... In der Schlachtformation standen die Manipel der Hastati
in der ersten Linie. Sie waren in zwölf Reihen gegliedert, von
denen jede zehn Mann stark war. Die Principes Manipel wurden in derselben Gliederung ... aufgestellt, und zwar in der
Weise, daß ihre erste Reihe mit der letzten der Hastati ab-
schloß. Die Einheiten waren also, schachbrettartig, so gestaffelt, daß ein Manipel von Principes immer den Raum zwischen zwei Hastati Manipeln ausfüllte ... Die Manipel der

Triarii, sechs Reihen zu zehn Männern, standen in Verfolgung des Schachprinzips in den Lücken zwischen den Principes Manipeln. Zur Kohorte gehörten auch die Veliten, eine
leichte Infanterieeinheit, bestehend aus 120 Mann, die mit
Rundschilden und Pfeilen bewaffnet waren ... Schließlich
verfügte jede Kohorte über eine dreißig Mann starke Turma,
eine Kavallerieeinheit, die ... mit Wurfpfeilen und Lanzen
bewaffnet war. Eine Legion bestand folglich aus etwa 4500
Mann, und normalerweise enthielt die Armee eines Konsuls
zwei römische Legionen. Jeder römischen Legion war aber
noch eine Verbündetenlegion beigegeben ... Das brachte die
Kriegsstärke der Konsulsarmee auf vier Legionen, zu denen
noch Hilfstruppen ... kamen. In jedem Legionsverband stellten die Verbündetenlegionen 200 Reiter und 800 Infanteristen
ab. Diese bildeten eine Reservetruppe, die Extraordinarii, die
auch für den persönlichen Schutz des Konsuls verantwortlich
war ... Die traditionelle Angriffstaktik der römischen Armee
bestand darin, den Feind zunächst mit Wurfspeeren und
Wurfpfeilen zu überschütten, und dann mit dem Kurz-
schwert, das sowohl zum Stechen als Schlagen geeignet war,
zum Nahkampf überzugehen ... Der Abstand zwischen den
kämpfenden Soldaten war in der römischen Formation zweimal so groß wie in der griechischen Phalanx ... Das Rückgrat
der römischen Armee waren die legendären Zenturionen ...
rauhe Berufssoldaten und langjährige Dienstveteranen. Je
zwei von ihnen führten als Unteroffiziere ein Manipel.[1]
So also hatte man sich eine römische Armee der damaligen Zeit
vorzustellen. Über wie viele Armeen Rom verfügte, läßt sich in
etwa aus den Äußerungen des schon einmal erwähnten Fabius
Pictor schließen, der schätzte, daß Rom jederzeit in der Lage
wäre, eine dreiviertel Million Soldaten aufzubieten. Sollte diese
Schätzung der Wahrheit entsprochen haben, muß erneut festge-

stellt werden, welch außergewöhnlicher Mann der Barkide war. Das Kräfteverhältnis war von vornherein so eklatant unausgeglichen, daß jeder nüchterne Beobachter Hannibal kaum eine Chance geben konnte, dem Druck der gewaltigen römischen Kriegsmaschinerie auch nur wenige Monate zu widerstehen. Hamilkars Sohn aber sollte die Römer 15 Jahre lang in ihrem eigenen Land bekämpfen, zeitweise ganz Süditalien beherrschen! Doch zurück zu den Ereignissen am Ticinus im Jahre 218 v. Chr.

Konsul Publius Cornelius Scipio wandte sich mit einer feurigen Ansprache an seine Legionäre. Zuerst verwies er auf die ruhmreichen Siege der Vergangenheit. Im Ersten Punischen Krieg hätten die Römer die Karthager aus Sizilien verjagt, See- und Landschlachten gewonnen und damit eindeutig demonstriert, wer die stärkere Macht war. Großmütig hätte man den unterlegenen Gegnern günstige Friedenskonditionen eingeräumt. Zum Dank dafür, so Scipio weiter, hatten die ehrlosen Karthager Saguntum eingeäschert, alle Friedensbemühungen Roms sabotiert und achtlos in den Wind geschlagen, um schließlich den jetzigen Krieg vom Zaun zu brechen. Dazu komme Hannibals Unverforenheit, in ihr Heimatland einzudringen, die Gallier gegen Rom aufzuwiegeln und brandschatzend durch das Land zu ziehen. Dem müßte nun ein Ende gesetzt werden. Seine tapferen Legionäre würden den Vormarsch des karthagischen Aggressors aufhalten. Scipio prophezeite einen leichten Sieg, der Übergang über die Alpen habe die Karthager so sehr geschwächt, daß sie kaum als ernstzunehmende Gegner zu bezeichnen wären.

»Wir können mehr als zuversichtlich sein! Die Karthager sind nur noch Bilder von Menschen, Menschenschatten, von Hunger, Kälte und starrendem Schmutz ausgemergelt, an Felsen und Klippen wundgestoßen und gelähmt. Finger und Ze-

hen sind ihnen erforen, die Glieder vor Kälte erstarrt, ihre
Waffen wertlos und zerbrochen, ihre Pferde lahm und elend.
Das ist die Reiterei, das Fußvolk, mit dem ihr kämpfen
werdet; den armseligen Rest, nicht die Feinde habt ihr vor
euch!«

Die Rede Scipios war zwar ein meisterhaftes psychologisches
Demagogenstück, entsprach aber nicht der Realität, wie seine
Soldaten im Verlauf der Schlacht schmerzlich zu spüren bekom-
men sollten.

Wie Livius schreibt, inszenierte Hannibal vor Beginn der
Schlacht eine Art Gladiatorenkampf. Er befahl dem Heer, einen
riesigen arenahaften Kreis zu bilden. Eine Anzahl in Ketten ge-
legter Gefangener wurde in die Mitte gebracht. Hannibal ließ
den gefesselten Männern gallische Waffen vor die Füße werfen
und rief sie auf, ihren Mut durch einen Zweikampf auf Leben
und Tod unter Beweis zu stellen. Dem jeweiligen Sieger winkte
die Freiheit, er würde Waffen und ein Pferd erhalten, um auf
Hannibals Seite in die bevorstehende Schlacht zu gehen. Alle
Gefangenen gingen auf das Angebot des Barkiden ein. Das Los
mußte darüber entscheiden, welche Paare letztlich zum Zweikampf antreten durften. Unter den johlenden Anfeuerungsrufen
der Karthager, die das Schauspiel sichtlich genossen, fanden
dann die mörderischen Zweikämpfe statt.

Nachdem dieses Spektakel zu Ende war, ergriff Hannibal das
Wort. Die Zweikämpfe hätten nicht nur ausschließlich ihrer Be-
lustigung gedient, erklärte er den Männern. Er habe ihnen mit
diesem Schauspiel vielmehr ihre eigene Situation drastisch vor
Augen führen wollen. Da stünden sie nun, mitten im Land des
Feindes, umgeben von den Bergen, zwei Meeren und einem
gewaltigen Strom. Auch sie, die Karthager, seien im Grunde genommen nichts anderes als Gefangene. Genau wie den ausgesuchten »Gladiatoren« bliebe ihnen nur eine einzige Alter-

native: siegreich zu kämpfen oder zu sterben. Sie verfügten über keine Nachschubbasis, seien also ganz auf sich allein gestellt. Sie müßten jetzt über sich selbst hinauswachsen, ihr Heer sei stark, große Einheiten der Bojer und Insubrer hätten sich ihnen angeschlossen, die wenigen Gallierstämme, die Rom die Treue bewahrt hatten, wären vernichtet worden. Nun sei der Tag der Rache da, schärfte Hannibal der Truppe ein. Die Früchte des Sieges würden überwältigend sein, die Beute übergroß. Es gelte, den verruchten Römern die Schmach von Sizilien, den infamen Landraub von Korsika und Sardinien heimzuzahlen.

Hannibal setzte die Kampfkraft der »wahllos rekrutierten« Legionäre Scipios herab und verwies einmal mehr auf seine eigene Tapferkeit und das innige persönliche Verhältnis, das ihn mit seinen Kriegern verband. Wie Scipio war auch Hannibal mit allen Feinheiten der psychologischen Kriegsführung vertraut, wie besonders das Ende seiner den Kampfeswillen und die Siegbereitschaft der Truppe gewaltig motivierenden Rede beweist. Hoch zu Roß blickte der Sohn Hamilkars auf seine ihn umgebenden Truppen herab und sprach:

»Soldaten! Ich halte es für wichtig, daß unter euch keiner ist, vor dessen Augen ich nicht schon eine Heldentat vollbracht habe. Es gibt auch keinen, dem ich nicht als Zuschauer und Zeuge seiner Tapferkeit wiederum seine eigenen Ruhmestaten aufzählen könnte, die ich mir nach Zeit und Ort gemerkt habe. Mit euch, die ich tausendmal gelobt und beschenkt habe, will ich, früher euer aller Kamerad, jetzt als Feldherr in den Kampf ziehen gegen Soldaten, die sich nicht einmal gegenseitig kennen!«

Die Schlacht am Ticinus wurde hauptsächlich von Kavallerietruppen geschlagen. Scipio hatte seiner Kavallerie eine Speerwerfereinheit vorangestellt. Hannibal leitete den Frontalangriff und überrannte diese Einheit mit seiner schweren spanischen

Kavallerie. Als die römischen Schwadronen zurückzuweichen begannen, fiel die numidische Reiterei diesen auf Anweisung ihres Feldherrn in den Rücken. Ein Stellungsgefecht kam gar nicht erst zustande, die Römer, die keine geborenen Reiter wie die numidischen Nomaden waren, konnten dem Ansturm von Hannibals leichter Kavallerie nicht lange standhalten. Sie waren der leichten numidischen Reiterei in keiner Weise gewachsen. Die Numidier wüteten furchtbar unter den Römern, und das von Scipio als »armseliger Rest« bezeichnete karthagische Heer drang unaufhaltsam vor.

Die immer rascher zurückweichenden Römer hatten enorme Verluste zu verzeichnen. Scipios Leibgarde, die Reservetruppe der Extraordinarii, wurde von den Numidiern fast völlig aufgerieben. Ein Speerwurf verwundet den Konsul schwer, er stürzte vom Pferd und wurde mit Mühe von wenigen Kämpfern, die einen Ring um den schwerverletzten Oberbefehlshaber gebildet hatten, verteidigt. Der blutende Scipio, der Ohnmacht nahe, drohte, von den Numidiern eingekesselt zu werden. Da griff ein Jüngling in die Schlacht ein, der viele Jahre später zum ruhmreichen Sieger von Zama werden sollte – Scipios 17jähriger Sohn gleichen Namens. Publius Cornelius Scipio junior lag mit einer kleinen Kavallerieeinheit auf einem Hügel in Reserve, als er sah, in welch aussichtsloser Lage sich sein Vater befand. Todesmutig stürzte sich der junge Römer daraufhin in den Kampf. Die Schlacht schien verloren, doch sein Vater mußte um jeden Preis aus dieser tödlichen Umklammerung befreit werden. Die Einheit des jungen Scipio hatte angesichts der numidischen Übermacht zunächst gezögert, ihrem Anführer zu folgen. Doch als die Männer sahen, mit welch grimmiger Härte der junge Sohn des Konsuls durch die Reihen der Numidier sprengte und Feind um Feind vom Pferd schlug, folgten sie seinem tapferen Beispiel und erreichten schließlich unter schwersten Verlusten ihren Anführer, der vor seinem auf dem Boden liegenden Vater stand und ihn mit seinem Schild zu schützen versuchte. Mit Mühe und Not gelang es, den Konsul aufs Pferd zu schaffen und aus der Gefahrenzone zu bringen. Die Schlacht aber war verloren. Die Bravourstücke der numidischen Reiterei hatten den Hauptausschlag für Hannibals ersten großen Sieg über die Römer gegeben. Sein »armseliger Rest» aus Afrika und Spanien hatte den siegessicheren Römern eine gewaltige Lektion erteilt.

Die langsam sich zurückziehende römische Armee sammelte sich am Südufer des Padus. Scipio hatte der Nachhut den Befehl gegeben, sämtliche Brücken zu zerstören oder unbrauchbar zu machen. Außerdem war die Nachhut mit der Rückendeckung der geschlagenen abziehenden Armee betraut. Doch das Kriegsglück stand an diesem verhängnisvollen Tag nicht auf der Seite der Römer. Die Karthager konnten die Nachhut überraschen und gefangennehmen. Hannibal marschierte stromaufwärts auf Placentia zu, wo Scipio und sein Heer seinerzeit den Padus überschritten hatten und jetzt wieder Position bezogen. Diese vernichtende Niederlage hatte vor allem die gallischen Hilfstruppen der Römer ernüchtert. In einer Nacht- und Nebelaktion desertierten über 2000 Gallier, ermordeten die römischen Wachposten und liefen zu Hannibal über.

Der Barkide gliederte die Deserteure aber nicht in seinen Heeresverband ein. Nachdem er sie freundlich aufgenommen und großzügig verpflegt hatte, schickte er sie in ihre Stammesgebiete zurück, damit sie dort von seiner Macht und seiner Menschlichkeit berichteten. Dieser propagandistisch geschickte Schachzug sollte sich als sehr erfolgreich erweisen. Als die keltischen Stämme Oberitaliens, die sich bisher weitgehend neutral verhalten hatten, vom Sieg der Karthager und der Großmut Hannibals erfuhren, stellten sie sich offen auf die Seite der Punier. Proviantlieferungen und Scharen von Freiwilligen trafen im Lager des Barkiden ein. Die »Freiwilligenkommandos« füllten die entstandenen Lücken der karthagischen Streitmacht auf und das Problem der Nahrungsversorgung, das immer kritischer zu werden versprach, war damit fürs erste gelöst.

Jetzt schickte sich Hannibal an, die Stadt Clastidium (Casteggio), das wichtigste Versorgungsdepot der Römer, zu erobern. Die Einwohner dieser Stadt waren aber offenbar zu eingeschüchtert, um Widerstand zu leisten. 400 Goldstücke genügten, um sie zu veranlassen, ihre Tore zu öffnen. Clastidium fiel somit kampflos in Hannibals Hand. Die erbeuteten riesigen Getreidesilos lösten das Versorgungsproblem schlagartig.

Die Glücksgöttin Fortuna selbst schien mit Hannibal zu sein. Er hatte, wie erträumt, den ersten entscheidenden Sieg auf Italiens Boden errungen. Seine Verluste waren vergleichsweise gering, die der Römer extrem hoch. Hamilkars Sohn konnte der nächsten Auseinandersetzung mit großer Zuversicht entgegenblicken.

Auf seiner Verfolgung des römischen Konsuls kam er schließlich in die Nähe von Scipios Hauptquartier in Placentia. Zwischen den beiden feindlichen Heeren lag die Trebia, ein im Apennin entspringender Fluß. Die Stimmung der Römer, die auf dem rechten Ufer der Trebia lagen, besserte sich etwas, als Tiberius Sempronius Longus mit zwei Legionen im Lager eintraf. Die römischen Armeen waren endlich vereint. Dennoch riet der verwundet darniederliegende Scipio zur Vorsicht. Sempronius jedoch war ein ungestümer Hitzkopf, der sich nicht schnell genug in den Kampf mit Hannibal stürzen konnte. Er war ein zwar tapferer, jedoch ehrgeiziger, unbesonnener Mann, der nach Ruhm dürstete und vor Tatendrang zu bersten schien. Scipio, der den Oberbefehl aufgrund seiner Verwundung an Sempronius abtreten mußte, befürchtete Schlimmes.

Sempronius, der ein völlig falsches Bild von der karthagischen

Kampfstärke hatte, schlug alle Warnungen des älteren und erfahreneren Mitkonsuls in den Wind. Die brandschatzend durch die Gegend ziehenden Numidier wandten ihre altbewährte Kampftaktik an, indem sie sich nach jedem Kurzzusammenstoß mit den Römern sofort zurückzogen. Sempronius schätzte die Numidier besonders gering ein. Diese bei jeder sich bietenden Gelegenheit die Flucht ergreifende leichte Reiterei sollte die römische Niederlage am Ticinus maßgeblich herbeigeführt haben? »Das ist doch lächerlich!« höhnte Sempronius verächtlich. Wäre er an Scipios Stelle gewesen, hätte man die Karthager sicher vernichtend geschlagen, bekam der verwundete Konsul immer wieder zu hören. Die Spannungen zwischen Sempronius und Scipio verstärkten sich. Sempronius dachte an die bevorstehenden Konsulswahlen und beschloß, die Genesung seines Kollegen, dessen Taktik des Ruhebewahrens ihm zuwider war, nicht abzuwarten. Er würde Hannibal allein angreifen und schlagen.

Nach dem zu erwartenden Sieg, an dem er keine Minute lang zweifelte, würde er die Wiederwahl praktisch in der Tasche haben. Er würde als Triumphator in Rom einziehen. Es war Dezember und bitterkalt. Das Winterwetter mußte den »Männern aus den Sonnenländern des Südens« doch extrem zu schaffen machen, dachte Sempronius bei sich. Er sah alle Vorteile nur auf seiner Seite, vor allem aber unterschätzte er Hannibals Feldherrengenie. Gegen den Rat Scipios stellte er sich zur Schlacht und beschwor ein weiteres furchtbares Fiasko herauf.

Hannibal hatte sich, wie immer, ausführlich mit dem Terrain beschäftigt und wählte eine ideal gelegene Ebene am linken Trebia-Ufer aus, wo er die Überlegenheit seiner Reiterei voll ausspielen können würde. Um der Kälte zu begegnen, hatten sich die Karthager mit Öl eingerieben, die Nacht am warmen Lagerfeuer verbracht und in den frühesten Morgenstunden ein ausgie-

biges Frühstück eingenommen. Kurz nach Morgengrauen überquerte die numidische Reiterei die Trebia, verwickelte die römischen Vorposten in ein kurzes Gefecht und zog sich schnell
zurück. Sempronius fiel auf das sorgfältig geübte, oftmals er-
probte Manöver der Scheinflucht herein und jagte seine Legionäre mit leerem Magen über den Fluß. Die Infanterie folgte
der Kavallerie und überquerte den eisigen von ständigen Regen-
fällen hoch angeschwollenen Fluß. Als die Römer an Land gingen, waren sie »so steif, daß sie kaum die Waffen zu halten ver-
mochten«, wie Livius schrieb.
Hannibals Hauptkonzept beruhte einmal mehr auf dem gezielten Flankeneinsatz seiner Reiterei. Infanteristisch gesehen waren die Römer, die 36 000 Mann in die Schlacht warfen, überlegen. Hannibal konnte nur 28 000 Fußsoldaten aufbieten, aber er
konnte auf 10 000 Reiter vertrauen, denen die Römer nur 4 000
Kavalleristen entgegenzusetzen hatten. Außerdem hatte er, wie
immer, eine Überraschung für den Gegner parat. Sein jüngster
Bruder Mago hielt sich mit 1000 Fußkämpfern und 1000 Reitern in den von hohen Gebüschen überwachsenen Uferbänken
versteckt. Er sollte die Legionen vorrücken lassen und im entscheiden Moment unerwartet aus dem Hinterhalt in die Schlacht
eingreifen. Als die Legionäre zum Angriff übergingen, zogen
sich die balearischen Schleuderer überraschend schnell zurück.
Die Legionäre stürzten sich nun auf das in der Mitte kämpfende
Gros des karthagischen Heeres. Libyer, Spanier und Kelten
hielten dem massiven Großangriff der zahlenmäßig überlegenen römischen Soldaten stand, während die Numidier die Kavallerie des Sempronius erfolgreich bis zur Trebia zurückdräng-
ten. Die Schleuderer traten wieder in Aktion und hielten die
zurückweichende römische Reiterei unter heftigem Beschuß.
Die in der Mitte kämpfenden Legionäre aber drohten, die karthagische Schlachtordnung zu durchbrechen, vor allem die Kel-

ten begannen zu wanken. Die Legionäre schreckten auch vor den Elefanten nicht zurück und feuerten ihre Speere und Pfeile auf die Rüssel und die empfindlichen Weichteile unterhalb des Schwanzes der Tiere. Hannibal zog die Dickhäuter daher schnellstens ab und warf die Kampftiere in die linke Flanke, wo vorwiegend gallische Hilfstruppen der Römer stritten. Hier obsiegte die beabsichtigte Schocktaktik, die Gallier warfen ihre Waffen fort und flohen vor den unheimlichen Kolossen.

In der Schlachtmitte standen die Römer jedoch kurz vorm Durchbruch. Da griff Mago Barkas ein und fiel dem Gros der römischen Armee in den Rücken. Gleichzeitig kehrte die numidische Reiterei, nachdem sie die römische Kavallerie in die Flucht geschlagen hatte, zurück und bedrängte die Flanken des nun eingekesselten Haupttheeres von Sempronius. Die balearischen Schleuderer taten ein übriges, um den Zusammenbruch der Heeresformation des Feindes zu beschleunigen. An einen geordneten Rückzug war nicht mehr zu denken. Zudem setzte strömender Schneeregen ein. Panikartig kämpften sich die Legionäre, von den Karthagern unnachgiebig verfolgt, unter schwersten Verlusten an den Fluß zurück. Viele ertranken beim Zurückschwimmen.

Der Rückzug der Römer war von zunehmender Orientierungslosigkeit gekennzeichnet. Dichter Nebel, Schnee und Regen machten es oftmals unmöglich, Freund und Feind zu unterscheiden. Hunderte gerieten in Gefangenschaft. Tiberius Sempronius Longus hatte die vernichtendste Niederlage seines Lebens erlitten. Mit dem kläglichen Rest seiner fürchterlich dezimierten Armee zog er sich nach Placentia und Cremona zurück. In seinem Bericht an Rom versuchte er, die Katastrophe zu verschleiern. Der Sieg sei bereits greifbar gewesen, log der Konsul unverhohlen, nicht Hannibal, sondern der Winter, das heftige Schneetreiben hätte ihm den Sieg geraubt.

Natürlich ließen sich die Tatsachen nicht lange verbergen. Als das wahre Ausmaß des Fiaskos bekannt wurde, grassierte in der Tiberstadt nackte Angst. »In Rom verbreitete sich infolge der Niederlage ein solcher Schrecken, daß man schon glaubte, der Feind würde mit fliegenden Fahnen vor die römische Stadt rücken und es gäbe keine Hoffnung noch Hilfe, um von den Toren und Mauern seinen Ansturm abzuwehren«. Mit diesen Worten beschreibt Livius die Atmosphäre der Angst, die nun über der Stadt lastete.

Hannibals überwältigender Sieg an der Trebia beeindruckte vor allem die Gallier. Über 60 000 gallische Soldaten sollen nach der Schlacht an der Trebia freiwillig in Hannibals Heer eingetreten sein. Während Rom also erzitterte, zogen Hannibals Numidier in altbewährter Manier plündernd und marodierend durch das Land. Zahlreiche wichtige Warenumschlagplätze der Römer wurden erobert. Der Barkide, der sich im Verlauf einer solchen Unternehmung eine leichte Verwundung zugezogen hatte, stieß bis zu den nördlichen Ausläufern des Apennin vor. Der Winter verhinderte ein Überschreiten dieser Gebirgskette, sieben Elefanten fielen der Kälte zum Opfer. An der Trebia hatte der Punier zehn seiner »Panzer« eingebüßt, so daß ihm nur noch zwanzig Dickhäuter verblieben, als er bei Bononia (Bologna), der Hauptstadt des zuverlässigsten gallischen Verbündetenstammes, der Bojer, sein Winterquartier aufschlug.

Auch die römischen Konsuln begaben sich in ihre Winterlager. Die vorgeschobenen Stellungen bei Placentia und Cremona wurden aufgegeben. Publius Cornelius Scipio bezog sein Winterquartier bei Ariminum (Rimini), entschlossen, die Wegstrecke nach Rom entlang der adriatischen Küste unter allen Umständen abzuschirmen und einen Vormarsch der Karthager zu verhindern. Die Armee des so vernichtend geschlagenen Sempronius überwinterte in Lucca, um ein eventuelles Eindrin-

gen Hannibals in Etrurien zu verhindern. Der Winter ließ die
Waffen vorerst schweigen. Hannibals in Norditalien lagernde
Soldaten bekamen jetzt die volle Härte eines Winters zu spüren.
Die aus den warmen Gefilden Nordafrikas, Südspaniens und
den Balearen stammenden Männer litten entsetzlich unter der
rauhen Witterung. Die Nahrungsvorräte waren knapp. Infolge
Unterernährung wurden die Pferde von einer Hungerräude-
epidemie erfaßt. Die von Hannibal sofort angeordneten Wa-
schungen mit saurem Essig konnten zwar das Schlimmste verhindern, er verlor trotzdem 19 seiner verbliebenen Elefanten.
Ein einziger Dickhäuter überlebte. Laut Cato dem Älteren soll
der Name dieses »tapfersten Elefanten im Zweiten Punischen
Krieg«, wie die Beer schreibt, »Surus« gewesen sein. Auf ihm
sollte Hannibal reiten, als er im Frühjahr 217 v. Chr. die Poebene
verließ und den Apennin überquerte. Auch im neuen Jahr würde
Rom nicht aufatmen können.

Das neue Jahr bescherte den Römern auch zwei neue Konsuln:
Cnaeus Servilius Geminus und Caius Flaminius Nepos. Flaminius Nepos hatte das Konsulsamt bereits sechs Jahre vorher bekleidet und einen wenig erfolgreichen Feldzug gegen die gallischen Insubrer geführt. Er war ein tapferer, draufgängerischer
aber unbeherrschter Mann, der aus seiner Abneigung gegenüber
der mächtigen Aristokratenpartei im Senat nie ein Hehl gemacht
hatte. Er galt nicht als religiös und hielt sehr wenig von den
rituellen Kulthandlungen und Feierlichkeiten, auf die die Römer
so großen Wert legten. Erstaunt vernahmen die Bürger Roms,
daß der neue Konsul sogar auf seine Ernennungszeremonie verzichtet und sich sofort nach Bekanntgabe seiner Wahl zu seiner
in Arretium (Arezzo) stationierten Armee begeben hatte.
Flaminius Nepos, nach dem die Via Flaminia, eine der Straßen,
die noch heute in die Tiberstadt führen, benannt wurde, vertraute ausschließlich auf sich selbst, seine Tapferkeit und seine stra-

tegischen Fähigkeiten. Der jähzornige, einsilbige Mann war davon überzeugt, daß das Schicksal ihn dazu auserkoren hatte, Hannibal zu vernichten. Sein Kollege Servilius Geminus befehligte die zweite, bei Ariminum stehende römische Armee.

Hannibal hatte die Wintermonate dazu genutzt, einen ausgesprochenen Propagandafeldzug zu führen. Getreu seinem Wahlspruch »Freiheit für die Italiker«, schürte Hannibal den Haß gegen Rom wo er nur konnte. In Gefangenschaft geratene Römer wurden wie Sklaven behandelt, man legte sie in Ketten und bewarf sie mit Schmutz und Kot. Nur gegen hohe Lösegeldzahlungen wurden sie in die Freiheit entlassen. Alle Nichtrömer aber, Samniten, Lukaner, Etrusker und natürlich vor allem Gallier, die auf Roms Seite gekämpft hatten und in Hannibals Hand geraten waren, wurden unverzüglich und ohne Lösegeldforderungen nach Hause geschickt. Überall sollte Hannibals Losung verbreitet werden: Der Feldherr der Karthager war über die Alpen gekommen, um Italien von der »römischen Knute« zu befreien. Er bekriege nur die Römer, alle anderen Völkerschaften Italiens hätten nichts vom »punischen Löwen« zu befürchten, er forderte sie vielmehr zum längst fälligen Aufstand gegen die verhaßten Römer auf. Hannibals Konzept ging auf. Zahllose Italiker fanden sich im Lager des Barkiden ein, dem zudem immer stärker der Nimbus der Unbesiegbarkeit vorauseilte.

Im Frühjahr 217 v. Chr. setzte Hannibal seine Armee neuerlich in Marsch. Er überschritt den Apennin – wahrscheinlich am 1000 Meter hoch gelegenen Passo Collina – und stieß ins Arnotal vor. Den Karthagern stand Schlimmes bevor. Die Schneeschmelze hatte gewaltige Überschwemmungen ausgelöst, überall war der Arno weit über die Ufer hinausgeströmt. Vier Tage und Nächte lang quälte sich die Armee durch sumpfiges Marschland, wateten die Punier durch Schlamm und Wasser. Krankheiten und Seuchen brachen aus, die Lasttiere blieben

im Morast stecken, viele Pferde verloren ihre Hufe, und zahllose Soldaten, die den langen Marsch durch halb Europa bewältigt hatten, ertranken im Hochwasser führenden Arno. Hannibal selbst erlitt eine schmerzhafte Augeninfektion, die nicht richtig behandelt werden konnte und zum Verlust seines linken Auges führte. Einäugig ritt der Barkide auf dem Rücken von »Surus«, seinem letzten ihm verbliebenen Elefanten und peitschte seine Truppen durchs unwegsame Sumpfgelände weiter nach vorne. Nachdem er das Überschwemmungsgebiet endlich hinter sich gebracht hatte, erreichte Hannibal Faesolae, das heutige etwas oberhalb von Florenz gelegene Fiesole. Die karthagische Armee befand sich nun im fruchtbarsten Gebiet Etruriens. Arretium und damit die Armee des tatendurstigen Flaminius Nepos lag in nicht allzu weiter Ferne. Flaminius rechnete damit, daß Hannibal ihn sofort angreifen würde. Der Karthager aber beschränkte sich darauf, das überreiche Land plündern und brandschatzen zu lassen. Er schien die Präsenz des Flaminius einfach zu ignorieren und umging den aufgebrachten Römer, indem er seelenruhig an Arretium vorbeimarschierte. Die karthagische Armee durchquerte das Chianatal und gelangte schließlich zum Trasimenischen See. Flaminius war außer sich vor Wut. Praktisch vor seinen Augen war die herrliche Gegend in Flammen aufgegangen, tatenlos hatte er zusehen müssen, wie die räuberischen numidischen Horden das Land ausplünderten und verwüsteten.
Darauf konnte es nur eine Antwort geben. Wenn ihm schon Hannibal feige auswich, dann würde er ihn zur Schlacht stellen. Seine Kampfgier war so groß, daß er alle Einwände seiner Stabsoffiziere, auf das Eintreffen der zweiten Armee unter Geminus zu warten und somit die Stärke seines Heeres zu verdoppeln, einfach beiseite wischte und den Befehl erteilte, die Karthager in Eilmärschen zu verfolgen. Der im scharlachroten Konsulsumhang vor seinen Legionen herreitende Flaminius

wollte Hanibal allein, ohne die Hilfe des Geminus, bezwingen und so unsterblichen Ruhm erringen. In krassester Selbstüberschätzung ließ er Eisenketten mitschleppen, mit denen die gefangenen Karthager in Gewahrsam genommen werden sollten. Für Flaminius schien der Sieg über Hannibal niemals in Frage gestanden zu haben. Der Konsul kam auf Sichtweite an die Karthager heran, als die Nacht hereinbrach. In der Nähe des Trasimener Sees ließ er das Lager aufschlagen. Flaminius schlief unruhig in dieser Nacht vor der Schlacht. Er brannte darauf, Hannibals Streitmacht zu vernichten und hoffte, vielleicht sogar den Feldherren der Karthager selbst in Ketten nach Rom schaffen zu können. Der Römer ahnte nicht, daß er in eine Falle tappen und seine Armee geradewegs ins Verderben führen sollte.

Hannibal hatte am Nordufer des Sees das Terrain erkunden lassen und festgestellt, daß die von großen Gebüschen bewachsenen Höhen und hügeligen Wälder eine ausgezeichnete Möglichkeit boten, die Römer in einen Hinterhalt zu locken. Der genaue Ort der Schlacht bleibt unbekannt, vor allem deshalb, weil sich das nördliche Seeufer im Laufe der Jahrtausende beträchtlich verändert hat. Überschwemmungen und Kanalbauten führten zu einer Senkung des Seespiegels. Der Italiener Giancarlo Susini hat mit seiner 1960 erschienenen Studie »Ricerche sulla battaglia del Trasimeno«[2] eine großartige Forschungsarbeit geleistet, indem er Vergleiche zwischen dem altertümlichen und dem heutigen Seeufer anstellte, Spuren späterer römischer Landparzellierungen auswertete, und aufgefundene Einäscherungsgruben und Grabstätten in sein Rekonstruktionsmodell miteinbezog. Susini erstellte eine Karte des antiken Schlachtfeldes, die uns ermöglicht, den wahrscheinlichen Verlauf dieses für die Römer so katastrophal verlaufenden Waffenganges nachzuvollziehen.

Nach Susini muß die Schlacht am Trasimener See im Talbecken von Sanguineto stattgefunden haben. Dieses Becken war in Hufeisenform von waldreichen Hügeln umgeben und nur über einen schmalen Engpaß, den Malpasso, zu erreichen. Hannibals Konzept bestand darin, die Römer ins Tal eindringen zu lassen, um dann den Malpasso abzusperren und den in die Schlacht verstrickten Legionären jede Rückzugsmöglichkeit zu verwehren. Offen sichtbar für die Römer lagerte Hannibal mit kleinen afrikanischen und spanischen Einheiten jenseits des Talgrundes auf einer Bodenerhebung. Das Gros seiner Armee, die numidische Reiterei, die balearischen Schleuderer, die schwere Kavallerie und die gallischen Insubrer, lauerten in den Hügeln und Wäldern und warteten darauf, den am Ufer des Trasimener Sees entlang marschierenden Truppen in die Flanken zu fallen.

Der Tag begann für die Römer mit schlimmen Omen. Das Pferd des Konsuls warf Flaminius ab und eine der Standarten ließ sich nicht aus dem Erdboden ziehen. Wütend befahl der auf ungünstige Vorzeichen niemals achtende Flaminius seinem Bannerträger, die Standarte auszugraben. In den frühen Morgenstunden dieses für Rom verhängnisvollen Tages herrschte eine unheimliche Stille. Die sich im dämmrigen Nebel durch den Malpasso am See entlang zwängenden Legionäre vernahmen nur ihre eigenen Schritte. Als Flaminius an der Spitze des Heereszuges ins Talbecken vorstieß, erblickte er die auf dem Hügel kampierende kleine Einheit Hannibals und war einmal mehr davon überzeugt, den Barkiden spielend leicht besiegen zu können. Kaum aber hatte der letzte römische Soldat den Malpasso hinter sich gelassen, als die Numidier schon im Rücken der Römer Stellung bezogen und den Paß versperrten. Die Falle schnappte zu.

Die Hauptmasse des karthagischen Heeres strömte von den Hügeln und Wäldern herunter, der Feind im engen Talbecken war eingekesselt. Hannibal ging zum Frontalangriff über, während die balearischen Schleuderer und die Gallier die Römer an der linken und rechten Flanke attackierten. Die schwere spanische Kavallerie warf sich auf den hinteren Teil der Marschkolonne des Flaminius. Das Chaos innerhalb des römischen Heeres war vollkommen. Von allen Seiten bedrängt und ihrer Flexibilität beraubt, kamen die meisten Legionäre gar nicht dazu, ihre Schlachtformationen aufzubauen. Manch einer brachte kaum sein Schwert aus der Scheide, als ihn schon der feindliche Todesstoß traf. Die Schlacht artete in ein furchtbares Gemetzel aus, überall lagen sterbende und verwundete Römer, Todesschreie drangen zum Himmel empor und der Trasimener See füllte sich bald mit Blut. Viele Legionäre suchten ihr Heil in der Flucht, gelangten zum Fluß, wo sie jedoch bereits karthagische Einheiten erwarteten und erbarmungslos niederhieben. Einige versuchten den von Leichen übersäten Fluß zu durchschwimmen, ertranken aber mit ihren schweren Rüstungen.

Die furchtbare Schlacht währte drei grauenvolle Stunden lang und keiner der Krieger nahm wahr, daß plötzlich die Erde zitterte. Das heftige Erdbeben wurde in der Hitze des Gefechtes von niemandem registriert. Das entsetzliche Gemetzel ging weiter. Obwohl die Lage aussichtslos war, bewahrte der in die Falle gegangene, von allen Seiten umzingelte Konsul Flaminius fast als einziger die Übersicht. Verzweifelt bemühte er sich, der Panik zu begegnen und die Flucht der Truppen zu verhindern. In der Stunde seines Untergangs zeigte der Römer, von welchem Kaliber er war. Von seiner Kerntruppe umgeben, ordnete Flaminius einige der völlig deformierten Schlachtreihen und brachte eine bescheidene Offensive zuwege. Vor allem die Gallier bekamen sein Schwert zu spüren. Der Ausbruchversuch des grimmig streitenden Konsuls, dessen Helm und Feldherrenmantel längst blutüberströmt waren, scheiterte dennoch, Ducarius, der Anfüh-

rer der Insubrer, erkannte den verhaßten Römer, der sein Volk schon einmal blutig bekriegt hatte, und nun, einem Fels in der Brandung gleich, dem Ansturm immer noch standhielt und Gallier um Gallier niederstreckte. Ducarius brüllte seinen Reitern zu:»Seht doch! Dort steht ja der Unmensch, der unsere Landsleute gemordet und unsere Ortschaften verwüstet hat. Jetzt will ich ihn den Seelen unserer kläglich abgeschlachteten Kameraden opfern!« Inspiriert von der Wut ihres Anführers sprengten die insubrischen Reiter mit ungeheurer Wucht auf den Verteidigungsring der Römer zu. Ducarius selbst streckte zuerst den Waffenträger des Konsuls nieder, der seinen Herrn mit seinem Leib abgeschirmt hatte, und jagte dann triumphierend seine Lanze in das Herz des Flaminius. Als er den Getöteten seiner Waffen berauben wollte, scheiterte Ducarius an der Leibgarde des Konsuls, die einen Schildwall um seinen Leichnam bildete. Nach dem Tod von Flaminius Nepos war eine chaotische Massenflucht der Römer nicht mehr aufzuhalten. Nach der Devise »Rette sich, wer kann!« versuchten die Reste der längst aufgelösten Heeresverbände zu fliehen. Doch es gab kein Entkommen. Der Malpasso war hermetisch abgeriegelt und am See standen die balearischen Schleuderer, die die flüchtigen Legionäre mit einem Bleikugelhagel empfingen. Das Ausmaß von Hannibals Sieg war gigantisch. Als der Feldherr der Karthager über das blutbefleckte Schlachtfeld ritt – die numidischen Reiter, allen voran ihr wagemutiger Anführer Maharbal, ritten links und rechts von ihm –, vorbei an den unzähligen kopflosen Leichen und abgeschlagenen Gliedmaßen der getöteten Römer, feierten ihn seine Söldner mit johlendem Siegesgeheul, während die Insubrer auf ihre Schilde schlugen.
Hannibal zog Bilanz. Die Verluste der Römer waren ungeheuerlich. Das dreistündige unfaßbar grausame Gemetzel am Trasimenser See hatte 15 000 Legionären das Leben gekostet. Die

Karthager hatten lediglich 1 800 Mann, vorwiegend Gallier, eingebüßt. Dem gefallenen Konsul wollte der Barkide ein ehrenvolles Begräbnis zukommen lassen. Doch die Suche nach der Leiche des Flaminius verlief ergebnislos.

Bereits am nächsten Tag sollte Hannibal einen weiteren Triumph feiern können, als Maharbal und seine Numidier einen versprengten Voraustrupp der Römer, 6 000 Fußsoldaten, denen es gelungen war, die karthagischen Linien zu umgehen, einholten und umzingelten. Die völlig demoralisierten Legionäre streckten kampflos die Waffen. Wie immer wurden die Nichtrömer in die Freiheit entlassen, die glücklosen Römer aber in Ketten geworfen.

Der Numidier Maharbal war es auch, der das römische Desaster am Trasimener See wenige Tage später vervollständigte. Servilius Geminus, Flaminius' Amtskollege, war von Ariminum aufgebrochen, um seinem Mitkonsul zur Seite zu stehen und vielleicht doch noch rechtzeitig in die Schlacht eingreifen zu können. Trotz der Eilmärsche, die der unter großem Zeitdruck stehende Konsul seinen Truppen abverlangte, mußte die zweite römische Armee zu spät kommen. Servilius Geminus muß sich dieser Tatsache bewußt gewesen sein, denn er schickte eine Vorausabteilung, bestehend aus 4 000 Reitern und geführt von Caius Centenius, an den Trasimener See. Als Centenius von der Katastrophe erfuhr, die sich am »Unglückssee« ereignet hatte, überlegte er nicht lange, sondern befahl den sofortigen Rückzug. Obwohl er die Marschroute mehrere Male wechselte, waren ihm Maharbals Numidier bald auf den Fersen. Schließlich überholten die Numidier die Römer und überfielen sie aus dem Hinterhalt. Genau wie sein Konsul wurde Caius Centenius eingekesselt. Seine Kavallerieeinheit leistete zwar tapfer Widerstand, wurde aber fast bis zum letzten Mann aufgerieben. Maharbal selbst soll Centenius den Kopf abgeschlagen haben.

Nur ein winziger Bruchteil der Abteilung geriet in Gefangenschaft.

Nach der schrecklichen Niederlage am Trasimener See lag Rom in Agonie. Ganz Norditalien war fest in Hannibals Hand, nahezu die gesamte italienische Halbinsel war seinen Übergriffen schutzlos ausgeliefert.

Als das schreckliche Ausmaß des verheerenden Desasters am Trasimener See bekannt wurde, machte sich in der Tiberstadt eine regelrechte Untergangsstimmung breit. Man sprach vom »schwärzesten Tag« in der Geschichte des römischen Volkes und trug seine Trauer offen zur Schau. Weinende Frauen liefen durch die Straßen, viele Bürger warfen Asche auf ihre Häupter und erflehten die Gnade der unbarmherzig zürnenden Götter, die Rom im Stich gelassen zu haben schienen. Das wehklagende Volk sammelte sich auf dem Forum Romanum, aufgebracht, verzweifelt, betend, weinend und fluchend zugleich. Eine riesige Menschenmenge fand sich vor dem Senatsgebäude ein, als der Praetor Marcus Pomponius aus der Kurie trat und die bedauernswerte Lage äußerst knapp kommentierte: »Römer! Wir sind in einer großen Schlacht geschlagen worden!«

Über der Stadt lastete die Ungewißheit. Was würde Hannibals nächster Schritt sein? Eine einzige immer lauter werdende bange Frage beschäftigte die Gemüter des entsetzten Volkes: Würde der furchtbare Mann aus Afrika nun zum Sturm auf Rom ansetzen? War Rom verloren? Die bedrohliche noch nie dagewesene Situation erforderte außergewöhnliche Maßnahmen. Man beschloß, die republikanischen Gesetze vorübergehend außer Kraft zu setzen und einen Diktator zu ernennen, einen starken Mann, der als »pater patriae« absoluter Herr über Leben und Tod war, und mit uneingeschränkten Vollmachten agieren konnte. Die Wahl verlief einstimmig und fiel auf den Edelmann Quintus Fabius Maximus, der damals schon über siebzig Jahre alt war, und als der große Zauderer, der »cunctator« in die Geschichte eingehen sollte. Fünfmal war der stille zurückhaltende Mann schon Konsul gewesen. Nun sollte er, mit diktatorischer Vollmacht ausgestattet, die Verteidigung der bedrohten Stadt übernehmen und das römische Volk zu neuen Siegen führen.

Fabius Maximus, im Gegensatz zu dem am Trasimener See gefallenen Heißsporn Flaminius ein tief religiöser Mann, ließ sogleich alle Kulthandlungen, die der »frevlerische Konsul« verabsäumt hatte, nachholen. Die Sibyllinischen Bücher wurden befragt, feierliche Spiele angeordnet und zwei Monate lang wurde jedes neugeborene Tier den zürnenden Göttern zum Opfer dargebracht.

Der später vielgeschmähte Diktator war, wie Plutarch berichtet, bereits als Kind aufgrund seiner Introvertiertheit oftmals dem Spott seiner Spielkameraden ausgesetzt gewesen. Er ging stets jeder Auseinandersetzung aus dem Weg und wurde abschätzig als »Schäflein« bezeichnet. Den Beschreibungen der antiken Chronisten zufolge verfügte Quintus Fabius Maximus auch über kein besonders attraktives Aussehen, sondern war im Gegenteil eher häßlich zu nennen. Sein Gesicht wurde von einer unförmigen, stark gebogenen Hakennase dominiert und durch eine übergroße, die Oberlippe fast ganz bedeckende Warze verunstaltet. Seine Gegner nahmen oft auf diese Mißbildung bezug und sprachen hinter vorgehaltener Hand von »Quintus Fabius Verrucosus«.

Dieses wenig schmeichelhafte Bild, das die meisten Römer von ihrem betagten Diktator hatten, entsprach, abgesehen von den Körpermerkmalen, sicherlich nicht der Realität. Fabius Maximus war ohne Frage ein fähiger Heerführer. Hinter der nach außen zur Schau getragenen Fassade der Trägheit und Sanftmut verbarg sich ein bedächtiger, listiger und besonnener Stratege, ein kriegserfahrener Veteran, der sich schon im Kampf gegen

König Pyrrhos von Epirus seine ersten Sporen verdient hatte. Plutarch rundet sein Porträt des »Zauderers« mit folgenden, seinem wahren Naturell gerechter werdenden Worten ab: »Es waren nur wenige, die die tief verborgene Festigkeit, die Seelengröße und den Löwenmut in seinem Charakter entdeckten.« Marcus Minucius Rufus, der Kandidat der Plebejerpartei, der Fabius als zweiter Befehlshaber unterstand, war nicht nur wesentlich jünger, sondern vor allem viel kämpferischer veranlagt als der schlaue, alte römische Edelmann, der zu Beginn seiner Amtstätigkeit zwei neue Legionen aushob. Wie die meisten seiner Landsleute rechnete Fabius Maximus mit einem Angriff Hannibals auf Rom und verfolgte eine rigorose Politik der »verbrannten Erde«. Sämtliche Vorräte, die in der Umgegend der Stadt gelagert waren, wurden unbrauchbar gemacht, alle Brücken niedergerissen, und an die Landbevölkerung erging der Befehl, sich in ihren befestigten Städten einzuigeln.

Hannibal war nach dem Sieg am Trasimener See durch Umbrien marschiert, wo er mehrere römische Kolonien einäscherte, und über den Apennin zur Adria gezogen. Im fruchtbaren Apulien, der neben der Campagna wahrscheinlich blühendsten Landschaft Italiens, schlug er sein Feldlager auf und ließ große Vorratsdepots für den bevorstehenden Winter einrichten. Außerdem versuchte er, die dort ansässigen Stämme auf seine Seite zu bringen. Wo er auf kein Verständnis traf, wurde gebrandschatzt und geplündert. Als Fabius erfuhr, mit welcher Gelassenheit und Sorglosigkeit Hannibal in diesem Bundesland der Römer operierte, setzte er, immer wieder von Minucius Rufus angespornt, seine eigene Armee nach Apulien in Marsch. Sorgfältig vermied er es, sich auf eine offene Feldschlacht mit dem Barkiden einzulassen, was den Unmut des Minucius und der Truppe zur Folge hatte. Fabius ließ sich aber nicht beirren, sondern beharrte steif und fest auf dem von ihm konzipierten Prinzip der Ermüdungsstrategie. Diese »Hinhaltetaktik« des alten Diktators widersprach allen Regeln der bis dahin üblichen traditionellen römischen Kriegsführung. Fabius hatte die Lehren aus den drei schrecklichen Schlappen am Ticinus, der Trebia und dem Trasimener See gezogen. Er wußte vor allem um die Überlegenheit von Hannibals Kavallerie und ließ seine immer ungeduldiger werdenden Männer im hügeligen Apenninenvorland lagern, wo man mit keinen Attacken der numidischen Reiterei zu rechnen hatte. Alle Versuche Hannibals, den Diktator endlich zur Schlacht zu stellen, mißlangen. Der listige alte Mann beschränkte sich lediglich darauf, hin und wieder kommandoartige Überfälle auf kleinere karthagische Truppenverbände anzuordnen, die das Land auf der Suche nach Nahrung und Vorräten durchstreiften. Er blieb zwar stets in der Nähe, gewissermaßen auf Tuchfühlung mit der Hauptheeresmasse des Karthagers, wie um ihn ständig an seine Präsenz zu erinnern, vermied aber, wie gesagt, bewußt jede offene Auseinandersetzung.

Hannibal verzichtete schließlich darauf, den ewig lavierenden »alten Fuchs« zur Schlacht zu zwingen, sondern zog statt dessen weiter. Er marschierte an Beneventum vorbei, jener Stadt, die Pyrrhos zum Verhängnis geworden war, und auch ihm prompt signalisierte, daß er unwillkommen wäre. Der Barkide unterließ eine Belagerung der Stadt, eroberte aber dafür Telesia, das voller Getreidesilos war. Es waren drei Gründe, die Hannibal veranlaßten, nun in die Campagna vorzustoßen. Dieses Land war die fruchtbarste Gegend Italiens, blühender noch als Apulien, die Häfen von Cumae und Neapolis (Neapel) würden endlich eine Seeverbindung mit Karthago ermöglichen und seiner Vaterstadt erlauben, dringend benötigte frische Nachschubtruppen zu entsenden, und schließlich lag in diesem von der Natur so begünstigtem Gebiet auch die »Perle« Capua, eine reiche und mächtige Stadt, die Roms stärkster Verbündeter war.

Durch eine Bedrohung Capuas hoffte er, Fabius vielleicht doch noch aus der Reserve locken zu können und ihn in der campagnischen Ebene zur Schlacht zu zwingen. Hannibal bezog zunächst bei Casilinum, am nördlichen Ufer des Vulturnusflusses, Aufstellung und befahl Maharbal und seinen Numidiern, ihre räuberischen Streifzüge durch das Land wieder aufzunehmen. Das Murren innerhalb der römischen Armee wurde indes immer lauter. Die Numidier brandschatzten die fruchtbarste Region Italiens, Roms »campagna felix«, während Fabius, scheinbar unbeeindruckt, tatenlos zusah, wie das »gelobte Land« in Flammen aufging. Fabius Maximus sah sich größter Opposition ausgesetzt, seine Stabsoffiziere verlachten und verhöhnten ihn, und der Ruf seiner »Feigheit« drang bis nach Rom, wo man die Vorgehensweise des »Zauderers« begreiflicherweise mit Kopfschütteln quittierte. Fabius blieb gelassen und ließ sich nicht aus der Fassung bringen. Mit dem Vorwurf konfrontiert, er würde die Feigheit eines alten Weibes an den Tag legen, ließ der Diktator Rom folgende wohlüberlegte Antwort übermitteln:

»In der Tat würde ich noch furchtsamer sein, als ich jetzt scheine, wenn ich aus Furcht vor Spöttereien und Lästerungen von meinen Grundsätzen abginge. Furcht für das Vaterland bringt keine Schande, aber Bangnis vor der Meinung der Leute, vor Tadel und übler Nachrede verrät einen Mann, der, anstatt eines solchen Kommandos würdig zu sein, ein Sklave jener ist, die er in Zucht halten und, wenn sie schlecht denken, als strenger Gebieter behandeln sollte.«

Durch Spione erfuhr Hannibal, daß Rom zunehmend erboster auf Fabius´ Taktik des ständigen Hinhaltens reagierte. Der Senat begann sich zu fragen, warum man den alten und offenbar unentschlossenen und unfähigen Mann überhaupt zum Diktator bestellt hatte. Die öffentliche Meinung war ebenfalls eindeutig »antifabianisch«. Der Barkide bemühte sich, das ohnehin schwer angeschlagene Prestige seines greisen Widersachers noch weiter zu schmälern. Fabius Maximus besaß ausgedehnte Latifundien in der Campagna. Hannibal gab Maharbal den strikten Befehl, die Besitztümer des Diktators zu verschonen. Während die Numidier also alle anderen römischen Besitzungen der Umgegend gnadenlos verwüsteten und zerstörten, blieb das Eigentum des Großgrundbesitzers Quintus Fabius Maximus unangetastet. In Rom mußte daher zwangsläufig der Eindruck entstehen, daß irgendeine Art von »Geheimabkommen« zwischen Fabius und Hannibal bestand. Man sprach sogar davon, daß der Diktator, der »Vater des Vaterlandes«, von dem man sich so viel erwartet und erhofft hatte, dem Karthager offen in die Hände spiele.

Die Auseinandersetzungen um den »cunctator« erreichten ihren Höhepunkt, als Hannibal einen Gefangenenaustausch vornehmen ließ und sich dabei nicht an die mit Fabius vereinbarte Zahl hielt. 247 Römer, deren Austausch nicht der Vereinbarung entsprach, wurden zusätzlich ins gegnerische Lager entlassen. Hannibal forderte Lösegeld für diesen von niemand erwarteten »Überschuß«. Der Senat verweigerte die Lösegeldforderungen des Karthagers kategorisch. Fabius brachte daraufhin die geforderte Summe persönlich auf, indem er seine von den Puniern unberührt gelassenen Latifundien verkaufte. Dies brachte ihm den Vorwurf des Landesverrats ein. Zahllose seiner Kritiker im Senat bezichtigten den Diktator unverhohlen der Konspiration mit dem Feind. Das Maß schien voll zu sein. Jetzt unterstützte der »Schwächling« Fabius Hannibal auch noch durch Geldzuwendungen, polemisierten die aufgebrachten Senatoren. Welch dubiosen Mann hatte man da zum Diktator gewählt?

Mit bemerkenswerter Gelassenheit ignorierte der alte römische Edelmann alle gegen ihn erhobenen Vorwürfe, sogar jenen des Hochverrats, und schickte sich an, zum ersten und einzigen Mal während seiner Amtszeit, in der der Krieg einer Phase des gegenseitigen Belauerns ohne größere direkte Feindkontakte ähnelte, offensiv zu werden. Wahrscheinlich bedingt durch seine immer unhaltbarer werdende Position und die ständigen Forderungen seiner Stabsoffiziere, endlich aktiv zu werden, beschloß Fabius, Hannibal eine Falle zu stellen und das Karthagerheer in der Campagnaebene einzukesseln. Hannibal hatte in Kampanien gewaltige Beute gemacht, riesige Viehherden begleiteten den anschwellenden Troß und zum Bersten gefüllte Planwagen transportierten enorme Getreide- und Vorratsmengen. Aber die Ebene, in der der Barkide mit dem Gros seiner Armee ständig hin und her manövrierte, war im Grunde genommen nichts anderes als eine große Mausefalle.

Dies erkannte der »Zauderer« und ließ Hannibal den Rückweg nach Apulien abschneiden, indem er den Engpaß in der Nähe von Borgo San Antonio, den Hannibal beim Einmarsch benutzt hatte, mit 4000 Mann besetzen. Hannibal erkannte sein Dilemma bald. Im Süden befand sich der über keine Furt verfügende, Hochwasser führende Vulturnusfluß, dessen einzige Brücke bei Casilium von den Römern kontrolliert wurde. Im Westen lag das Tyrrhenische Meer. Im Norden gab es ebenfalls kein Durchkommen, denn Fabius hatte auch die beiden Straßen der Via Appia und der Via Latina von starken Truppenverbänden besetzen lassen. Zwangsläufig würde sich Hannibal also nach Osten wenden müssen, zurück über den zerklüfteten Engpaß von Borgo San Antonio, wo Fabius selbst auf der Lauer lag und seinen Soldaten einschärfte, daß nun endlich die lang erwartete Gelegenheit zum Handeln gekommen wäre.

Hannibal mußte eine Möglichkeit finden, seine schwer beladene Armee aus dieser tödlichen Umklammerung zu befreien. Zunächst versuchte er nochmals, Fabius zur offenen Feldschlacht in der Ebene zu stellen. Marharbal und seine Numidier führten eine Scheinattacke an der Via Appia durch, erregten dadurch die Aufmerksamkeit des Feindes und zogen sich wie immer blitzartig zurück. Fabius, der nun den Eindruck hatte, der karthagische Durchbruch könnte überraschenderweise im Norden erfolgen, jagte Maharbal eine starke Abteilung unter Hostilius Mancinus hinterher. Wieder einmal ritten die Römer in einen Hinterhalt. Die urplötzlich scheinbar aus dem Nichts auftauchende schwere spanische Kavallerie umzingelte Hostilius und vernichtete seinen Verfolgungstrupp bis zum letzten Mann. Obwohl seine Legionäre förmlich nach Rache brüllten, ging Fabius abermals nicht auf ein neuerliches »Angebot« Hannibals ein, die Entscheidung in einer großen Schlacht zu suchen, sondern wartete trotzig auf dem Engpaß, um zum tödlichen Gegenschlag auszuholen. Hannibal hatte mittlerweile, fieberhaft überlegend, wie man der fatalen Lage Herr werden könnte, eine geniale Idee ausgebrütet. De Beer beschreibt die von Hannibal angewandte Finte, eine Kriegslist, die »Odysseus zur Ehre gereicht hätte«:

> »Aus der Viehherde …wählte er 2000 kräftige, besonders lebhafte Rinder und ließ trockene Zweige und Pinienspäne an ihre Hörner befestigen. Mitten in der Nacht wurden die Reisigbündel angezündet und diese lebendigen Fackeln gegen die Hügel zu beiden Seiten des Passes getrieben. Durch Schmerz und Angst rasend gemacht, stürmten die Rinder die Hänge hinauf … Für die römischen Wachtruppen sah es so aus, als ob die Karthager in einem Umgehungsmanöver über die Seitenhügel kämen, anstatt den Paß frontal anzugreifen. Sie glaubten sich an ihren Flanken umgangen und gaben ihre Stellungen am Paß auf, um den vermeintlichen Feind in den Wäldern zu bekämpfen … Die Straße war frei und Hannibal entkam mit seiner ganzen Armee.«[3]

Der »Cunctator« sah sich ausgetrickst. Gegen die »punische

Quintus Fabius Maximus, genannt »der Zauderer«

Verschlagenheit« seines großen Gegners war, wie Fabius enttäuscht konstatierte, offenbar kein Kraut gewachsen. Der Diktator mußte seine Truppen erst wieder neu formieren und befürchtete zudem, wie so viele seiner unglücklichen Vorgänger,
in einen der gefürchteten Hinterhalte Hannibals zu geraten, falls
er den Karthagern in Eilmärschen nachpreschte. In gemessenem Abstand folgte er daher dem Barkiden, der nach Apulien
zurückkehrte und die heftigen Widerstand leistende Stadt Gerunium eroberte. Hannibal ging diesmal besonders grausam vor
und ließ alle Bewohner töten. Trotz dieser erneuten beabsichtigten und furchtbaren Machtdemonstration war noch immer keine

echte römische Stadt bereit, freiwillig in das Lager des »karthagischen Befreiers« überzugehen. Allerdings hatte Hannibal das
ganze Jahr hindurch Italien in Aufruhr versetzt, war nach Belieben herumgezogen, hatte geplündert und gebrandschatzt, ohne
von der ihn verfolgenden römischen Armee ernsthaft behindert
worden zu sein.

Fabius hingegen, der dem Senat versichert hatte, Hannibal könne sich niemals aus der ihm gestellten todsicheren Falle befrei-
en, mußte zugeben, an der Nase herumgeführt worden zu sein.
Was hatte der Diktator in diesem Jahr konkret getan, um der
hannibalschen Gefahr zu begegnen? »Nichts!« lautete das vernichtende Urteil der Senatsmitglieder, die nun darauf bestanden, daß der draufgängerische Minucius Rufus gleichfalls mit
diktatorischer Macht ausgestattet wurde. Die aus vier Legionen
bestehende römische Armee hatte jetzt zwei Oberkommandierende und stand ebenso wie Hannibal in Apulien.

Hannibal hatte sein stark befestigtes Winterlager bei Gerunium
aufgeschlagen, Fabius und Minucius Rufus bezogen am Mons
Calenus, in der Nähe von Larinum, Position. In Rom bereiteten
die Priester ein großes Opferfest für die Götter vor. Der gläubi-
ge Fabius eilte in die Hauptstadt zurück, um den Feierlichkeiten
beizuwohnen. Eindringlich ermahnte er Minucius Rufus, sich
auf keinen Fall in eine größere Schlacht mit Hannibal einzulassen. Schon wenige Stunden nachdem der alte Edelmann das Lager verlassen hatte, rückte Minucius nach Gerunium vor. Die
Legionäre folgten ihm willig, sie waren das ewige Postenstehen
leid, wie ein Zenturio es ausdrückte. Minucius stürmte zwar einen karthagischen Vorposten, aber als er Hannibals Lager angriff, wurde er sogleich zurückgeschlagen. Er beschränkte sich
nun darauf, die Plünderungsakte der herumstreifenden Numidier zu unterbinden und wartete die Rückkehr seines Mit-Dikta-
tors ab.

Jeder der beiden Diktatoren befehligte je zwei Legionen. Der
wieder eingetroffene Fabius riet wie immer zum Abwarten.
Minucius Rufus aber verwies auf einen nur schwach besetzten
Hügel vor Hannibals Lager und ließ sich nicht davon abhalten,
diesen anzugreifen, um wenigstens einen bescheidenen Teilerfolg erzielen zu können, und um den Karthagern zu demonstrieren, daß nicht alle Römer den Kampfgeist verloren hatten, wie
er Fabius zornig verkündete. Wie nicht anders zu erwarten, lief
der jüngere Diktator, der die Zaudertaktik des alten Mannes
schon lange verdammte, in eine Falle. Die kleine Vorhut auf
dem Hügel hatte lediglich den Auftrag, die Römer anzulocken.
Als die Legionen des Minucius ihr befestigtes Lager verließen,
ahnten sie nicht, daß ihnen das karthagische Hauptheer wieder
einmal in die Flanken fallen würde. Die linke römische Flanke
wurde völlig eingedrückt und Minucius wäre unweigerlich verloren gewesen, wenn ihm nicht Fabius, der den Schlachtverlauf
genau verfolgt hatte, am späten Nachmittag mit seinen zwei Legionen zu Hilfe gekommen wäre. Die unüberlegte Vorgangsweise des Minucius hatte zwar hohe Verluste der Römer zur Folge,
doch durch das beherzte Eingreifen des »Zauderers« war es ihnen immerhin möglich, einen einigermaßen geordneten Rückzug anzutreten. Fabius, der belächelte Hinhaltestratege, hatte
Minucius das Leben gerettet, was dieser auch unumwunden zu-
gab. Am Abend nach der Schlacht begab er sich in das Zelt des
Fabius, umarmte den »alten Vater«, wie er ihn vor versammelter
Mannschaft nannte und sagte anerkennend und dankbar:
»An dem heutigen Tag, Diktator, hast Du zwei Siege gewonnen, den einen durch Tapferkeit über die Feinde, den anderen
durch Klugheit und Güte über Deinen Kollegen. Durch jenen
hast Du uns gerettet, durch diesen uns belehrt. Und so schimpf-
lich die vom Feind erlittene Niederlage für uns war, so nütz-
lich und heilsam ist die, welche Du uns beigebracht hast!«

Die beiden gegnerischen Heere überwinterten in Apulien. Fabius Amtszeit näherte sich dem Ende und damit auch die Zermürbungstaktik der Römer. Das neue Jahr stand im Zeichen der Aufrüstung. Quintus Fabius Maximus wurde nicht wiedergewählt. Eine offensive Kriegspolitik wurde forciert. Man beschloß, auf das altbewährte Konsulsystem zurückzugreifen. Nach einer harten Wahlschlacht wurden zwei völlig verschiedene Männer ins Amt berufen: der Kandidat der Plebejerpartei, der Schlächtersohn Caius Terentius Varro, nach Mommsen ein »Held der Gosse«, der allerdings die Gabe besaß, das gemeine Volk durch Brandreden in Begeisterungstaumel zu versetzen, und der besonnene, bewährte Feldherr Lucius Aemilius Paulus, den die Patrizierpartei favorisiert hatte, und der ein guter Freund von Fabius war.

In diesem kommenden Jahr flammte der Krieg mit unerwarteter Härte wieder auf. In den Sommermonaten des Jahres 216 v. Chr. sollte Hannibal in der Schlacht bei Cannae, nach de Beer eine der »bedeutendsten und folgenschwersten der Weltgeschichte«, die Stunde seines größten Triumphes erleben und den Römern die vernichtendste Niederlage des Zweiten Punischen Krieges zufügen.

Faber hat die jetzt einsetzende Aufrüstungspolitik der Römer, die ihr Truppenkontingent auf einen nie zuvor erreichten Höchststand brachten und ganze acht neue Legionen mobilisierten, so kommentiert:

> »Die Folge der radikalen Änderung der römischen Kriegsführung wurde die größte Katastrophe, die Rom in seiner Geschichte erlebte. Am Tag von Cannae sollte es sich zeigen, daß der vielbescholtene Fabius in dieser Phase des Krieges mit seinem ›methodischen Nichtstun‹, mit der die Nerven und Mittel des Gegners zermürbenden Taktik des Hinhaltens, genau das Richtige getan hatte.«[4]

Vor allem der Schlächtersohn Terentius Varro hetzte die Gemüter des römischen Volkes in den Frühlingsmonaten des Verhäng-
nisjahres 216 v. Chr. immer wieder auf. Die Arroganz des total
von sich eingenommenen Mannes mit dem kantigen Gesicht
und der vierschrötigen Statur kannte keine Grenzen. Der bullige
neue Konsul, den die Massen des Plebs ins Amt gehoben hatten,
war zwar ein ausgezeichneter Brandredner, ein Demagoge des
niederen Volkes, besaß aber keinerlei militärische Erfahrung.
Dennoch trat er selbstbewußt und dynamisch auf, verwies auf
den schmählich-lächerlich abgelaufenen Feldzug des »Zauderers« Fabius vom Vorjahr, und verlangte lautstark, daß die Ehre
des römischen Volkes endlich wiederhergestellt werden müßte.
Zu lange sei der Krieg erlahmt und sinnlos verschleppt worden,
wetterte Varro inbrünstig, Mars müsse jetzt sein Recht einfordern.

»In diesem Sommer oder nie!« lautete die Parole des Empor-
kömmlings, der die Aristokratenpartei im Senat heftig attackierte und offen bezichtigte, in unwürdiger und ehrloser Weise die
Abwartehaltung des glücklosen alten Diktators übernommen zu
haben und den Krieg gegen den punischen Aggressor unnötig in
die Länge zu ziehen, anstatt endlich eine Entscheidung herbeizuführen.

»Wir haben nun acht Legionen!« brüllte der sich in Rage re-
dende Varro dem Volk zu. »86 000 Mann, 6 000 Reiter und
80 000 Fußsoldaten. Dem massiven Ansturm unserer zahlenmäßig und auch kämpferisch weit überlegenen Infanterie
wird das karthagische Heer niemals standhalten können! Lucius Postumius Albinus ist bereits mit einer neunten Legion
nach Gallia Cisalpina aufgebrochen, um dort die mit Hannibal verbündeten Bojer zu vernichten. Was stehen wir noch
hier? Laßt uns endlich marschieren und dem karthagischen
Eindringling die Schmach der vergangenen Jahre heim-

zahlen. Glaubt mir doch, Römer, wenn ich euch sage, daß wir
Hannibal bereits in der ersten entscheidenden Schlacht vernichtend schlagen werden. Laßt uns zum Aufbruch blasen,
unsere Legionen nach Süden in Marsch setzen, und ich ver-
spreche euch, das abgeschlagene Haupt des ›karthagischen
Hundes‹ als Siegestrophäe mitzubringen!«
Die überwiegende Mehrheit des Volkes ließ sich von Varro, der
den »dynamischsten und erfolgreichsten Angriffskrieg aller
Zeiten« versprach, mitreißen. Der alte Fabius dagegen warnte.
Er bezeichnete Varro als »Feldherrn der Großsprecherei« und
erklärte seinem Freund Aemilius Paulus unverhohlen:
»Dieser verblendete Wüterich wird uns in den Untergang
führen. Die elende Niederlage am Trasimener See war ein
Honiglecken im Vergleich zu dem, was uns nun blühen wird.
Sieh Varro deshalb auf die Finger, mein edler Freund, ver-
suche ihn bei jeder Gelegenheit zu bremsen, folge meiner
Taktik so gut es geht. Bemüht euch, auf keinen Fall in einen
Hinterhalt zu geraten. Wir haben in Rom derzeit keinen
Mann, der Hannibal gewachsen wäre. Der karthagische Löwe
wird den Pöbelkonsul verschlingen wie der Wolf das Lamm.
Sei daher auf der Hut, Aemilius Paulus! Mögen die Götter
mit dir sein!«
So setzte sich die bisher größte römische Armee in Marsch nach
Süden, wo Hannibal die an den Ufern des Aufidus gelegene
Stadt Cannae erobert hatte und das Eintreffen des Gegners erwartete. Einer unsinnigen Sitte folgend, wechselten die Römer
das Oberkommando täglich. Einen Tag befehligte Konsul Paulus die gewaltige Heeresmacht, am nächsten war der siegessi-
chere, nach eigenen Angaben von ungeheurem Kampfeseifer
erfaßte Varro an der Reihe. In den Händen dieser beiden ungleichen Männer, die sich nicht ausstehen konnten und gegenseitig
verachteten, lag nun das Schicksal Roms. Wie de Beer ausführt,

konnte keiner glücklicher über diese Sachlage sein als Hannibal, denn ihm stand somit »eine Armee gegenüber, die zur Hälfte aus unerfahrenen Rekruten bestand und von zwei Heerführern kommandiert wurde, die in militärischen und politischen Angelegenheiten diametral entgegengesetzte Ansichten vertraten.«[5]

Dennoch war die römische Übermacht gewaltig. Hannibal konnte nur 35 000 Fußsoldaten in den Kampf werfen, vertraute aber wie immer auf die enorme Schlagkraft seiner 10 000 Mann starken Kavallerie. Maharbal und seine Numidier würden die Römer auch an den Ufern des Aufidus, der im August, als die Schlacht wahrscheinlich stattfand, größtenteils ausgetrocknet war, »gehörig durcheinanderwirbeln«. Daran zweifelte der Barkide nicht im geringsten. Am linken Flußufer hatte Hannibal zudem eine zum Ausschwärmen ideal geeignete weitgestreckte flache Senke ausgemacht, wo seine Kavallerieüberlegenheit voll zum Tragen kommen würde.

Es kam zu einem ersten kurzen Vorpostengefecht, in dessen Verlauf die Römer die Numidier in die Flucht schlagen konnten. Der übereifrige Varro riet sogleich zur Großoffensive, doch der besonnene Aemilius Paulus, der gerade den Oberbefehl inne hatte, dachte an die warnenden Worte seines Freundes Fabius und ließ die kleine karthagische Einheit nicht verfolgen, um nicht in einen Hinterhalt zu geraten. Daraufhin entbrannte ein heftiger Wortwechsel zwischen den beiden Konsuln. Varro bezichtigte den gleichfalls erzürnten Paulus, den sicheren Sieg absichtlich und aus Feigheit verspielt zu haben. Paulus hielt dem tobenden, wütend mit dem Fuß aufstampfenden Schlächtersohn die Niederlage am Trasimener See und den Heldentod des Flaminius entgegen. Varro konterte und sprach abschätzig davon, daß sein Mitkonsul die fehlgeleitete Zaudertaktik seines erfolglosen Freundes Fabius weiter praktiziere und dem »elenden

Greis« in punkto Unentschlossenheit in nichts nachstünde.
Dann spuckte er dem Patrizier vor die Füße und zog sich, wild
vor sich hin fluchend, in sein Zelt zurück.

Am darauffolgenden Morgen schlug die vermeintlich große
Stunde von Varro. Er übernahm den Oberbefehl, der Tag des
Angriffs war gekommen. Was sich nach Varros katastrophal
verlaufender Offensive abspielte, ist als das Beispiel einer Umfassungsschlacht in die Geschichte eingegangen. Faber schreibt:

> »Cannae ist in der Tat ein Schulbeispiel, das große Vorbild
> des späteren preußischen Generalstabes und die Grundlage
> des Schlieffenplanes. Bei Sedan 1870, in Flandern 1914 und
> 1940 bezweckte die Umfassungstaktik ebenso das Aufrollen
> großer Heeresverbände wie in der klassischen Schlacht an
> den Ufern des Aufidus.«[6]

Die beiden Armeen lagen sich gegenüber. Während die Römer
am Nordufer des Flusses aufmarschiert waren, hatte Hannibal
das fast ausgetrocknete Flußbett überquert und seine Heeres-
masse mit dem Rücken zum Fluß Position beziehen lassen. Vor
Beginn der großen Schlacht wurden die üblichen Kampftiraden
gehalten. Plutarch hat uns in diesem Zusammenhang eine für
Hannibal charakteristische Anekdote überliefert. Der karthagische Reitergeneral Gisgo ritt am Morgen an der Frontlinie
entlang und starrte zweifelnd auf die ungeheuren Schlachtformationen des zahlenmäßig grenzenlos überlegenen aufmar-
schierenden Feindes. Fast zaghaft wies er Hannibal darauf hin,
daß sie nur knapp über die Hälfte der römischen Mannschaftsstärke verfügten und stellte den siegreichen Ausgang der Auseinandersetzung ernsthaft in Frage. Der einäugige Barkide
kratzte sich am Bart, nahm den Reitergeneral beiseite und sagte
mit unbewegter Miene: »Eines aber, Gisgo, hast du übersehen.«
Auf die Frage, was denn das wohl sein könnte, antwortete Hannibal bestimmt: »Daß sich unter all diesen Kämpfern dort drü-

ben kein einziger Mann befindet, der den Namen Gisgo trägt!« Beide Männer lachten hell auf, was, wie de Beer hervorhebt, der Truppenmoral »zustatten kam«.

Betrachten wir die Aufstellung der beiden Heere. Im Zentrum der karthagischen Front standen Hannibal und sein Bruder Mago, umgeben von afrikanischen Eliteeinheiten. Gallier und Spanier vervollständigten die keilförmige Frontlinie. Die Gallier kämpften mit nacktem Oberkörper, die Spanier und balearischen Schleuderer trugen leinerne Gewänder. Laut Livius sah die von Hannibal und Mago befehligte afrikanische Kerntruppe den Römern täuschend ähnlich, denn Hannibal hatte sie mit erbeuteten römischen Waffen und Rüstungen ausgestattet. Die numidische Reiterei unter Maharbal bildete die rechte Flanke des Karthagerheeres, während Hasdrubal, ein Namensvetter von Hannibals Bruder – er bekämpfte zur selben Zeit auf dem spanischen Kriegsschauplatz die Gebrüder Scipio – die schwere spanische Kavallerie am linken Flügel befehligte. Die römischen Legionäre, die das Gros des zahlenmäßig weit überlegenen Fußvolkes ausmachten, standen ebenfalls in Frontmitte. An der rechten Flanke des römischen Heeres ritt Aemilius Paulus, der davor gewarnt hatte, sich zur Schlacht zu stellen, vor seiner Kavallerie auf und ab. Die von Terentius Varro geführten Auxiliartruppen markierten die linke Flanke der Römer.

Zu Beginn der Schlacht stürzte sich Hasdrubals schwere spanische Kavallerie auf die Reiter des Aemilius Paulus und drängte sie unter heftigstem Beschuß der balearischen Schleuderer, die gleichfalls in Aktion getreten waren, ans Ufer des Aufidus zurück. Aemilius Paulus' Kavallerietruppen drohten völlig aufgerieben zu werden. Maharbals Angriff erfolgte zur selben Zeit. Es gelang den Numidiern, Varros Auxiliartruppen spielend leicht in die Flucht zu schlagen, wobei sich Varro stets mit genügend Männern zu umgeben wußte, die verhindern sollten, daß

der Anführer der numidischen Reiterei, der es sich zur Aufgabe
gemacht hatte, den römischen Konsul persönlich zu töten, seinen Schwur auch in die Tat umsetzte.

An diesem »dies ater«, dem allerschwärzesten Unglückstag der
Römer, kam den Karthagern auch noch die Witterung zu Hilfe.
Während Hannibals Truppen, wie wir wissen, mit dem Rücken
zum Fluß standen, schien den Römern die herabbrennende Sonne voll ins Gesicht, und sie mußten sich zusätzlich und vor allem
gegen den starken Südostwind behaupten, der den Legionären
ganze Staubwolken entgegenblies. Dennoch hatte das römische
Fußvolk inzwischen den Keil der karthagischen Infanterie eingedrückt, was aber Hannibals Strategie entgegenkam. Durch
das beabsichtigte Zurückweichen der Front gerieten die Römer
zusehends in den Sog der feindlichen libyschen Reihen und
konnten in die Zange genommen werden. Die Legionäre rückten zwar wacker vor, waren aber in ein vakuumartiges Abseits
manövriert und nahezu jeglicher Mobilität beraubt worden.

Nur die äußersten Formationen kamen im Nahkampf zum Einsatz, die überwiegende Mehrheit der von Varro unklugerweise
eng in der Mitte gestaffelten Infanterie verfügte über ganz wenig Aktionsradius und konnte dem immer mörderischer werdenden Wüten, eingeschlossen wie sie war, nur ohnmächtig zusehen. Die dicht aneinandergepreßten Legionäre wurden nun
u-förmig umklammert und sahen sich nicht nur dem beiderseiti-
gen Zangendruck der von links und rechts auf sie einhauenden
libyschen Infanterie ausgesetzt, sondern auch den Attacken Maharbals numidischer Reiterei, die nun, nach der erfolgreichen
Vertreibung von Varros Hilfstruppen – der Konsul selbst hatte
sein Heil eilends in der Flucht gesucht –, hinter der römischen
Infanteriefront auftauchten. Die Lage des auf diese Weise meisterhaft aufgerollten und eingekesselten Gros' des römischen
Heeres war fatal. Hier fand keine Schlacht mehr statt, sondern

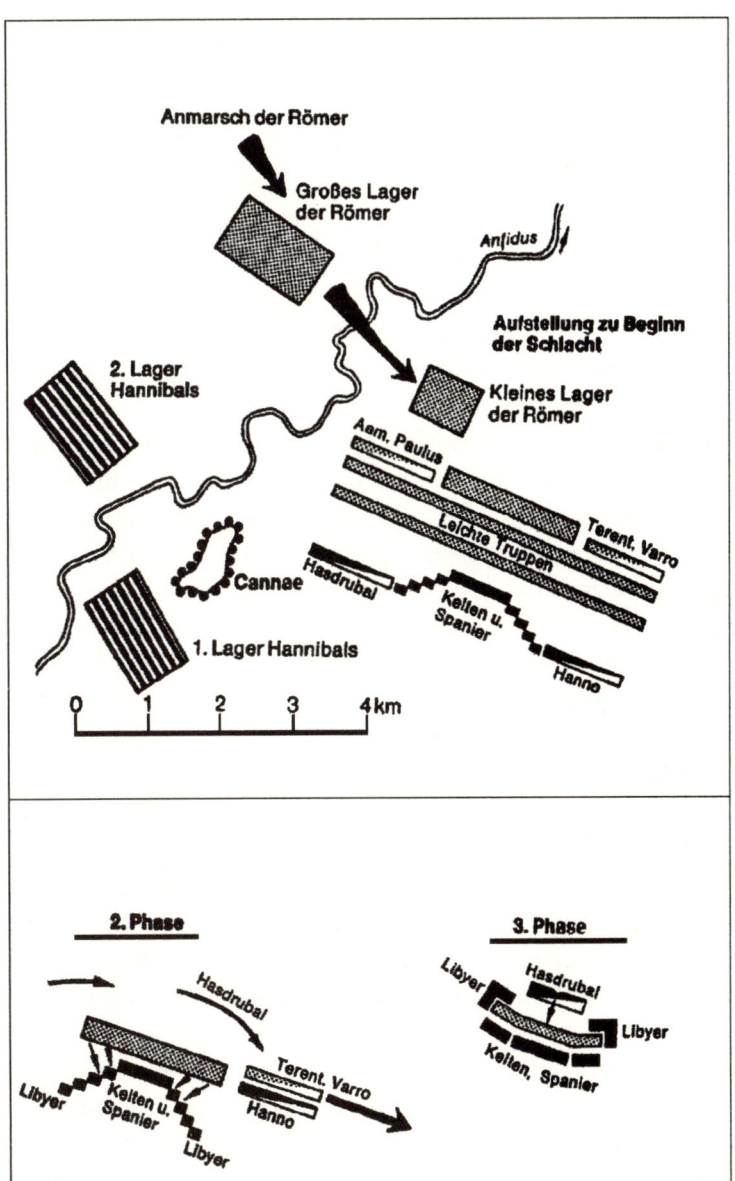

Anmarsch der Römer

Großes Lager
der Römer

Anfidus

Aufstellung zu Beginn
der Schlacht

2. Lager
Hannibals

Kleines Lager
der Römer

Aem. Paulus

Terent. Varro

Leichte Truppen

Cannae

Hasdrubal

Kelten u.
Spanier

Hanno

1. Lager Hannibals

0   1   2   3   4 km

2. Phase

Hasdrubal

Terent. Varro

Libyer

Kelten u.
Spanier

Hanno

Libyer

3. Phase

Libyer

Hasdrubal

Libyer

Kelten, Spanier

ein Gemetzel furchtbarsten Ausmaßes, das schließlich in der totalen Vernichtung der römischen Infanterietruppen endete. Die eingeschlossenen römischen Fußkämpfer wurden nach allen Regeln der »Kunst« niedergemacht, enthauptet und buchstäblich in Stücke geschlagen. Der Ausgang der Schlacht von Cannae war ein Massaker, wie es die Kriegsgeschichte Roms noch niemals erlebte hatte. Alle acht Legionen wurden faktisch ausgelöscht.

Aemilius Paulus, der dem wütenden Ansturm von Hasdrubals überlegener Kavallerie verzweifelt standgehalten hatte, solange es möglich schien, war durch den Wurf eines balearischen Schleuderers schwer verwundet worden. Er sah den Untergang seiner Armee – »hier stirbt die Blüte Roms!« – und verfluchte den Hasardeur Varro, der das Unglück heraufbeschworen hatte, beschloß aber, wie es sich für einen echten römischen Edelmann gehörte, auf seinem Posten auszuharren. Der flüchtende Tribun Cnaeus Lentulus erspähte den aus vielen Wunden blutenden Konsul, ermattet auf einem Felsen kauernd. Der Tribun stieg vom Pferd und wandte sich mit folgenden eindringlichen Worten an den Schwerverwundeten: »Aemilius, auf dich als den einzigen, der an der heutigen Niederlage keine Schuld hat, sollen die Götter Rücksicht nehmen. Nimm dieses Pferd, solange du noch einen Rest von Kraft hast und ich dich als dein Begleiter hinaufheben und beschützen kann! Mach diese Schlacht nicht auch noch durch den Tod des Konsuls unheilvoll!« Paulus schien aber bereits mit seinem Leben abgeschlossen zu haben und erwiderte dem Tribun mit schwacher, kaum vernehmlicher Stimme:

»Geh und kehre nach Rom zurück und melde den Vätern, sie sollen Rom befestigen und, ehe der siegreiche Feind anrückt, mit Besatzungen sichern! Persönlich melde dem Quintus Fabius, Aemilius Paulus sei seinen Lehren im Leben und bis zum Tode treu geblieben. Mich aber laß hier inmitten meiner erschlagenen Soldaten mein Leben beenden!«

Die Schlacht von Cannae schien die Macht der Römer endgültig gebrochen zu haben. Wie das Schlachtfeld am darauffolgenden Morgen aussah, mit welcher Intensität, unglaublicher Härte und Brutalität in dieser größten Vernichtungsschlacht der römischen Kriegsgeschichte beide Seiten vorgegangen waren, läßt sich aus folgender besonders plastischen Darstellung des Titus Livius erahnen:

»Bei Anbruch des folgenden Tages zogen sie aus, um die Beutestücke zu sammeln und das selbst für Feinde gräßliche Blutbad zu besehen. Da lagen so viele tausend Römer, Fußvolk und Reiterei durcheinander, wie sie Zufall, Kampf oder Flucht vereint hatten. Einige versuchten blutüberströmt, mitten auf dem Kampffeld aufzustehen; ihre Wunden hatten sich in der Morgenkälte zusammengezogen, so daß sie aus der Ohnmacht erwacht waren. Sie wurden von den Feinden erschlagen. Andere fand man mit abgehauenen Schenkeln und Kniekehlen, und sie lebten noch. Sie entblößten ihren Nacken und den Hals und forderten den Feind auf, auch ihr letztes Blut noch fließen zu lassen. Man fand auch einige, deren Kopf in der aufgescharrten Erde steckte. Offenbar hatten sie sich selbst diese Löcher gegraben, ihr Gesicht mit aufgeworfener Erde überschüttet und sich so erstickt. Besondere Aufmerksamkeit erweckte allgemein ein Numidier, der noch lebend mit zerfetzter Nase und mit zerrissenen Ohren unter einem toten Römer lag und den man jetzt hervorzerrte. Da der Römer mit den Händen keine Waffe mehr halten konnte, war er so wütend geworden, daß er seinen Feind mit den Zähnen zerfleischte; darüber war er gestorben ...«

Mehr als 70 000 Legionäre, Zenturionen und hohe Offiziere waren gefallen. Hannibals Verluste betrugen nur 6 000 Mann, sein

Heer war also fast völlig intakt geblieben. Die größte Armee, die Rom jemals aufgestellt hatte, bestand nicht mehr. Terentius Varro hatte nicht daran gedacht, wie sein Kollege Paulus mit dem geschlagenen Heer unterzugehen. Als sich der numidische General den Weg zum Konsul schon freischlug, soll ihn blanke Todesangst erfaßt haben. Mit dem kläglichen Rest seiner Hilfstruppen floh er, panikartig nach Venusia (Venosa). Zerknirscht und wortkarg traf er dann in der Tiberstadt ein, befürchtete er doch, mit Schimpf und Schande empfangen, ja vielleicht sogar in Ketten gelegt zu werden. Überraschenderweise aber feierte ihn der Senat und dankte ihm dafür, nicht an den Untergang Roms geglaubt und wie sein Amtskollege Paulus den Tod auf dem Schlachtfeld gesucht zu haben. Der fürs Vaterland gefallene Aemilius Paulus wurde posthum sogar des Defätismus bezichtigt! Allerdings war sich Varro seines erbärmlichen Versagens wohl bewußt. Er zog sich aus der Politik zurück und beschloß, sich auch nicht mehr in militärische Belange zu mischen. Der ehrgeizige »Gossenheld«, der Rom die größte Katastrophe seiner Geschichte bereitet hatte, trat fortan nicht mehr in Erscheinung. Trotz des überwältigenden Empfanges, den man ihm zuteil werden lassen hatte, brachten ihm vor allem die Patrizier ihre unverhohlene Verachtung entgegen. Dennoch »ertrug er es zu leben«, wie Theodor Mommsen geradezu haßerfüllt den weiteren Werdegang des grobschlächtigen Mannes beschreibt. Seinen letzten schweren politischen Fehler hatte Varro während seiner Stationierung in Venusia begangen. Wir werden zu gegebener Zeit auf diesen letzten Akt Varroscher Arroganz eingehen.

Die Nachricht von der Vernichtung der beiden großen römischen Armeen war schlimm genug. Aber das Schicksal hielt noch einen weiteren furchtbaren Schlag für die Römer bereit. Die nach Gallia Cisalpina aufgebrochene 9. Legion des Postu-

mius Albinus war auf dem Boden Norditaliens verblutet. Der
Bojerhäuptling Magilus hatte sich Hannibals Hinterhalttaktik
zunutze gemacht, den Römern eine Falle gestellt, und die Legion des Postumius, der gleich zu Beginn des grausamen Kampfes tödlich getroffen vom Pferd stürzte, bis auf den letzten Mann
niedergemetztelt. Wie Faber bemerkt, erlebte Rom nun seine
»Stunde Null«:

>»Die Stadt des Romulus sah sich nach Cannae auf ein Gebiet
zurückgedrängt, das ungefähr dem römischen Hoheitsgebiet
vor der italischen Expansion in den Samniterkriegen entsprach.«[7]

Die Lage war so hoffnungslos, daß zwei römische Garnisonen,
die sich unter Führung des jungen Publius Cornelius Scipio in
Canusium vereint hatten, den Entschluß zur Emigration faßten.
In der Garnison befanden sich viele Überlebende von Cannae,
die aus ihrer Hoffnungslosigkeit und Trauer keinen Hehl machten. »Rom ist verloren!« lautete der Grundtenor der zum Desertieren bereiten völlig demoralisierten Legionäre, die sich um einen Mann namens Caelius Metellus scharten. Dieser hatte
schon ein Schiff organisiert, um den blutbefleckten und unheil-
vollen Boden Italiens für immer zu verlassen. Publius Cornelius
Scipio der Jüngere, damals kaum zwanzig Jahre alt, drang mit
seiner Leibgarde ins Hauptquartier des Metellus ein. Mit gezücktem Schwert forderte er die Deserteure auf, sich ihrer Herkunft zu besinnen und ihre Pläne auf der Stelle fallenzulassen.
»Schwört augenblicklich, im Heimatland auszuharren und baut
auf Roms Stern, der sich bald wieder aufrichten wird, oder
sterbt den Tod ehrloser Verräter und Feiglinge!« befahl der wü-
tende junge Mann und legte damit einmal mehr ein beein-
druckendes Zeugnis seiner Entschlossenheit und seines Mutes
ab. Livius hat uns die Reaktion der eingeschüchterten Meuterer
übermittelt: »Nicht weniger erschrocken, als wenn sie den Sie-

ger Hannibal selbst erblickten, leisteten alle den Schwur und
unterstellten sich Scipio.«

In der Tat war Roms Bedrängnis noch nie so groß gewesen.
Zwischen Hannibal, dem Triumphator von Cannae, und der
Stadt am Tiber stand eigentlich nur noch die von Scipio befeh-
ligte ca. 15 000 Mann starke Wachgarnison von Canusium.

Was aber tat Hannibal? Nach der Schlacht machte man zuerst
einmal Beute. Der Barkide schickte drei gewaltige Scheffel voller goldener Ringe und Armreifen, die man getöteten römischen
Edelleuten abgenommen hatte, in seine Vaterstadt Karthago, um
die Position seiner Parteigänger zu stärken und die Entsendung
heimatlicher Hilfstruppen zu forcieren. Hannibal selbst machte
sich auf die Suche nach der Leiche des gefallenen Konsuls. Er
fand sie und ehrte den tapferen Gegner, indem er ihm ein würdi-
ges Begräbnis ausrichtete. Die rund 3000 Gefangenen defilier-
ten an Hannibal, dem Sieger, vorbei, der mit unbewegt-stolzer
Miene auf seinem prächtigen Pferd thronte, dann wurden die
nichtrömischen »Hilfslegionäre« in die Freiheit entlassen. Hannibals Lösegeldforderung für die römischen Gefangenen sah wie
folgt aus: Für jeden Kavalleristen verlangte der Barkide 500 Dinare, ein Fußsoldat war ihm 300 Dinare wert, jeder Sklave 100.
Die karthagische Gesandtschaft, die das Lösegeld einfordern
sollte, wurde am Tiber allerdings mehr als unfreundlich empfangen. Dezidiert verweigerte der Senat die Auslösung jener
Männer, die ihre Haut tapfer fürs Vaterland zu Markte getragen
hatten, und bequemte sich lediglich zur hochmütigen und
selbstgefälligen Antwort: »Wir brauchen diese Verlierer nicht.
Ein Römer unterliegt nicht, er siegt oder stirbt!« Den schmählich besiegten Terentius Varro schien man dabei völlig vergessen zu haben.

Nach Cannae rechnete jeder damit, daß der Barkide nun nach
Rom aufbrechen würde. Er würde die Gunst der Stunde nutzen.

Es bestand kein Zweifel, daß mit der mehr als naheliegenden Eroberung der Hauptstadt des Feindes auch das Ende des Krieges herbeigeführt würde. Der völlige Zusammenbruch Roms und der totale Sieg Karthagos schien vorprogrammiert. Bereits einen Tag nach der Schlacht sprach Maharbal, der beherzte, von Hannibal so geschätzte Numidier, dessen Reiterhorden den siegreichen Ausgang aller bisherigen Schlachten maßgeblich beeinflußt hatten, beim Barkiden vor und beschwor ihn eindringlich, sofort gegen Rom zu marschieren und dem verhaßten Feind unter Ausnützung des Schocks, den die vernichtende Niederlage zweifellos ausgelöst hatte, den Todesstoß zu versetzen. Es gelte, die so günstige Situation schnellstmöglich auszunutzen, forderte Maharbal. Keine Minute sei zu verlieren, der Triumph müsse durch die Eroberung Roms gekrönt und der Krieg zum siegreichen Ende gebracht werden. Noch nie seien die Vorzeichen so günstig gewesen wie jetzt, so Maharbal weiter. Rom sei schwer angeschlagen, reif zum Sturm, der Endsieg läge in greifbarer Nähe.

»Damit du dir bewußt bist, was durch diese Schlacht gewonnen ist. Am fünften Tage wirst du als Sieger auf dem Kapitol speisen. Raffe dich auf, Hannibal! Mit der Reiterei will ich vorausziehen, damit die Römer eher merken, daß du gekommen bist, als daß du kommen wirst!«

Hannibal rühmte den Mut seines tapferen Gefolgsmannes, gab ihm aber gleichzeitig zu verstehen, daß er Rom zum gegenwärtigen Zeitpunkt nicht angreifen wolle. Resignierend sagte Maharbal darauf: »Freilich haben die Götter nicht alles einem verliehen. Zu siegen verstehst du, Hannibal, den Sieg auszunützen, verstehst du nicht!« 13 Jahre später, als ihn das bedrohte Karthago zurückrief und er Italien auf Nimmerwiedersehen verließ, sollte er bitter bereuen, daß er den Rat Maharbals in den Wind geschlagen hatte und nicht sofort nach Rom marschiert war.

Warum hat Hannibal nun auf eine Belagerung und Eroberung
Roms verzichtet? Aus welchem Grund zögerte er in diesem entscheidenden Augenblick? Fühlte er sich nicht reif genug für
einen solchen Schritt? Warum verspielte er den alles entscheidenden »momento de verdad«, den geschichtlichen Wahrheits-
moment, wie es der letzte der Pizzarros 1546 tat?[8] Oder gab es
gewichtige Gründe, die ihn bewogen, die Stadt des Romulus
nicht anzugreifen, sondern effektiv zu isolieren, wozu er sich
letztendlich entschied? Historiker aller Zeiten haben sich mit
dieser Frage beschäftigt und heftige und hitzige Debatten darüber geführt, warum Hannibal nach dem Triumph von Cannae
das Risiko scheute, Rom zu erobern. Wir wollen versuchen, die
Gedankengänge des Barkiden nachzuvollziehen.
Vielleicht erinnerte er sich an Pyrrhos, der auch vor den Toren
Roms gestanden war und die Sinnlosigkeit einer Belagerung erkannt hatte. Allerdings war Hannibal, der siegreiche Triumphator von Cannae, in einer wesentlich stärkeren Position als es der
König von Epirus jemals gewesen war. Auf ihn warteten keine
übermächtigen Armeen, die zum Schutz der Hauptstadt abkom-
mandiert werden konnten. An der Stärke der Stadtgarnison und
dem enormen Widerstandswillen der Römer war jedoch nicht zu
zweifeln. Die Behandlung seiner Delegation in Sachen Lösegeld hatte gezeigt, daß Rom selbst nach Cannae nicht die geringste Bereitschaft an den Tag legen würde, ein Friedensangebot auch nur in Erwägung zu ziehen. Die Tiberstadt war von
massiven, stark befestigten Mauern umgeben, hinzu kam, daß
Hannibal stets betont hatte, daß Belagerungen nicht seine Stärke waren. Der Rom umgebende Steinwall erstreckte sich über
viele Meilen und Hannibals relativ geringe Heeresmacht – sein
Mannschaftsbestand betrug nie mehr als ca. 50 000 Söldner –
würde nicht ausreichen, einen undurchdringlichen Blockadering um die Stadt zu legen. Ein Angriff auf die schwer befestig-

te Hauptstadt des Feindes, der sich mit dem Mut der Verzweiflung verteidigen und buchstäblich bis zum letzten Mann kämpfen würde, woran der Barkide keinerlei Zweifel hegte, würde unermeßliche Verluste nach sich ziehen. Das Glanzstück seiner Armee, die Kavallerie und die numidische Reiterei, würde im Belagerungsgefecht erheblich dezimiert werden. Ließen sich gefallene Gallier und sogar libysche Fußkämpfer austauschen, so gab es für die wagemutigen Reiter aus Algerien und Marokko keinen gleichwertigen Ersatz.

Hannibal operierte immer noch ohne Nachschubbasis in einem großen und feindlichen Land, das von zahlreichen Stützpunkten und Wachgarnisonen à la Canusium übersät war. Die Infanterieüberlegenheit der Römer hatte der Barkide trotz all seiner Siege zur Kenntnis nehmen müssen. Die Schlachten waren letztlich immer von seiner überlegenen Kavallerie, deren gezielten Flankeneinsatz sowie seinen meisterhaften strategischen Manövern, Finten und Fallen entschieden worden. Seine Armee verfügte über keine brauchbaren Belagerungsgeräte. Anders als bei Saguntum fehlten jetzt die Rammböcke, Katapulte und fahrbaren Rolltürme. An eine Aushungerung der Tiberstadt war auch nicht zu denken, denn Rom konnte durch den Hafen von Ostia vom Meer aus versorgt werden. Hannibal aber verfügte über keine Flotte, die eine Seeblockade ermöglicht hätte. Außerdem schätzte Hannibal, daß Rom im äußersten Notfall ein neuerliches Allianzheer aufbieten konnte, das seiner eigenen verhältnismäßig kleinen Streitmacht zwanzigfach (!) überlegen sein würde.

So verlockend der Gedanke, Rom nach Cannae zu erobern und auszulöschen auch gewesen sein mag, ein Frontalangriff auf die waffenstarrende Tiberstadt wäre wahrscheinlich fehlgeschlagen. Darüber war sich Hannibal im klaren. Der Sieger von Cannae wollte seine Truppen nicht durch eine lange, verlustreiche, wenig Erfolgsaussichten versprechende Belagerung dezimieren und nach und nach aufreiben. Die karthagische Kriegsmaschinerie sollte nicht an den schwerbefestigten Mauern der Urbs Romana zerschellen.

Deshalb wählte Hannibal einen anderen Weg, Rom in die Knie zu zwingen. Er hatte vor, die Römische Föderation zu spalten, einen Bewegungs- und Nervenkrieg zu führen, immer die Initiative zu behalten, den Römern stets einen Schritt voraus zu sein und das strategisch bewährte Mittel des Überraschungsangriffes beizubehalten. Dieses Konzept schien vorerst aufzugehen. Die Römische Förderation geriet erstmals in Wanken. Mehrere wichtige mit Rom verbündete Städte, die einsahen, daß Rom derzeit nicht in der Lage war, seine Beschützerfunktion auszuüben, schlugen sich auf die Seite Karthagos. Die apulischen Städte Arpi, Salapia, Herdonia und Uzentum fielen von Rom ab, ebenso wie alle lukanischen Städtegemeinschaften und die Ansiedlungen der Bruttier. Einzig die latinischen Kolonien und auch die Griechenstädte Neapolis und Tarentum hielten Rom die Treue.

Da Hannibal aber nicht nur Gesinnungsgenossen und Freunde in Mittelitalien benötigte, sondern vor allem einen großen Hafen für den Nachschub, wandte er sich nach Cannae – aus den erwähnten Gründen – nicht gegen Rom. Statt dessen rückte er erneut in Kampanien ein. Er spekulierte auf die Eroberung Capuas. Die »campagnische Perle« war nach Rom die bedeutendste, reichste und mächtigste Stadt der Apenninenhalbinsel. Auch die Bürger Capuas hatten sich nach der verheerenden römischen Niederlage bei Cannae in zwei Lager gespalten. Eine prorömische Partei stand einer karthagofreundlichen Gruppierung gegenüber. Nur wenige Tage nach Cannae hatte man eine Gesandtschaft nach Venusia geschickt, wohin sich der geschlagene Konsul Varro geflüchtet hatte. Kurz vor seinem Aufbruch nach Rom spielte sich dieser jetzt noch einmal gewaltig auf. Er donnerte den Capuanern entgegen, daß ihr Bündnis mit Rom einer heiligen Allianz gliche und daher unauflöslich sei und die Götter persönlich jeden Capuaner, der nicht bis zum Umfallen gegen Hannibal kämpfe, niederstrecken würden. Er beklagte die Inaktivität und feige Zurückhaltung Capuas – die nach Rom zweitreichste Stadt von Italien hätte bisher keinen nennenswerten Beitrag zur Kriegsführung geleistet. Schließlich befahl er Capua, einen hohen Geldbetrag für die Kriegskasse bereitzustellen, weiters sollten die Capuaner 34 000 Mann in der Campagna ausheben, Hannibal angreifen und wie jeder aufrechte Römer siegen oder sterben.

Es ist nicht schwer zu verstehen, mit welcher Stimmung sich die capuanische Delegation auf den Heimweg machte und daß die prokarthagische Partei nach Bekanntwerden der Forderungen Varros mächtig Oberwasser erhielt. Als Hannibal dann tatsächlich vor den Toren stand, bereit, die Stadt notfalls in Schutt und Asche zu legen, überlegten die Capuaner nicht lange. Sie jagten die römische Garnison davon und gingen einen Pakt mit dem Punier ein. Der Feldherr der Karthager wurde begeistert empfangen, die Stadt schien ihm zu Füßen zu liegen. Im Haus der Gebrüder Stenius und Pacuvius wurde das Bündnis mit einem üppigen Diner gefeiert. Hannibal verpflichtete sich, dem Pakt entsprechend, die capuanische Gesetzgebung zu respektieren, auf jegliche Befehlsgewalt in der Campagna zu verzichten, keine gewaltsamen Rekrutierungen vorzunehmen und lediglich Freiwillige, deren Zahl allerdings sehr hoch war, in die karthagische Armee aufzunehmen.

Der Abfall Capuas von Rom markierte den bisher größten politischen Erfolg des Barkiden in Italien. Die benachbarten Städte Calatia und Atella folgten dem Beispiel Capuas. Atella bekräftigte den Pakt mit Hannibal durch die Prägung von Sondermünzen, die ein Elefantenkopf zierte.

Allerdings mußte Hannibal den Paktstädten auch militärischen
Schutz garantieren und ständig starke Truppenverbände in der
näheren Umgegend stationieren. Dennoch stand er um die
Jahreswende 216/215 v. Chr. auf dem Zenit seiner Macht. Wie
um seinen politischen Traum von der Einkreisung und Isolie-
rung des Gegners Wirklichkeit werden zu lassen, beschloß er,
wie Faber ausführt, »ein mittelmeerisches, geradezu weltweites
Bündnissystem aller von Rom bedrohten Mächte in Ost und
West« ins Auge zu fassen.

Hauptbündnispartner war der in Pella residierende, damals 25
Jahre alte König Philipp V. von Mazedonien, den neben seinem
offen zur Schau getragenen Hedonismus auch politischer Ehr-
geiz auszeichnete: Philipp V. dachte daran, Epirus wieder zu erobern und eine Armada nach Italien zu entsenden. Mit Wissen
und Billigung seines Königs hatte der Abenteurer Demetrios
eine Zeitlang an der oberen Adria sein Unwesen getrieben. Als
ihn die Römer schließlich vertrieben, fand er sich am mazedonischen Königshof in Pella ein und agitierte äußerst erfolgreich
gegen das mit Hannibal im Kampf liegende Rom. Philipp erhoffte sich Machtzuwachs, und Hannibal sah in dem Bündnis
mit dem Mazedonier die einzigartige Möglichkeit, Rom in
einen aufreibenden Zweifrontenkrieg zu verwickeln. Außen-
politisch gesehen war die Lage günstiger als je zuvor: Sardinien
hatte sich zur offenen Rebellion gegen Rom entschlossen und
hätte sich – wie auch Korsika – einer karthagischen Besetzung
kaum widersetzt. Der Bojerhäuptling Magilus war dabei, alle
gallischen Stämme Italiens zum Kampf gegen Rom zu ani-
mieren.

Hannibal hatte scheinbar alle Trümpfe in der Hand.

Jetzt erwartete er Geld, Vieh, Getreide und Nachschubtruppen
aus Karthago, wohin er seinen Bruder Mago zur Berichterstattung geschickt hatte. Der stieß dort jedoch auf wenig Verständ-

nis. Man sah vielmehr sorgenvoll nach Spanien, wo Hannibals anderer Bruder Hasdrubal von den Gebrüdern Scipio immer stärker in die Defensive gedrängt wurde. Mago erhielt lediglich 4000 numidische Reiter und 40 Elefanten, während eine große Armee nach Spanien beordert wurde – Tartessos, der bedeutendste Silberlieferant und Garant des karthagischen Reichtums durfte nicht verloren gehen.

Die unselige »Geldsackpolitik« der Karthager trug maßgeblich dazu bei, daß sich das Kriegsglück in Italien langsam zu wenden begann. Hannibal, der Rom schon fast in die Knie gezwungen hatte, wurde von seiner Vaterstadt schmählich im Stich gelassen. Hätte man alle verfügbaren Kräfte auf den italienischen Kriegsschauplatz geworfen, wäre Hannibal ohne Frage kaum noch zu stoppen gewesen. So wurden aus purer Geldgier die karthagischen Elitetruppen in Spanien eingesetzt, während der Barkide weitgehend auf sich allein gestellt blieb. Um so verständlicher war es daher, daß der Punier nach einem fremdländischen Bündnispartner suchte, um Rom gewissermaßen die Luft abzuschnüren. Wie Faber schreibt,

»war es in der Tat eine bestechende Idee, all jene Nationen in eine große und mächtige Koalition zu zwingen, die Rom später einzeln und nacheinander niederringen sollte: vom Südwesten her die Punier, von denen Hannibal erneut dringlich Nachschub forderte, von Süden her das halbwegs wankende Syracus, von Westen her die Spanier, denen Rom freilich den Krieg offensiv ins eigene Land trug, von Norden her die Gallier, mehr Stämme als Nation, von Osten her der brauchbarste Bündnispartner: Mazedonien.«[9]

Im Frühjahr 215 v. Chr. traf der Delegationsleiter Philipps V. von Mazedonien, der Athener Xenophanes, in Hannibals Hauptquartier in Capua ein. Von Polybios wissen wir vom Wortlaut des Vertrages, der nun geschlossen wurde und vielleicht das ein-

zige »politische Originaldokument des Barkiden«[10] darstellt.
Wie der antike Chronist aus dem nicht gerade klassischen Griechisch der diversen Textpassagen schließt, trägt dieses Abkommen eindeutig die Handschrift Hannibals:

> »Dies ist der Eid, den der Stratege Hannibal und alle Kartha-
> ger, die mit ihm im Felde stehen, dem Athener Xenophanes
> ablegten, dem Gesandten König Philipps. Im Angesicht des
> Zeus, der Hera und des Apollon, im Angesicht der Gottheit
> der Karthager und des Herakles und des Esmun, im Ange-
> sicht des Ares, Triton und Poseidon, im Angesicht der Götter,
> die mit zu Felde ziehen, und der Sonne, des Mondes und der
> Erde, im Angesicht aller Götter, die über Karthago walten, im
> Angesicht aller Götter, die über Mazedonien und dem übri-
> gen Hellas walten: Es erklären der Stratege Hannibal und alle
> Karthager, die mit ihm im Felde stehen, diesen Eid abzulegen
> in Freundschaft, daß von dem König Philipp und den Maze-
> donen und von den anderen Hellenen, die mit diesem verbün-
> det sind, Schutz und Hilfe erhalten die Herren Karthager und
> der Stratege Hannibal und die, welche mit ihm sind, und alle
> Reichsangehörigen der Karthager, so viele unter den gleichen
> Gesetzen stehen, und die Bürger von Utica und alle Städte
> und Völker, die den Karthagern untertan sind, und die Trup-
> pen und die Bundesgenossen und alle Städte und Völker in
> Italien, in Gallien und Ligurien, mit denen wir im Freund-
> schaftsverhältnis stehen. Desgleichen werden König Philipp
> und die Mazedonen und die anderen Hellenen, die mit ihnen
> verbündet sind, Schutz und Hilfe erhalten von den Kartha-
> gern. Wir werden mit allem Eifer denen Feinde sein, die ge-
> gen die Karthager Krieg führen, mit Ausnahme der Könige,
> Städte und Völker, mit denen uns eidlich besiegelte Freund-
> schaftsverträge verbinden. Desgleichen werden auch wir
> Karthager denen Feinde sein, die gegen König Philipp Krieg

führen. Ihr Mazedonen werdet auch unsere Bundesgenossen sein in dem Krieg, den wir gegen die Römer führen, bis die Götter uns und euch den glücklichen Ausgang gewähren.« Von diesem Vertrag erhoffte sich Hannibal viel. Leider sollte sich der junge mazedonische König als schwacher, zaudernder und unzuverlässiger Bündnispartner erweisen. Die angekündigte Landung seiner 100 Kriegsbarkassen in Italien fand niemals statt. Doch davon später mehr.

Die antiken Geschichtsschreiber stellen mit Recht fest, daß mit Capuas Abfall von Rom die Ära der spektakulären Siege Hannibals zu Ende ging. Das üppige Wohlleben in der reichen Stadt, in der die Karthager offenbar monatelang ungeniert »Siesta« feierten, ließ den Kampfeswillen der Soldaten erlahmen, wissen die römischen Chronisten zu berichten. Die Moral der Truppe soll auf den Nullpunkt gesunken sein, verweichlichende Untätigkeit hätte allerorts um sich gegriffen, die an die harte Zucht des Lagerlebens gewöhnten Punier sollen sich in wilde Ausschweifungen gestürzt haben und allen Versuchungen von Wein, Weib und Gesang willig erlegen sein. Selbst Hannibal soll sich Träumereien und philosophischen Spekulationen hingegeben und seine wahre Berufung vergessen haben. Cornelius Nepos dichtete ihm sogar eine Affäre an und sprach davon, daß »der wilde Mann eine Geliebte« gefunden hätte. Man kann jedoch davon ausgehen, daß das capuanische »Dolce Vita« der Karthager hauptsächlich römischer Propaganda entsprungen ist. De Beer liefert den wahren Grund für die abnehmende Schlagkraft der hannibalischen Armee:

»Einmal waren nach zwei vollen Jahren harter Kämpfe und endloser Märsche über Tausende von Kilometern die Elitetruppen seiner Armee, ihr Herz und Rückgrat, die alten Kämpfer aus Afrika und Spanien durch Tod und Krankheit stark dezimiert worden. Da der versprochene Ersatz aus der

Heimat ausblieb, mußte Hannibal seine Reihen mit militärisch minderwertigem Menschenmaterial – Galliern und Italienern – ausfüllen. Es gelang ihm zwar, diese Rekruten zu Soldaten zu machen; aber sie würden nie das gleiche Kaliber haben wie die Veteranen des Alpenmarsches.«[11]

Tatsache ist, daß Hannibals Machtposition in den Jahren nach 215 v. Chr. zunehmend dahinschwand. Langsam aber unaufhaltsam wendete sich das Kriegsglück zugunsten der Römer. Roms Stern richtete sich wieder auf, wie der junge Scipio den Legionären von Canusium, die desertieren wollten, prophezeit hatte. In den folgenden zwölf Jahren, die der Barkide noch auf Italiens Boden zubrachte, begann sein Ruhm allmählich zu verblassen. Größere militärische Erfolge stellten sich nicht mehr ein, obwohl er niemals die Initiative aufgab. Der Hauptkriegsschauplatz verlagerte sich aber mehr und mehr nach Spanien, während Hannibal in Italien eigentlich nur noch einen lang andauernden Durchhaltekrieg führte, der seine Truppen aufrieb.

Karthago sollte später bitter bereuen, daß es seinen fähigsten Feldherrn im entscheidenden Augenblick kaum Hilfestellung bot. Doch soweit sind wir noch nicht. Der Krieg ging noch lange weiter, mit Siegen und Rückschlägen auf beiden Seiten. Hannibals »abgestumpftes Schwert« war immer noch stark genug, den Römern empfindliche Niederlagen zuzufügen. Es spricht für den Patriotismus und die sprichwörtliche Zähigkeit der Römer, daß sie gerade nach der Katastrophe von Cannae nicht den Mut verloren, sondern umsichtig daran gingen, ihre darniederliegende Staatsmacht zu erneuern. Voller Stolz vermerkt Livius: »Es gibt kein einziges anderes Volk, das von solcher Wucht der Niederlage nicht vernichtet worden wäre.«

IX
»DER BISS DER WÖLFIN« –
HANNIBALS RÜCKSCHLÄGE

»Dann sind die Römer, sowohl der Staat im ganzen wie alle einzelnen, am furchtbarsten, wenn eine wirkliche Gefahr sie bedroht!« bemerkt Polybios anerkennend in einer markanten Passage seines Geschichtswerkes. Die Worte des griechischen Reitergenerals bewahrheiteten sich niemals stärker als nach der Vernichtungsschlacht von Cannae, der dunkelsten Stunde Roms, in der der Senat mit »grimmiger Entschlossenheit« handelte, wie de Beer hervorhebt. Mit allen erdenklichen Mitteln trat man der Untergangsstimmung und Panik entgegen. Ein Ausgangsverbot wurde verhängt, keinem Bürger war es gestattet, die Tiberstadt zu verlassen. Trauerkleidung zu tragen war zwar verpönt, wurde aber erlaubt, allerdings nur einen Monat lang. Ein generelles Schweigegebot ließ die wild aufbrodelnde Gerüchteküche schnell verstummen. Wie immer wurde der Rat der Götter erfleht und man befragte die Sibyllinischen Bücher. Um die zürnenden Götter zu besänftigen, ging man diesmal sogar noch einen Schritt weiter: Quintus Fabius Pictor wurde eilends nach Delphi beordert, um durch den Spruch des Orakels in Erfahrung zu bringen, welche Opfermaßnahmen am geeignetsten schienen, einen Umschwung herbeizuführen.
Zwangsrekrutierungen wurden angeordnet, Schwerverbrecher aus den Gefängnissen entlassen und zum Kriegsdienst gezwungen. Eine Waffenschmiede nach der anderen schoß förmlich aus dem Boden. Mit Geldern der Staatskasse kaufte man 8000 Skla-

ven frei, die in Schnellverfahren ebenfalls zu Rekruten gemacht wurden. In der Gestalt von Marcus Junius Pera wurde zudem ein neuer Diktator bestellt.

Die klügste Entscheidung des Senats bestand aber wohl darin, den kriegserprobten, zweikampfstarken Praetor Marcus Claudius Marcellus zum Oberkommandierenden der in Canusium stationierten Restarmee zu ernennen. Marcellus war zweifelsohne der fähigste Mann, den Rom zur damaligen Zeit aufbieten konnte, sieht man einmal vom noch sehr jungen Publius Cornelius Scipio junior ab, der erst nach dem Tod seines Vaters und Onkels in Spanien immer mehr an Profil gewinnen und sich zum ebenbürtigsten Gegner Hannibals herauskristallisieren sollte. Claudius Marcellus, dessen Tapferkeit und Wagemut auch vom Barkiden bei verschiedensten Gelegenheiten gerühmt wurde, legte sogleich ein Zeugnis seiner Entschlossenheit ab, als er kurzerhand die östlich von Neapolis gelegene Stadt Nola besetzte, die Anstalten gemacht hatte, dem Beispiel Capuas zu folgen.

Hannibal warf sich sofort auf Nola und erlebte seine erste wirkliche Niederlage auf italienischem Boden. Marcus Claudius Marcellus richtete sich nicht auf eine langwierige Belagerung ein, sondern führte selbst ein äußerst gewagtes, militärisch exakt geplantes Ausbruchsmanöver durch. An der Spitze der römischen Besatzungsmannschaft schlug er das karthagische Heer vor den Toren von Nola in die Flucht. Hannibal, der diesmal nicht aktiv ins Kampfgeschehen eingriff, betrachtete den todesmutigen Vorstoß der Römer aus der Ferne und sein Auge blieb besonders an der imponierenden hochgewachsenen Gestalt des Marcellus haften, der mit flatterndem Helmbusch die Reihen der Karthager niederhieb wie einst der grimmige Hektor die Griechen vor den Mauern Trojas. »Diesen Mann müssen wir uns merken!« sagte Hannibal augenblicklich. Praetor Marcus

Claudius Marcellus, der beste Mann im römischen Heer, erhielt bald den schmückenden Beinamen »das Schwert Roms«, während der mittlerweile weitgehend rehabilitierte alte Zauderer Fabius Maximus als »Schild des Staates« bezeichnet wurde.

Im Jahre 215 v. Chr. wählten die Römer den »cunctator« Maximus erneut zum Konsul, zusammen mit Tiberius Sempronius Gracchus. Der ursprünglich zum Konsul auserkorene Marcellus hatte aufgrund schlimmer Vorzeichen auf das Amt verzichtet, stimmte aber seiner Bestellung zum Prokonsul zu. Die Römer lenkten jetzt ihr Hauptaugenmerk darauf, Capua zurückzuerobern. Hannibal sollte fünf Jahre damit verbringen, diese Stadt zu verteidigen, ehe er sie schließlich aufgeben mußte. 215 aber gelang ihm nur ein einziger nennenswerter Erfolg, die Eroberung der in Bruttium gelegenen griechischen Küstenstädte Petelia (Strongoli), Cosentia, Lokri und Crotona, das der Heerführer Himilko nach zäher, hartnäckiger acht Monate während der Belagerung einnehmen konnte. Der Barkide verfügte nun endlich über die so nötigen Nachschubhäfen. So konnte der Sufet Bomilkar mit einer relativ kleinen Flotteneinheit an den Gestaden von Lokri landen. Er brachte 40 Elefanten und 4000 Numidier mit. Für Hannibal eine böse Überraschung, hatte er doch mit weitaus mehr gerechnet.

Er konnte nicht ahnen, daß Karthagos Machthaber seinen Bruder Mago daran gehindert hatten, dem Sufeten mit einer wesentlich stärkeren Streitmacht, bestehend aus 12 000 Fußkämpfern, 1500 Reitern und 20 Elefanten, zu folgen. Der Grund hierfür lag in Spanien, wo Hasdrubal Barkas den Brüdern Publius und Cnaeus Scipio in zwei schweren Schlachten unterlag und über den Guadalquivirfluß zurückgedrängt wurde. Magos Heer wurde deshalb nach Spanien und nicht nach Italien entsandt. Außerdem rief das rebellierende Sardinien Karthago zu

Hilfe, worauf Truppenkontingente von Mago auch dorthin verlegt werden mußten, was mit einem fürchterlichen Debakel endete: Die zwei Legionen starke Armee von Titus Manlius Torquatus vernichtete die karthagische Entsatztruppe völlig und die punische Expeditionsflotte wurde bis auf wenige Schiffe versenkt. Für Hannibal, der sich in Italien währenddessen acht römischen Legionen gegenübersah, bahnte sich ein noch viel schlimmerer Rückschlag an, als die Barkasse des athenischen Gesandtschaftsleiters von Philipp V. von Mazedonien, Xenophanes, und seiner karthagischen Begleiter Giskon und Bostar, von einem römischen Kriegsschiff gekapert wurde und in Gefangenschaft gerieten. Rom erfuhr so von Hannibals Pakt mit dem jungen König und konzentrierte sofort ein starkes Flottenkontingent in Brundisium (Brindisi), um etwaigen Landungsversuchen des Alexandernachfahren vorzubeugen. Faber erklärt, wie die Römer den Mazedonierkönig gleichzeitig neutralisierten, ohne selbst in Griechenand militärisch aktiv zu werden:
»Sie lenkten den Krieg auf den Balkan, indem sie eine starke Koalition gegen Philipp V. in Griechenland aufbauten, wobei sie sich vor allem des Atolischen Bundes bedienten, der mehrere kleinere Staatsgebilde im Südwesten von Hellas zusammenfaßte und sich gegen mazedonische Hegemoniebestrebungen zur Wehr setzte. Rom unterstützte den Bund mit Geld. Ohne daß es eigene Militärkräfte einsetzen mußte, hielt es damit Philipp jenseits der Adria in Schach. Seine Machtansprüche in Griechenland waren dem mazedonischen König nun vordringlicher als ein militärisches Abenteuer in Italien. Sein Interesse erlahmte. Er verzettelte entgegen der Abmachung seine halbwegs mobilisierten Streitkräfte im Kleinkrieg gegen die Ätoler.«[1]
Das Bündnis mit Philipp V. von Mazedonien stellte sich also

praktisch als wirkungslos heraus, wie Hannibal deprimiert konstatieren mußte. Inzwischen steuerte Fabius Maximus erneut den Kurs des Zermürbungsfeldzuges. Trotz ihrer zahlenmäßigen Überlegenheit blieben die Römer Hannibal zwar dicht auf den Fersen, vermieden aber größere Auseinandersetzungen. Hannibal lagerte auf dem Mons Tifata im Norden Capuas und versuchte zum zweiten Mal Nola einzunehmen. Wieder scheiterte er. Dagegen konnte eine Anzahl wichtiger Städte von Marcellus' Truppenverbänden rückerobert werden. Das »Schwert Roms« zerschmetterte auch eine starke karthagische Einheit in Lukanien. Ihrem Befehlshaber, dem Sufetensohn Hanno, blieb nichts anderes übrig, als sich mit den Resten seiner versprengten und geschlagenen Armee nach Bruttium zurückzuziehen. Die Niederlage war so vernichtend, daß Hanno nicht verhindern konnte, daß 1200 Numidier wenige Tage später desertierten und zu Marcellus überliefen.

Während Rom also ständig an Terrain gewann, mußte Hannibal, der bei Arpi in Apulien überwinterte, seine Truppen immer mehr verzetteln und vor allem den ständigen Hilferufen der Capuaner Folge leisten. Diese beobachteten angsterfüllt das langsame Herannahen der römischen Streitmacht und gaben dem Barkiden wiederholt zu verstehen, daß sie ohne seine Unterstützung einer Belagerung nicht lange standhalten können würden. Als sich Hannibal im Jahre 214 v. Chr. wiederum am Mons Tifata einfand, mußte er sich wohl oder übel eingestehen, daß er erstmals die militärische Initiative verloren hatte. Die Konsuln des neuen Jahres, Fabius Maximus und der famose von Sieg zu Sieg eilende Claudius Marcellus, saßen ihm ständig im Nacken. Sie scheuten zwar das Risiko einer offenen Feldschlacht, aber der Barkide sah sich in die Defensive gedrängt.

Die Römer trafen in aller Ruhe Vorbereitungen, einen Belagerungsring um Capua zu legen und nutzten die Zeit zur gewaltig-

sten Aufrüstung des Zweiten Punischen Krieges. In der Mitte
des Jahres 214 erreichte die Truppenstärke der Römer den nie
zuvor dagewesenen Höchststand von 20 Legionen. Einschließ-
lich der Auxiliarstreitkräfte standen nun fast eine Million Männer im Feld, wie de Beer errechnete. Der Brite beschreibt die
verschiedenen Standorte des riesigen römischen Heeres:

»Zwei Legionen waren ... in Sizilien stationiert, zwei weite-
re standen ... in Sardinien. Für den Fall, daß Hasdrubal – dem
Beispiel Hannibals folgend – aus Spanien über die Alpen
kommen sollte, wurden zwei Legionen ... ins cisalpinische
Gallien entsandt und eine Reservelegion ... in Picenum stationiert. Schließlich verfügten die Brüder Scipio über zwei
Legionen in Spanien, während zwei weitere zum Schutz der
Stadt in Rom standen. Damit verblieben immer noch neun
Legionen zum direkten Einsatz gegen Hannibal. Je zwei dieser Legionen standen unter Fabius bei Cales, unter Marcellus
bei Suessula, unter Gracchus bei Luceria und unter dem jungen Fabius, dem Sohn des Konsuls, bei Venusia. Eine weitere
Legion war in Brundisium stationiert ...«[2]

Hannibal wurde trotz dieser überwältigenden Übermacht nicht
von Mutlosigkeit erfaßt, was von seinem unbeugsamen Willen
und seinem übermenschlichen Durchhaltevermögen zeugt. Als
er festgestellt hatte, daß sich Capua keiner unmittelbaren Bedrohung ausgesetzt sah, beruhigte er die ängstlichen Gemüter
der Herren der Stadt, dann beschloß er, zum dritten Mal die Eroberung der Hafenstadt Nola in Angriff zu nehmen. Abermals
scheiterte er an Marcellus. Seine Bewunderung für den tüchtigen
Römer wuchs. »Jetzt haben auch die Römer ihren Hannibal!«
soll er ausgerufen haben, als er unverrichteter Dinge wieder ab-
ziehen mußte. Livius hat uns einige Äußerungen Hannibals
über Marcellus überliefert, aus denen die Hochachtung, die der
Barkide für seinen Gegner empfand, herauszulesen ist:

»Dieser Mann ist der einzige, der uns keine Ruhe gönnt, wenn er siegt, und selbst nicht rastet, wenn wir ihn geschlagen haben … Hier haben wir es mit einem Feind zu tun, der weder Erfolge noch Fehlschläge ertragen kann. Siegt er, so kann er die Verlierer nicht in Frieden lassen. Wenn er verliert, dann kämpft er unbeirrt weiter gegen die Armee, die ihn geschlagen hat!«

Tatsächlich sollte Claudius Marcellus bis zu seinem Tod im Jahr 208 Hannibals gefährlichster Feind bleiben und maßgeblich dazu beitragen, daß der Fixstern des Barkiden in den folgenden Jahren immer mehr verglühte.

Für den weiteren Verlauf des Krieges war zu erwarten, daß Hannibal dem Sufetensohn Hanno befehlen würde, Bruttium zu verlassen und seine angeschlagenen Truppenverbände mit dem karthagischen Hauptheer in Kampanien zu vereinen. Der alte Fabius sah diesen zu erwartenden Schachzug Hannibals als erster voraus und ordnete sogleich eine Truppenverschiebung an. Sein eigener Sohn, Fabius junior, verließ Venusia und nahm Gracchus´ Stellung in Luceria ein, während dieser seine Legionen nach Beneventum in Marsch setzte. Hannos Zug in die Campagna wurde zum Weg ins Verderben. Er konnte nur über Nola oder Beneventum nach Kampanien gelangen. In Nola stand der gefürchtete Marcellus, was mit ein Grund gewesen sein mag, warum Hanno die Route über Beneventum wählte. Dort hatte sich aber Gracchus verschanzt. Die Legionen des Gracchus bestanden größtenteils aus Sklaven, denen die Freiheit zugesichert worden war, falls sie sich im Kampf bewähren würden und es ihnen gelänge, den Vormarsch der Karthager zu stoppen. Es war verständlich, daß sich diese um ihre Freiheit kämpfenden Männer mit außerordentlichem Kampfeseifer auf Hannos Restarmee stürzten.

Hannos Fußvolk, hauptsächlich Bruttier und Lukaner, wurde

restlos aufgerieben. Der Sufetensohn selbst entging dem Tod buchstäblich in letzter Minute und entkam mit einem minimalen Rest seiner karthagischen Elitekavallerieeinheit. Die totale Vernichtung von Hannos Heeresgruppe markierte die schwerste und verlustreichste Niederlage der Punier seit Beginn des Feldzuges. Hannibal versuchte ein letztes Mal vergeblich Nola einzunehmen und zog sich dann an die Adriaküste zurück, wo er bei Salapia sein Winterquartier aufschlug.

Unmittelbar nach dem Abzug des Barkiden eroberten Fabius und Marcellus den karthagischen Brückenkopf Casilinum. Sie gingen dabei besonders grausam und hinterhältig vor. Sie versprachen der trotz der aussichtslosen Lage zur Verteidigung bereiten punischen Wachgarnison freies Geleit, ermordeten die waffenlosen Männer, als sie sich ergeben hatten, meuchlings. Die drei Provinzen Samnium, Apulien und Lukanien waren nun wieder fest in römischer Hand und alle Einwohner, die zu Hannibal übergelaufen waren, bekamen jetzt die gnadenlose Hand der Römer zu spüren: Sie büßten ihren Verrat mit dem Tod, indem man sie bestialisch hinrichtete, sie an Kreuz schlug oder bei lebendigem Leib verbrannte.

Die Römer, deren Selbstvertrauen immer mehr wuchs, ließen jetzt von Hannibal ab und wandten sich gegen Griechenland, um das »mazedonische Problem« aus der Welt zu schaffen. Von Brundisium aus setzte ein starker Flottenverband unter Marcus Valerius Laevinius über die Adria nach Appolonia über, wo der junge Griechenkönig eilends eine Armee zusammengetrommelt hatte. Nachdem Valerius die unkoordiniert kämpfende Streitmacht der Griechen völlig vernichtet hatte, wurde auch noch die gesamte mazedonische Flotte von den siegreichen Römern verbrannt. Philipp schied damit für Hannibal endgültig als Koalitionspartner aus.

Darüber hinaus schienen die Römer jetzt überhaupt an allen

Fronten vorzudringen und alle Kampfschauplätze zu beherrschen. In Spanien eroberten die Gebrüder Scipio Saguntum
zurück, für Hasdrubal Barkas wurde es immer schwerer, sich in
Iberien zu behaupten. Da er keinen einzigen Mann entbehren
konnte, war es ihm unmöglich, seinem in Italien hart bedrängten Bruder Hannibal Unterstützung zuteil werden zu lassen.
In Sizilien hatte sich indes das politische Klima verändert und
verschärft. Mehrere Städte lynchten die römischen Besatzungs-
wachmannschaften und signalisierten Karthago, daß sie auf seiner Seite stünden. Hauptbrandherd war Syrakus, die größte und
mächtigste Stadt der Magna Graecia auf der Insel. 215 v. Chr.
war der Tyrann von Syrakus, jener Hieron II., der sich unmittelbar nach Ausbruch des Ersten Punischen Krieges in opportuni-
stischer Weise auf die Seite der Römer geschlagen und ihnen im
Laufe seines langen Lebens die Treue gehalten hatte, im Alter
von 90 Jahren verstorben. Sein Enkel und Nachfolger, der
19jährige Hieronymus, ein offenkundiger Bewunderer Hannibals, machte sogleich eine politische Kehrtwendung und verfolgte eine ausgesprochen punierfreundliche Politik. Der
»Grünschnabel auf dem Tyrannenthron« konnte sich jedoch
nicht lange halten und wurde bereits sechs Monate nach seinem
Amtsantritt ermordet.
Die neuen Machthaber der Insel, die Hieron II. in eine blühende
Kornkammer verwandelt hatte, waren den Römern noch feindlicher gesinnt als Hieronymus. Eine römische Wachgarnison in
der Nähe von Leontini (Lentini) wurde überfallen und bis auf
den letzten Mann niedergemacht. Die Karthager wollten die
romfeindliche Stimmung ausnützen und beordneten den Feldherrn Himilko mit einer beachtlichen Streitmacht, bestehend
aus 25 000 Fußkämpfern, 3000 Reitern und zwölf Elefanten, auf
die Insel, die für die Römer immer noch das wichtigste Sprung-
brett nach Afrika darstellte.

Durch die Landung Himilkos, der bei Heraclea Minoa, dem heutigen Capo Bianco, Anker warf, wurden die karthagischen Streitkräfte weiter verzettelt. Hannibal, der dringend frische Truppenverbände benötigt hätte, um vielleicht doch noch in Italien den Umschwung herbeiführen und den Endsieg erringen zu können, blieb weiter auf sich allein gestellt. Er war in Italien gebunden und mußte den Ereignissen auf Sizilien tatenlos zusehen. Die Römer hatten ihren fähigsten Feldherrn Claudius Marcellus, zusammen mit zwei Legionen, auf den ehemaligen karthagischen Brückenkopf entsandt. Marcellus hatte die Order, Syrakus zu belagern, eine Meeresblockade um die Stadt zu legen und sie auch von Land aus anzugreifen.

Himilko konnte zwar einen Teilerfolg erringen, indem er Agrigentum (Agrigent) eroberte und seine Truppen daraufhin nach Syrakus marschieren ließ, um die belagerte Stadt zu entsetzen. Marcellus fing ihn jedoch schon bei Panormus (Palermo) ab und fügte ihm eine derart schwere Niederlage zu, daß sich dieser wieder nach Agrigentum zurückzog und keine weiteren Vorstöße mehr unternahm. Marcellus belagerte Syrakus zwei volle Jahre, während Himilko untätig in Agrigentum verweilte!

Mit der Belagerung und dem schließlichen Fall von Syrakus ist der Name eines Mannes verbunden, auf dessen genialen Forschungsarbeiten, Entdeckungen und Erfindungen die »Grundpfeiler des wissenschaftlichen Denksystems der westlichen Welt« beruhen, wie de Beer schreibt: Archimedes. Hieron II. hatte den Genius des großen Erfinders schon frühzeitig erkannt und den jungen Archimedes nach Alexandria geschickt, wo er bei dem berühmten Mathematiker Euklid in die Lehre ging. Faber mutmaßt, daß der kleine Mann aus Syrakus, der nach seiner Rückkehr in die Heimat unter anderem den Hebel, den Flaschenzug, die Winde und die Hebeschraube erfand, bereits während seines Aufenthaltes in Ägypten die sogenannte »archi-

medische Schraube« entwickelte. Hierbei handelte es sich um
eine Gewindetrommel, mittels derer die ägyptischen »Fellachen
heute noch das Nilwasser in die Kanäle ›emporschrauben‹«[3],
um ihre Felder bewässern zu können.

Archimedes soll einmal die Syrakuser auf ungewöhnliche Art
und Weise verblüfft haben, indem er nackt durch die Straßen der
Stadt lief und immer wieder vor sich hin murmelte: »Heureka!
Heureka!«, was soviel wie »ich hab´s gefunden« bedeutete.
Niemand konnte ahnen, daß Archimedes gerade die Lehre vom
spezifischen Gewicht entdeckt hatte. Er hatte ein Bad genommen und beim Verlassen der Wanne verblüfft festgestellt, daß
sich der abfließende Wasservorrat mit seinem Körpervolumen
deckte. In seiner Begeisterung lief er darauf nackt wie Gott ihn
schuf auf die Straße, sehr zur Erheiterung seiner ahnungslosen
Mitbürger.

Wie wertvoll die Entdeckungen des Erfinder-Genies wirklich
waren, konnte man erst bei der zweijährigen Belagerung von
Syrakus feststellen. Der sichere Untergang der Stadt wurde einzig und allein durch die Genialität des Archimedes, der nun,
dem Zwang der Ereignisse folgend, wirksame Kriegsmittel entwickelte, zwei Jahre hinausgezögert. De Beer schildert, mit
welch raffinierten Techniken Archimedes dem »Schwert
Roms«, Marcellus, entgegenarbeitete:

> »Die Erfindungen des Archimedes im Bereich der Mathema-
> tik und Ballistik ermöglichten es den Syrakusern, mit ihren
> Katapulten ein größeres Kaliber von Steinen mit erhöhter
> Treffsicherheit über weite Entfernungen zu schießen. Er ver-
> stärkte auch die Schußkapazität von Pfeilen und anderen
> Schleuderobjekten. Dadurch konnten die Syrakuser die römi-
> schen Versuche abwehren, sich mit Sturmkanzeln und Bela-
> gerungstürmen den Stadtmauern zu nähern oder sie durch
> Stoßgräben zu unterminieren. Archimedes erfand auch ein

System von kombinierten Rollenzügen, das er in eine kranartige Maschine einbaute. Diese Hebelkräne wurden auf den Seemauern der Stadt aufgestellt. Am äußersten Ende der Kräne war ein Seil befestigt, welches in einem Enterhaken auslief. Am anderen Ende des Hebelarms waren Gegengewichte angebracht. Wenn römische Schiffe sich den Seemauern näherten, wurden die Kräne heruntergelassen und die Enterhaken bohrten sich in das Deckholz oder verwickelten sich in

Bei der Belagerung von Syrakus werden römische Kriegsschiffe mit Hebelkränen und Enterhaken zum Kentern gebracht (Stich aus dem 18. Jahrhundert)

der Takelage. Durch die Hebelwirkung der Gegengewichte wurden die Schiffe aus dem Wasser gehoben, wobei sie sich entweder umdrehten oder senkrecht aufrichteten. Dann schaltete man die Hebelkraft der Gegengewichte plötzlich aus. Die Schiffe fielen mit aller Wucht ins Wasser zurück, kenterten und sanken. Archimedes wird ebenfalls die Erfindung eines Systems konkaver Spiegel zugeschrieben, die wie ein Brennglas wirkten. Mit den Spiegeln soll er das Sonnenlicht eingefangen und auf die römischen Schiffe konzentriert haben, die daraufhin in Brand gerieten.«[4]

Auch Plutarch zollte dem begnadeten Wissenschaftler uneingeschränkten Tribut, indem er schrieb:

»Als die Römer angriffen, gerieten die Syrakuser in Bestürzung und hielten sich aus Furcht ganz still, weil sie es mit einer so großen und gewaltigen Macht nicht aufnehmen zu können glaubten. Aber nunmehr ließ Archimedes seine Maschinen spielen, welche alle Arten von Geschossen und schwere Steinmassen mit großem Geräusche und einer so unglaublichen Schnelligkeit auf die Landtruppen herabschleuderten, daß nichts ihrer Kraft widerstehen konnte, sondern ganze Glieder niedergeschmettert wurden und die Legionen in Unordnung gerieten.«

Niemand hatte damit gerechnet, daß die Belagerung von Syrakus so lange andauern würde. Marcellus schien einfach kein adäquates Mittel zu finden, um den von Archimedes entworfenen Kampfmaschinen zu begegnen. Auch er bewunderte den mittlerweile 75 Jahre alten Mann, dessen unbestrittener Genius seinen militärischen Sieg auf eine so unerwartet harte Probe stellte, und gab all seinen Legionären den strikten Befehl, den Erfinder im Falle einer geglückten Eroberung der Stadt am Leben zu lassen. Der überaus zähe Widerstand von Syrakus hatte den in Agrigentum ausharrenden karthagischen Feldherrn Himilko so sehr beeindruckt, daß er nun – gegen Ende des zweiten Belagerungsjahres – beschloß, der verbündeten Stadt mit einem starken Truppenverband zu Hilfe zu kommen. Es gelang ihm, seine Einheiten mit denen des syrakusanischen Heerführers Hippokrates zu vereinen, der außerhalb der Stadtmauern ein stark befestigtes Lager errichtet hatte, das Marcellus bislang nicht zu nehmen in der Lage gewesen war. Hippokrates und Himilko lagerten rund um die Feste von Euryalos, welche die Landseite von Syrakus abschirmte.

Die Schutzgöttin der Griechenstadt war Artemis. Zu Ehren der Göttin der Jagd, ihrer Schirmherrin, die das Unglück bisher erfolgreich von ihnen abgewehrt hatte, veranstalteten die Syrakuser ein drei Tage dauerndes ausgelassenes Festgelage. Der Wein floß in Strömen, sinnlos betrunkene Syrakuser säumten die Straßen und Marcellus plante, am dritten Tag der Feierlichkeiten, als das Bacchanal seinen Höhepunkt erreicht haben würde, den Sturmangriff auf die Stadt zu wagen. Bereits am ersten Tag des Festes gelang es Marcellus, das Lager der vom übermäßigen Weingenuß stark beeinträchtigten Griechen unter Hippokrates endlich zu überrennen und die strategisch so wichtige Euryalosfestung einzunehmen. Himilko versuchte daraufhin, die römischen Nachschublinien anzugreifen, wurde aber abgewehrt. Der Versuch des Hippokrates, mit frischen Truppen aus dem Stadtzentrum, der sogenannten Achradina, die begehrte Festung rückzuerobern, scheiterte ebenfalls. Bereits seit Wochen wütete eine pestartige Seuche, die wahrscheinlich von den schmerzhaften Stichen jener Fiebermücken herrührte, die den sumpfigen Anoposfluß, der in der Nähe der Vorstädte Epipolae und Tyche lag, umschwärmten. Römer wie Karthager und Syrakuser litten unter den Auswirkungen der malariahaften Epidemie, fast täglich starben Männer. Doch Marcellus und seine Legionäre auf der Euryalosfestung hatten aufgrund ihrer relativ isolierten

Lage bei weitem nicht so starke Ausfälle zu beklagen wie Himilko und Hippokrates, deren Männer buchstäblich wie die Fliegen wegstarben.

Am zweiten Tag des Artemisfestes fielen auch die Oberbefehlshaber der verbündeten Heereseinheiten der Pest zum Opfer. Hippokrates und Himilko starben fast unmittelbar nacheinander. Marcellus mochte seinen Göttern ein besonderes Dankgebet gespendet haben, denn nach dem Tod der beiden Anführer brach die Disziplin im vereinigten karthagisch-syrakusanischen Heer völlig zusammen, die Truppen begannen sich zu zerstreuen und ins Stadtzentrum zurückzukehren. Während vor den Toren die Pest wütete und Marcellus Eliteeinheiten bereits in die Vorstädte Epipolae und Tyche eindrangen, feierte man in der Achradina ungeniert und ausgelassen weiter. Schließlich stellte sich zu allem Unglück auch noch ein Verräter ein, ein Iberer namens Moericus, der den Römern in der Nacht vom zweiten auf den dritten Artemisfeiertag den Weg ins kaum befestigte Stadtzentrum wies.

Das Fest zu Ehren der Göttin der Jagd endete in einem furchtbaren Mordbrennen. Vom Blutrausch erfaßt, erschlugen die Legionäre jeden, der ihnen in die Hände fiel. Syrakus brannte an allen Ecken und Enden. Die schönste und bedeutendste Stadt der Magna Graecia starb unter den Schwerthieben der römischen Eroberer und wurde ein Raub der Flammen. Männer, Frauen und Kinder wurde erbarmungslos niedergemacht. Marcellus ließ lediglich den Königsschatz, zusammen mit einigen wertvollen Gemälden und Statuen in Sicherheit bringen. Nachdem dies geschehen war, befahl er, die Reste der Stadt dem Erdboden gleich zu machen. Kein Stein sollte auf dem anderen bleiben. An diesem Tag machte das »Schwert Roms« seinem Namen alle Ehre.

Als sich Marcellus am nächsten Morgen auf die Suche nach Archimedes machte, den er unter allen Umständen lebend in die Hand bekommen wollte, mußte er wütend zur Kenntnis nehmen, daß auch dieser dem schrecklichen Morden nicht entgangen war. In den frühen Morgenstunden war ein Legionär mit blutbeflecktem Schwert in den Garten des alten Mannes eingedrungen, der scheinbar unbeeindruckt von dem ungeheuren Tumult, friedlich auf dem Boden saß und mit den Fingern im Sand herumzeichnete. Archimedes stellte offenbar eine mathematische Gleichung auf und reagierte nicht auf den zornig ausgestoßenen Befehl des Legionärs, sich zu ergeben und um Gnade zu flehen. Er schaute nur einmal kurz auf, schüttelte den Kopf und sprach die historisch gewordenen Worte: »Noli turbare circulos meos!« – Zerstöre meine Kreise nicht!« Der Legionär, der sicher nicht wußte wen er vor sich hatte, erstach den alten Mann.

Marcellus ließ, als er davon erfuhr, den Legionär ausfindig machen und bestrafte ihn. Archimedes Leichnam bestattete er mit allen militärischen Ehren. Mit den Überlebenden der in Feuer und Rauch aufgegangenen Blütestadt der Magna Graecia verfuhr der Römer allerdings weitaus grausamer und unmenschlicher: Er ließ die 2000 Gefangenen mitleidlos geißeln und köpfen.

Er hatte seinen Auftrag mit brutalster Kompromißlosigkeit ausgeführt. Syrakus war ausgelöscht worden.

Die völlige Zerstörung von Syrakus durch Marcellus war zweifelsohne das wichtigste Großereignis des Jahres 212 v. Chr. In der Zwischenzeit – während der zweijährigen Belagerung von Syrakus – hatte Hannibal einige Erfolge auf dem italienischen Kriegsschauplatz für sich verbuchen können, deren wichtigster die Einnahme der Stadt Tarentum war.

Im Frühjahr 213 v. Chr., als die Belagerung von Syrakus in vollem Gange war und bereits ein Jahr währte, hatten die Römer

ihren Truppenbestand um zwei weitere Legionen aufgestockt.
Als Konsuln waren Tiberius Sempronius Gracchus und Quintus
Fabius Maximus junior bestimmt worden. Dieser hatte einen erfolgreichen Amtsantritt mit der Einnahme von Arpi. Obwohl
1000 Spanier desertierten und ins Lager des jungen Fabius über-
wechselten, kämpfte das Gros der eingeschlossenen Karthager
so heldenhaft, daß der junge Konsul den Gefangenen freien Abzug zusicherte. Anders als sein Vater und Marcellus es bei Casilinum getan hatten, hielt er sein Wort und die Überlebenden der
Schlacht durften mehr oder weniger geordnet den Rückzug in
Hannibals Hauptquartier nach Salapia antreten. Der Sommer
verlief weitgehend ereignislos. Hannibal war ungehindert der
Küstenlinie gefolgt und hatte sich in der Nähe von Tarentum
(Tarent) eingenistet.
In der Griechenstadt, die Rom 281 v. Chr. den Krieg erklärt und
– wir erinnern uns – König Pyrrhos von Epirus zum Eingreifen
in Italien veranlaßt hatte, herrschte eindeutig eine hannibal-
freundliche Stimmung. Das lag nicht zuletzt daran, daß der Barkide nach dem großen Sieg von Cannae auch Tarentiner, die auf
Roms Seite in die Schlacht gezogen waren, fair behandelt und
ohne Lösegeldforderungen nach Hause geschickt hatte. Die Römer, die den Tarentinern nie ganz über den Weg trauten, nahmen
eine Anzahl prominenter Bürger der Stadt – quasi als lebendes
Unterpfand der Treue und Ergebenheit – in Geiselhaft. Einige
dieser Geiseln unternahmen einen aussichtslosen Fluchtversuch,
was Rom mit furchtbaren Repressalien ahndete. Nicht nur die auf
der Flucht ertappten Bürger der Griechenstadt, sondern aus-
nahmslos alle tarentinischen Geiseln wurden daraufhin zu Tode
gepeitscht, ersäuft oder in einen Abgrund gestürzt. Man warf sie
vom sogenannten terpeiischen Felsen, dem «Todesfelsen
Roms«, in die Tiefe, eine Todesart, die Schwerverbrechern und
Hochverrätern zugedacht war. Es war nur allzu verständlich, daß

der Haß auf Rom ungeahnte Ausmaße annahm und die antirömischen Agitatoren von Tarentum immer stärkeren Zulauf erhielten, als man vom elenden Tod der ehrwürdigen Stadtoberhäupter erfuhr.

Der Rädelsführer der griechischen »Rebellen« war ein Mann namens Philomenos, ein einflußreicher und vermögender Händler, der mit dem römischen Statthalter offenbar in bestem Einvernehmen stand. Obwohl Hannibals Heer fast in unmittelbarer Nähe der Stadt lag, erlaubte der Statthalter Roms seinem »Freund« Philomenos, nächtliche Erkundungsstreifzüge außerhalb der Mauern Tarentums vorzunehmen. Der Verschwörer gab vor, Nahrungsmittel und Vieh requirieren zu wollen. Zusammen mit einigen Vertrauten gelangte Philomenos ins Lager Hannibals und versicherte ihn seines Wohlwollens. Dann erläuterte er ihm folgenden Plan: Er würde seine nächtlichen Streifzüge öfters wiederholen, jedesmal Geschenke für den Statthalter und die Wachoffiziere mitbringen und zudem das Gerücht verbreiten, daß Hannibal an einer schweren unbekannten Krankheit leide, die ihn zur Untätigkeit verdamme. Auf diese Weise sollten die Römer in Sicherheit gewiegt werden. Nach Ablauf von zwei Wochen würden Philomenos und seine Mitverschwörer Hannibal an einem der schwer befestigten Stadttore erwarten, die römischen Wachen überwältigen und den Karthagern Einlaß verschaffen.

Hannibal stimmte dem Plan der Verschwörer zu und gab Philomenos ein paar Kühe auf den Rückweg mit , um die Glaubwürdigkeit der dem römischen Statthalter aufgetischten Lüge zu erhöhen. Tatsächlich ging das Konzept der Verschwörer auf. Philomenos nächtliche Streifzüge wurden zur Gewohnheit und niemand schöpfte Verdacht. Von Norden aus näherte sich Hannibal in aller Heimlichkeit mit 10 000 Mann und einer von Maharbals Eliteeinheiten der Stadt. Er marschierte stets des

Nachts, am Tage ließ er die Numidier offen ausschwärmen, um den Eindruck zu erwecken, diese nähmen Fouragierungsmaßnahmen vor, während er selbst immer noch krank im Hauptquartier läge.

Um die Mitternachtsstunde lauerte Hannibal mit einem Spezialtrupp vor dem von Philomenos bezeichneten Stadttor. Alles lief wie am Schnürchen. Der Kreis der Verschwörer hatte den Plan bis ins kleinste Detail ausgearbeitet. Während einige der karthagofreundlichen Griechen die römischen Wachen erdolchten, das Tor öffneten und Hannibals Voraustrupp den Weg ins Zentrum wiesen, fand sich der mit einem schweren Eber beladene Philomenos vor dem Haupttor ein und ersuchte die Wachen, ihm die Beute abzunehmen. Die nächtlichen Streifzüge des Griechen waren schon fast zum Ritual geworden, so daß die römischen Wachsoldaten willig das große Stadttor öffneten und sich urplötzlich von aus dem Dunkel der Nacht auftauchenden Karthagern umringt sahen, die sie zu Boden hieben. Immer mehr Karthager strömten in das Zentrum von Tarentum, Hannibals Infanterie drang nun von zwei Seiten die Stadt ein. Viele Römer ereilte der Tod im Schlaf.

Der Stadtkommandant wurde von den Ereignissen völlig überrascht, bewahrte aber dennoch genügend Übersicht, um sich mit seiner Leibgarde in der schwer befestigten Zitadelle einzuigeln. Währenddessen eilte der Tod durch die Straßen der Stadt, die aus dem Schlaf gerissenen Legionäre wurden mitleidlos aufgespießt und erschlagen. Gegen Morgengrauen rief der Barkide sämtliche Einwohner der Stadt auf dem Forum zusammen und erteilte ihnen den unmißverständlichen Befehl, die Türen ihrer Häuser mit ihren Namen zu markieren. Jedes Haus, dessen Tür keinen Namenszug trug, wurde zur Plünderung und Brandschatzung freigegeben.

Die Stadt lag in Hannibals Hand, nur noch die Zitadelle trotzte

dem Ansturm der Karthager. Der römische Stadtkommandant
wußte sehr wohl, daß die Festung so gut wie uneinnehmbar war,
da sie sich auf einer Landzunge befand und das innere Hafenbecken beherrschte. Dies bot einen doppelten Vorteil, da die Besatzung der Zitadelle nicht nur vom Meer aus versorgt werden
konnte, sondern auch gleichzeitig die tarentinischen Schiffe im
Bereich des inneren Hafens der Stadt blockierte. Tarentum, heute Italiens zweitwichtigster Hafen, erlebte jetzt einen von Hannibals brillanten Einfällen, wie de Beer beschreibt:

»Er befahl den Tarentinern, ihre Schiffe erst an Land zu ziehen und sie dann auf Rädern, von Männern und Mauleseln
gezogen, durch die Straßen der Stadt zum Außenhafen zu rol-
len. Dort wurden die Schiffe wieder zu Wasser gelassen und
konnten jetzt den Hafeneingang und damit die römische Garnison in der Zitadelle erfolgreich blockieren.«[5]

Mittels der auf solche Weise herbeigeführten Blockade gelang
es Hannibal, den römischen Stadtkommandanten zur Aufgabe
zu zwingen. Wenige Tage später gingen auch die Griechenstädte Metapontum und Thurii zum Barkiden über. Hannibal hatte
den Römern erfolgreich demonstriert, daß mit ihm immer noch
zu rechnen war.

In Sizilien befanden sich die Römer nach dem Fall von Syrakus
allerdings auf dem Vormarsch. Die meisten rebellierenden Städte erneuerten ihren Bund mit Rom und die Karthager wurden
wieder nach Agrigentum zurückgedrängt. Während Tarentum
und die zwei anderen Griechenstädte in Hannibals Hand gefallen waren, waren auch die Römer nicht untätig gewesen. Die
Belagerung Capuas hatte jetzt konkrete Gestalt angenommen.
Die Nahrungsmittelvorräte gingen zu Ende und Capua sandte
einen weiteren verzweifelten Hilferuf an Hannibal, dem es gelang, 2000 Numidier an den römischen Linien vorbei- und in
die eingeschlossene Stadt hineinzuschleusen. Laut seinen An-

weisungen unternahmen die Numidier ständig Ausfälle,
während Hannibal selbst mit der Hauptstreitmacht des karthagischen Heeres auf die Stadt vorrückte. Doch der aus sechsein-
halb Legionen bestehende eiserne Belagerungsring der Römer
konnte nicht gesprengt werden. Der Punier kehrte nach Tarentum zurück.

Fortuna, wankelmütig wie immer, schien sich dennoch wieder
an die Fersen Hannibals zu heften. Der römische Feldherr
Gracchus, der sich der zurückweichenden Armee Hannibals in
den Weg stellen wollte, geriet in eine Falle der Lukaner und
wurde samt seinem Heeresverband vernichtet. Nicht anders verfuhr das Schicksal mit einer zweiten relativ starken römischen
Heeresgruppe, die sich, angeführt vom selbstsicheren Marcus
Sentenius Penula, den Karthagern in offener Feldschlacht stellte. Diesmal leitete Hannibal, der auf seinem prächtigen
Schlachtroß mit purpurnem Zaumzeug leicht erkennbar an der
schimmernden Rüstung wie Mars persönlich in die Schlacht
sprengte, selbst den Frontalangriff. Ein Lanzenwurf des Marcus
Sentenius, der offenbar den direkten Zweikampf mit dem Barkiden suchte, verfehlte diesen. Hannibal aber warf den Römer
mit einem gewaltigen Schwerthieb aus dem Sattel. Der schwer-
verwundete Marcus wurde unter seinem Pferd, das ein Pfeil in
den Hals getroffen hatte und gleichfalls zu Boden stürzte, begraben. Die Truppen des gefallenen Feldherrn fochten zwar mit
unverminderter Härte weiter, wurden aber wieder einmal taktisch ausmanövriert, in die Zange genommen und gänzlich aufgerieben.

Ermuntert durch den leichten Sieg, wich Hannibal nun von der
direkten Route nach Tarentum ab und entsetzte die Stadt Herdonia, die von den Truppen des Praetors Cnaeus Flavius belagert
wurde. Abermals entbrannte eine mörderische Kesselschlacht,
aus der die Karthager siegreich hervorgingen. Das Gemetzel um

Herdonia war entsetzlich, die Armee des Praetors verblutete vor den Toren der Stadt. Flavius, der den drohenden Untergang seiner Armee voraussah, setzte sich, von Hannibals Kavallerie verfolgt, gerade noch rechtzeitig ab, und entging so dem sicheren Tod mit knapper Not.

Das Jahr 212, das mit der Zerstörung von Syrakus einen so glänzenden Anfang für die Römer genommen hatte, brachte diesen in den Herbstmonaten mehrere schwere Rückschläge. Hannibal hatte zwar den Belagerungsring um Capua nicht sprengen können und der bedrängten Stadt nicht den erhofften Entsatz gebracht, dafür aber war es ihm geglückt, zwei große römische Armeen auszuschalten. Die Römer hatten zwei ihrer fähigsten Heerführer verloren. Das größte Unglück für die Tiberstadt trug sich jedoch in Spanien zu. Hasdrubal Barkas stellte seine Gefährlichkeit eindrucksvoll unter Beweis, indem er überraschend zu einer Großoffensive ansetzte. Die Gebrüder Scipio wurden in zwei vernichtenden Schlachten getrennt geschlagen und fielen beide an der Spitze ihrer Truppen. Das Erbe der Scipionen, wie man die Cornelier von nun an zu nennen begann, lastete jetzt auf den Schultern des letzten Überlebenden der Sippe. Publius Cornelius Scipio, der den Tod seines geliebten Vaters und Onkels bitter beklagte, schwor blutige Rache. Der junge Mann, der seine Tapferkeit bereits wiederholt unter Beweis gestellt hatte, wurde zum erklärten Todfeind der Karthager.

Hasdrubal Barkas rückte wieder über den Ebro vor und die Befürchtung lag nahe, daß er einen Versuch unternehmen würde, Verstärkungstruppen über die Alpen nach Italien zu entsenden. Das neue Jahr stand aber ganz im Zeichen des sich immer deutlicher anbahnenden Endes von Capua. Roms Würgegriff wurde immer enger, den Capuanern förmlich die Kehle zugeschnürt. Die gewaltige Belagerungsarmee der Römer wurde von drei Männern befehligt: Quintus Fulvius Flaccus, Appius Claudius

Pulcher und Caius Claudius Nero. Belagerungsmaschinen, Katapulte, Rammböcke und fahrbare Rolltürme umgaben die Stadtmauern von allen Seiten. Dennoch lief die Strategie der Belagerer nicht auf einen verlustreichen frontalen Sturmangriff hinaus, Capua sollte vielmehr ausgehungert werden. Da die Nahrungsmittelknappheit in der Stadt bereits ein besorgniserregendes Ausmaß erreicht hatte, wie Hannibal durch Spione erfuhr, beschloß er, nochmals einen Entsatzversuch zu wagen. Mit 30 000 seiner verläßlichsten Söldner und 33 Elefanten, die aus Afrika eingetroffen waren, marschierte der Barkide erneut in die Campagna und stellte sein Heer wieder am Mons Tifata auf. Sein Plan sah vor, daß die Capuaner, angeführt von den keine Gefahr scheuenden Numidiern einen massiven Ausbruchsversuch unternehmen sollten, während Hannibal fast simultan den römischen Belagerungswall von Norden aus angreifen wollte. Beinahe wäre das gewagte Manöver geglückt. Die spanische Infanterie überrannte die Befestigungsgräben der Römer und drang gefährlich in die römischen Linien ein. Sie waren nahe daran, die Belagerungsfront an mehreren Stellen zu durchbrechen, als sie von den von allen Seiten herbeieilenden zahlenmäßig wie immer weit überlegenen Legionären eingekreist und nacheinander abgeschlachtet wurden. Wie Hannibal später zugeben sollte, erzielte sein kräftiger, die römischen Bastionen ins Wanken bringende Vorstoß nur deshalb nicht den gewünschten Erfolg, weil er die Übermacht der in den Befestigungsgräben liegenden Legionäre unterschätzt hatte. Das Ausfallmanöver der Capuaner scheiterte kläglich.

Nolens volens mußte Hannibal zur Kenntnis nehmen, daß seine Armee den Blockadering, den die sechs übermächtigen Legionen um die Stadt gelegt hatten, niemals überwinden können würde. Er gedachte nun, Capua auf eine ganz andere Weise zu entsetzen, indem er ein von niemandem vorhersehbares, für ihn

jedoch charakteristisches gewagtes taktisches Täuschungs-
manöver unternahm: Er marschierte, Capua scheinbar im Stich
lassend, gegen Rom. Seine Gedankengänge waren relativ leicht
nachzuvollziehen. Er wollte durch dieses unerwartete Vorgehen
den Gegner veranlassen, die Hungerblockade Capuas einzustellen und die Römer zwingen, alle verfügbaren Streitkräfte zur
Verteidigung ihrer Hauptstadt abzuziehen.

Nach Cannae hatte jeder Bürger der Hauptstadt mit dem sicheren Anrücken des Barkiden gerechnet. Jetzt aber, da man der allgemeinen Ansicht war, die Entscheidungsschlacht würde in und
um Capua geschlagen werden, verblüffte Hamilkars Sohn mit
diesem Überraschungscoup sowohl Capuas Belagerer wie die
Belagerten und vor allem die römischen Feldherrn in der Tiberstadt. Die Garnison der Hauptstadt umfaßte 50 000 Mann, Rom
war viel stärker befestigt, als das der Belagerung schon fast fünf
Jahre trotzende Capua. Welchen Sinn ergab der spektakuläre
Marsch auf Rom? Wenn er schon nach Cannae, als die Stabsoffiziere seiner Armee, hochmotiviert durch den großen Sieg, den
Sturm auf Rom förmlich erzwingen wollten, wie es das Beispiel
des Maharbal gezeigt hatte, das Risiko scheute, warum versuchte der Karthager also jetzt, im Jahre 211, als die Auspizien viel
ungünstiger waren, die Hauptstadt zu bedrohen? Versprach er
sich auch nur die allergeringste Chance, die Hauptstadt des
Feindes einzunehmen?

Natürlich nicht. Wir haben bereits erfahren, daß der Marsch auf
Rom einem letzten verzweifelten Versuch gleichkam, den drohenden Untergang Capuas zu verhindern. Außerdem riß er
durch das für viele unerklärliche Manöver die militärische Initiative wieder kurzzeitig an sich, er konnte seine Defensivrolle
vorübergehend aufgeben, die Römer nach altbewährtem Muster
aus dem Konzept bringen und einmal mehr das taktisch wirksame Mittel der Überraschung und des Schocks einsetzen. Um die

Strategie der Römer vollends zu verwirren, marschierte er auch nicht direkt nach Rom, sondern näherte sich der Hauptstadt des Feindes sozusagen im Zickzackkurs, wobei er die durchquerten Gebiete plünderte und brandschatzte. Samnium ging neuerlich in Flammen auf, Alba Fucens wurde passiert und eingeäschert. Überall hinterließ seine Armee nur Spuren der Verwüstung. Schließlich stand Hannibal, nachdem er auch beim Durchmarsch durch Amiternum und Eretum die mörderische Taktik der »verbrannten Erde« angewandt hatte, an den Ufern des Anio. Dieser Fluß lag nur wenige Kilometer von Rom entfernt. In der Tiberstadt herrschte wieder einmal Panikstimmung, die ihren Höhepunkt erreichte, als Hannibal den Anio überschritt und sein Heerlager in unmittelbarer Nähe der Stadtmauern aufschlug. Der Name Hannibal allein genügte immer noch, um die Bürger Roms in Angst und Schrecken zu versetzen. An der Spitze eines Spähtrupps ritt der Barkide bis zur Porta Collina und warf einen Speer über die Stadtmauer, wie um den Römern zu signalisieren, daß der »karthagische Löwe« jetzt bereit war, ihre Hauptstadt in Schutt und Asche zu legen. In der Siebenhügelstadt erscholl der weltberühmt gewordene Schreckensruf »Hannibal ad portas!«

Titus Livius beschreibt die tumultartigen Zustände, die das persönliche Erscheinen Hannibals vor den Toren der Stadt hervorrief, wie folgt:

»Beunruhigender als die Meldung selber wirkte das Gerede der Leute von der drohenden Gefahr, die überall herumliefen, zu dem Gehörten Falsches hinzudichteten und die ganze Stadt in Aufregung versetzten. Man hörte das Jammern der Frauen nicht nur aus den Privathäusern, sondern überall strömten Matronen auf die Straße, liefen von einem Göttertempel zum andern, mit fliegenden Haaren die Altäre fegend, auf den Knien liegend, hoch die Hände zum Himmel und zu

den Göttern emporhebend und bittend, sie möchten die römische Stadt den Händen der Feinde entreißen.«
Obwohl es bisher zu keinerlei Kampfhandlungen gekommen war, liefen die Bürger Roms wie verschreckte Hühner durch die Straßen. Auf dem Aventin lagerten friedlich jene 1200 Numidier, die, wie wir gehört haben, in Lukanien zu den Römern dessertiert waren, als Marcellus den Sufetensohn Hanno so vernichtend geschlagen hatte.
Die Schwadron der algerisch-marokkanischen Nomaden, die nun im Solde Roms standen, hielt man für eine Vorhut Hannibals und sah sich bereits verloren. In blinder Flucht nahmen viele vor den verdutzten Numidiern Reißaus und gaben die Verzweiflungsparole aus: »Alles ist vorbei. Wir sind am Ende! Der Feind hat schon den Aventin erobert!« Erst nach geraumer Zeit konnte der Irrtum aufgeklärt werden, und allmählich beruhigten sich die erhitzten Gemüter der entnervten Bürger. Vor allem der alte »cunctator« Fabius Maximus warf seine Autorität in die Waagschale, als er die Römer energisch aufforderte, Panikkundgebungen dieser Art zu unterlassen und statt dessen effektive Verteidigungsmaßnahmen zu ergreifen.
Fabius war es auch, der Hannibals taktisches Ablenkungsmanöver sofort durchschaute. Als wiederholt Stimmen laut wurden, die Belagerung Capuas umgehend einzustellen und alle einsatzfähigen Streitkräfte nach Rom zu werfen, um Hannibal vor den Toren der Hauptstadt den unvermeidlichen Todesstoß zu versetzen, sprach sich Fabius mit unerwarteter Vehemenz dagegen aus. Besonders der Senator Publius Cornelius Asina riet sofort von der Belagerung Capuas zu lassen, da mit den dadurch frei werdenden Truppen eine gewaltige Übermacht entstünde, die es ermöglichen würde, Hannibals Heer völlig auszulöschen und diesen Zweiten Punischen Krieg in der »Schlacht um Rom« siegreich zu beenden. Der »Zauberer« Fabius jedoch beharrte

kategorisch darauf, die Blockade Capuas aufrechtzuerhalten. Es kam schließlich zu einer Art Kompromißlösung, die aber im wesentlichen dem Konzept des Fabius entsprach. Konsul Quintus Fulvius stieß an der Spitze von 15 000 Mann im Eilmarsch nach Rom vor, um die Wachgarnison auf eine Gesamtstärke von 65 000 Legionären zu bringen. Sein Kollege, der verwundete Appius Claudius, aber belagerte Capua mit dem 50 000 Mann starken Gros der Armee weiter. Hannibals Plan, Capua aus den Fängen der Römer zu befreien, war damit gescheitert.

Zunächst sah es so aus, als sollte es tatsächlich zu einem frontalen Aufeinanderprallen der beiden Heere vor den Stadtmauern Roms kommen. Beide Heeresgruppen hatten bereits ihre Positionen bezogen, als ein unerwartet einsetzender Gewittersturm die Kontrahenten zur Waffenruhe zwang. Es war, als ob die Götter selbst den Kampf verhindern wollten. Das heftige Gewitter hielt bis in die Nachtstunden an, Blitze durchzuckten, Schwertern gleich, das Firmament, dessen Schleusen weit geöffnet waren. Es hagelte und donnerte beinahe unaufhörlich und strömender Regen erschwerte sowohl Römern wie auch Karthagern die Sicht. Als die Götter am nächsten Tag immer noch zürnten, der wilde Regenschauer hartnäckig anhielt und Hagelkörner von der Größe eines Schneeballs auf die in ihren Ausgangsstellungen verharrenden gegnerischen Heeresverbände herabdonnerten, deutete Hannibal dies als schlechtes Omen. Er betrachtete das zweitägige Wüten der Elemente als unmißverständliche Warnung der Götter, die Entscheidung nicht auf dem Schlachtfeld zu suchen. Als man ihm außerdem zutrug, daß die Römer die Belagerung Capuas nicht eingestellt hatten und die Stadt kurz vor der Kapitulation stand, sah er ein, daß sein Plan, Capua durch den unvermuteten Überraschungsfeldzug gegen Rom aus dem immer enger werdenden Würgegriff der Belagerer zu befreien, nicht aufgegangen war.

Ein weiteres Ausharren vor den Toren der Hauptstadt des Feindes erschien somit unnötig, und Hannibal gab noch in der Nacht den Befehl zum Rückzug. Der Regen hatte immer noch nicht aufgehört und die Römer zeigten keinerlei Interesse, die abziehende karthagische Armee zu verfolgen. Sie legten den Abzug vielmehr als Flucht aus und feierten den Sieg, den man ohne Blutvergießen errungen hatte. Jetzt atmete Rom hörbar auf; feierliche Spiele und Dankgottesdienste wurden abgehalten, denn der Göttervater selbst hatte Rom vor dem Untergang bewahrt. So interpretierten zumindest die Römer die Ereignisse. Der Senat war sich ziemlich sicher, daß Hannibal nun abermals versuchen würde, den Belagerungsring um Capua zu sprengen. Hannibal aber wußte, daß der Fall Capuas unmittelbar bevorstand und er der dem Untergang geweihten Stadt nicht mehr zu Hilfe eilen konnte. Daher drehte er nach Bruttium ab, bemüht, alle Rückzugswege abzusichern. Ihm verblieben nur noch seine Stützpunkte an Italiens Südküste und in Bruttium. Notgedrungen mußte er die Capuaner ihrem Schicksal überlassen. Es war verständlich, daß sich die Stadt verraten und verkauft fühlte, ließ Hannibal sie doch im entscheidenden Augenblick im Stich. So sahen es jedenfalls die Stadtväter der »Perle Kampaniens« und auch Bostar, der Oberkommandierende der karthagischen Besatzungstruppen, der sich besonders enttäuscht darüber zeigte, daß der große Hannibal Capua einfach aufgab. Daß dem Barkiden gar keine andere Wahl blieb, konnten und wollten die Capuaner weder wissen noch akzeptieren.

Bostar gab seiner Entrüstung in einem erbosten Schreiben an Hannibal Ausdruck und bezichtigte den Feldherrn der Karthager offen der Feigheit. Hannibals Platz sei jetzt in Capua. Er sei doch bisher stets zahlenmäßig weit überlegenen Legionen gegenübergestanden und hätte trotzdem gesiegt. Warum wandte er nun sein Antlitz vom unglücklichen Capua ab? Wollte oder konnte er das drohende Inferno nicht verhindern? Wo blieb die Tapferkeit und der Listenreichtum des Barkiden – jetzt, wo Capua unmittelbar vor dem Fall stand? »Eile herbei, Hannibal! Eile herbei, so schnell du kannst!« schrieb Bostar aufgebracht. »Läßt du uns nun im Stich«, so der verzweifelte Bostar weiter, »dann kann ich mich nur der Meinung der Stadtväter anschließen, die voller Empörung beklagen, daß sich die Römer in ihrer Feindschaft beständiger erweisen, als der große Hannibal in seiner Freundschaft!«

Dieses anklagende Schreiben erreichte den Barkiden niemals. Bostar übergab das Schreiben einem als besonders zuverlässig geltenden Numidier, der dem Beispiel vieler seiner fast täglich desertierenden Landsleute zum Schein folgen und ins Lager der Römer vordringen sollte, um sich bei passender Gelegenheit irgendwie davonzustehlen und Hannibal die Nachricht zu übermitteln. Als man besagten Numidier durchsuchte und Bostars Botschaft an Hannibal entdeckte, beschloß Fulvius, der inzwischen wieder das Oberkommando der Belagerungstruppen übernommen hatte, ein grausames Exempel statuieren zu lassen. Allen numidischen Deserteuren, die sich im römischen Lager aufhielten, wurden kurzerhand die Hände abgehackt. Daraufhin jagte man die Verstümmelten in die eingeschlossene Stadt zurück. Der grauenhafte Anblick der entsetzlich blutenden ihren Schmerz zum Himmel empor schreienden Afrikaner raubte den Capuanern den letzten Rest ihres Widerstandswillens. Allgemeine Hoffnungslosigkeit und Mutlosigkeit machte sich breit.

Kurz darauf traf eine Kapitulationsaufforderung des Fulvius ein, der allen Bürgern der Stadt im Namen des Senats von Rom zusicherte, daß sie mit keinerlei Sanktionen zu rechnen haben würden, falls sie sich endlich ergaben. Rom würde Gnade vor Recht ergehen und Milde walten lassen. Kein einziger Bürger

würde getötet oder versklavt werden. Die Bewohner der Stadt schenkten dieser Zusicherung des Senats keinen Glauben und verloren allen Mut, da sie wußten, daß die grassierende Hungersnot sie zwingen würde, in nur wenigen Tagen bedingungslos zu kapitulieren. Die Verzweiflung griff um sich, viele Bürger wählten bewußt den Freitod, Selbstmorde waren an der Tagesordnung. Ein regelrechter Massenselbstmord fand im Haus des Vibius Virrius statt, der als treuester Bundesgenosse Karthagos galt. Vibius und 30 Honoratioren der Stadt beschlossen, den Freitod zu wählen. Vibius hatte die letzten Nahrungsmittelreserven auf den Tisch stellen lassen und lud zum Todesmahl. Man aß, sprach dem Wein reichlich zu, beklagte den Wortbruch Hannibals, weinte, umarmte sich gegenseitig und schließlich macht der Schierlingsbecher die Runde. Vibius setzte den Giftkelch als erster an die Lippen und erklärte den angetrunkenen Stadtoberhäuptern, daß dies der einzig gangbare Weg sei, um in Freiheit und Würde zu sterben und den Racheakten der Römer zu entgehen. Dann leerte er den Kelch. Die Anwesenden folgten seinem Beispiel, einer nach dem anderen griff zum Giftbecher. Aufgrund des überreichen Weingenusses wurde die Wirkung des Giftes gemindert, so daß das »Todesgelage« fast die ganze Nacht währte. Viele wurden von fürchterlichen Krämpfen geschüttelt und starben unter entsetzlichen Schmerzen.
Am nächsten Morgen kapitulierte Capua. Fulvius stürmte an der Spitze zweier Legionen in die Stadt und veranstaltete zunächst ein Blutbad unter der von Bostar befehligten karthagischen Besatzungsmannschaft.
Die Karthager lehnten es ab, ihre Waffen abzulegen und wurden daraufhin bestialisch abgeschlachtet. Bostar konnte noch einige Legionäre ausschalten, ehe er, von fünf Speeren gleichzeitig getroffen, zu Boden sank. Die Capuaner leisteten keinen Widerstand. Dennoch wüteten die Legionäre auch unter der Zivilbe-

völkerung mit mörderischer Gnadenlosigkeit. Der Tod hielt reiche Beute an diesem Tag, als Capua starb. 60 überlebende Mitglieder der Ratsversammlung Capuas wurden gefoltert und schließlich enthauptet. Wie es die Capuaner vorausgesehen hatten, war die Rache Roms überhart und brutal. 500 Männer und Frauen, die Fulvius willkürlich als karthagofreundlich bezeichnet hatte, mußten den Weg nach Rom antreten. Dort erwartete sie jedoch nicht Gefangenschaft, wie sie vermuteten, sondern ein elender Tod. Man warf die angeblichen Konspiratoren in Folterkammern und Kerkern, um sie dort verhungern zu lassen. Die gesamte übrige Bevölkerung der »Perle Kampaniens«, egal ob Mann, Frau oder Kind, wurde auf dem Sklavenmarkt feilgeboten.

Hannibals Lage wurde zunehmend hoffnungsloser. Viele eroberte Städte gingen wieder verloren, da sich der Machtbereich Roms jetzt über die gesamte Campagna und weite Teile Apuliens und Lukaniens erstreckte. Immer noch hoffte er auf Verstärkungstruppen, die er entweder von Karthago oder von seinen Brüdern aus Spanien erwartete. Die Römer gingen beständig daran, Hannibals Mobilität einzuengen, immer mehr Gebiete rückzuerobern und die Nachschublinien des Barkiden zu bedrohen. Im Jahre 210 wurden das »Schwert Roms«, Marcellus, der Zerstörer von Syrakus, und Marcus Valerius Laevinus, der Mazedoniens jungem König eine so fürchterliche Lektion erteilt hatte, ins Amt des Konsul berufen.

Marcus Valerius machte sich im Senat unbeliebt, als er darauf hinwies, daß vor allem die unterprivilegierten Klassen, die besonders unter den fortwährenden Steuererhöhungen infolge der enormen Kosten des überlangen Krieges zu leiden hatten, zu murren begannen. Die ärmeren Bürger mußten ständig Abgaben leisten, während das Vermögen der Patrizier unangetastet blieb. Der neue Konsul forderte die vermögenden Senatoren auf, sich

nicht länger hinter ihren Geburtsvorrechten und den daraus re-
sultierenden Privilegien zu verschanzen, sondern vielmehr ihre
Kleinodien, Diamanten, Juwelen, Gold und Silber sowie sonsti-
ge Vermögenswerte der Staatskasse zur Verfügung zu stellen.
Widerwillig kam man dieser energisch vorgebrachten Forderung des Konsuls nach einer hitzigen Debatte nach, um, wie es
ein Senator formulierte, die Vaterlandsliebe des Adels und das
uneingeschränkte Vertrauen in den Endsieg Roms unter Beweis
zu stellen. Roms leere Staatskasse wurde beträchtlich aufge-
füllt.

Der Sieg schien jetzt auch immer greifbarer zu werden, denn die
Römer eroberten Stadt um Stadt, sowohl in Samnium wie in
Apulien. Prokonsul Fulvius hatte mit zwei Legionen mehrere
wichtige Städte in Apulien eingenommen und rückte auf Herdonia vor, wo ihn Hannibal mit seinem Hauptheer erwartete. Erneut zeigte sich, wie gefährlich es war, ihm in offener Feldschlacht entgegenzutreten. Die Legionen des Cnaeus Fulvius
Centumalus, wie er mit vollem Namen hieß, wurden vernichtend geschlagen, der Prokonsul selbst fiel an der Spitze seiner
Truppen. Die Römer hatten ein unerwartetes Debakel erlitten
und dies in einer Phase des Krieges, wo sie alle Trümpfe in der
Hand zu haben geglaubt hatten. Hannibal kannte keine Gnade
mit Herdonia, das Bereitschaft signalisiert hatte, sich den Römern anzuschließen. Er legte die Stadt in Schutt und Asche und
ließ zur Abschreckung auch den Großteil der Bewohner töten.
Im Herbst stieß Hannibal in Lukanien auf eine starke Heeresgruppe des Marcellus, doch diesmal endete die Schlacht unent-
schieden. Von da marschierte der Barkide nach Tarentum, wo er
sein Winterquartier bezog.
Im neuen Jahr wurden Fabius Maximus, der »Zauderer«, und
Quintus Fulvius Flaccus zu Konsuln bestellt. Fabius erklärte
sogleich, daß es sein Hauptanliegen sei, Hannibal Tarentum zu

entreißen. Der wichtige Hafen müßte in der Hand der Römer sein, ehe es Karthago gelingen würde, Nachschubtruppen übers Meer zu schicken. Außerdem erteilte der listige alte Stratege dem mit zwei Legionen bei Venusia stehenden Marcellus den Befehl, Hannibal immer wieder durch Störmanöver abzulenken und tief in den Norden Apuliens zurückzuweichen. Fabius rechnete damit, daß der Barkide Marcellus verfolgen würde, während er selbst sich in aller Ruhe auf die Eroberung Tarentums konzentrieren konnte. Der »cunctator« beorderte zudem zwei Legionen aus Sizilien herbei, mit der Order, die bruttische Hafenstadt Caulon zu belagern. Hannibal sollte auch dieser Hafen, der andere ihm noch verbliebene, genommen werden. Darin bestand des Fabius' Hauptstrategiekonzept.

Die Römer konstatierten in den Frühlings- und Sommermonaten des Jahres 209, daß Hannibal offenbar kriegsmüde geworden zu sein schien, da er – im krassen Gegensatz zu seinem Prinzip, eine offene Feldschlacht niemals zu scheuen – größeren Auseinandersetzungen wiederholt ausgewichen war. Auch Marcellus mutmaßte, daß die Angriffslust des Puniers langsam erlahmte. Vielleicht waren seine Söldnertruppen aufgrund der vielen harten Rückschläge der letzten Jahre entmutigt und nicht mehr motivierbar? Als er Hannibal, der ihn verfolgte, dann in der Ebene von Ausculum zur Schlacht zwang, erhoffte er sich daher einen leichten Sieg. Im Verlauf des äußerst blutigen Kampfes mußte der römische Feldherr allerdings bald erstaunt feststellen, daß dem »karthagischen Löwen« keineswegs die Zähne gezogen worden waren. Hannibals beherzt und überaus diszipliniert kämpfende Armee errang zwar keinen überwältigen Sieg, doch Marcellus´ Legionen wurden so gewaltig dezimiert, daß er sich zum Rückzug gezwungen sah. Seine Verluste waren derart hoch, daß er keinen weiteren Vorstoß mehr wagte. Er zog sich in die Campagna zurück, um seine Truppen

dort in den Restmonaten des Jahres neu zu ordnen und aufzu-
füllen.

Hannibal aber preschte unmittelbar nach der Schlacht von Ausculum nach Bruttium, sprengte den Belagerungsring um Caulon
und schlug die römischen Legionen erfolgreich in die Flucht.
Der Barkide hatte Caulon entsetzen können und einen wichtigen Hafen gerettet, aber Fabius' Vormarsch auf Tarentum war
nicht mehr zu stoppen.

Der alte »Zauderer«, der diesmal zielstrebiger denn je vorging,
hatte bereits Manduria eingenommen, wo er ein starkes Truppenkontingent zurückließ, das seiner zur Eroberung von Tarentum ansetzenden Hauptarmee als Rückenschutz dienen sollte.
Fabius rechnete mit hartem Widerstand und hatte den Angriff
auf Tarentum generalstabsmäßig geplant. Allein das Schicksal
erleichterte den Römern die Einnahme der Griechenstadt – in
Gestalt eines Verräters. Es handelte sich um einen Bruttier, der
in der Stadtgarnison einen hohen Offiziersrang bekleidete. Es
unterstand ihm ein Verband, der einen langen Teil der Stadtmau-
erbefestigung sicherte. Einem häufig kolportierten Gerücht zufolge soll der Bruttier eine Geliebte im Lager des Fabius gehabt
und deshalb Kontakt mit dem Konsul aufgenommen haben.
Wahrscheinlich war es aber nicht die große Liebe, die den Bruttier zum Verrat trieb, sondern vielmehr die Tatsache, daß der
Mann zu erkennen glaubte, daß Hannibals Stern im Sinken be-
griffen war und die Römer den Krieg letztlich gewinnen würden. Wie immer es auch gewesen sein mag, der Bruttier versprach, seinen Truppenverband unter einem Vorwand in der
Nacht von dem ihm zur Bewachung anvertrauten Mauerab-
schnitt abzuziehen.

Fabius fand Gefallen am Plan des Verräters. Er ließ seine
Legionäre den ganzen Tag lang zahlreiche Scheinsturmangriffe
entlang des gesamten die Stadt schützenden Mauerwalls durch-

führen. Die Tarentiner verteidigten sich tapfer, warfen Speere, Steine und kochendes Öl auf die Angreifer herab und freuten sich darüber, den ersten vermeintlichen Großangriff der Römer erfolgreich abgewehrt zu haben. In der Nacht aber überstieg eine Eliteeinheit der Römer den unbewachten Abschnitt der Stadtmauer und öffnete alle Tore. Die Römer drangen scharenweise in die Stadt ein, die nun das Schicksal von Syrakus teilen mußte. Auch Fabius erwies sich als gnadenlos. Ein schreckliches Mordbrennen hob an, die Stadt wurde völlig ausgeplündert und gebrandschatzt, die Mauern geschleift. Wer das Gemetzel überlebte, wurde versklavt und in Ketten nach Rom verfrachtet.

Wie de Beer wiederholt darlegt, zeugen nur ganz wenige archäologische Funde von Hannibals Feldzug gegen Rom. Der Brite verweist unter anderem auf das Bruchstück eines großen Steines, den eine lateinische Inschrift ziert. Die wenigen Zeilen singen das Loblied auf einen großen Römer, der unsterblichen Ruhm erlangte, als er eine mit Hannibal verbündete Stadt zerstörte. Lange Zeit rätselten ganze Historikergenerationen darüber, um welchen großen Mann es sich dabei handelte und wie wohl der Name der ausgelöschten Stadt gelautet haben mag. Giovanni Vitucci hat in seinem 1964 in Florenz erschienenen Essay »Un nuovo episodio della seconda guerra Punica?«[6] stichhaltig bewiesen, daß der auf dem Steinfragment nicht näher identifizierte »große Mann« niemand anderer als Fabius Maximus war und mit der bewußten eroberten Stadt nur Tarentum gemeint gewesen sein konnte.

Anders als Marcellus bei der Eroberung und Zerstörung von Syrakus ließ Fabius keine Gemälde oder Statuen aus der brennenden Stadt herausbringen. Ein kunstsinniger Stabsoffizier trat an den Konsul heran und warf die Frage auf, was mit den unzähligen Götterstandbildern, Monumenten und Statuen zu geschehen hätte. Sollte man sie nicht als sichtbares Zeichen des großen Sieges nach Rom bringen? Der sonst so religiöse Fabius antwortete nur ungerührt: »Die erzürnten Götter sollen zusammen mit ihrer Stadt untergehen!« Dennoch entging ein tarentinisches Monument der Vernichtung, wie Faber feststellte. Eine große bronzene Heraklessäule wurde mitgenommen. Die Kolossalstatue des griechischen Gottes fand viele Jahre später in der Siebenhügelstadt einen Ehrenplatz auf dem Kapitol, wo sie direkt neben dem Reiterstandbild des »cunctators« und Überwinders von Tarentum, Quintus Fabius Maximus, aufgestellt war.

Hannibal hatte von Fabius´ Eroberungsplänen erfahren und rückte im Eilmarschtempo von Caulon aus auf Tarentum vor, um die bedrohte Stadt vor der Eroberung zu retten. Wie wir wissen, kam der Barkide zu spät. Er war nur noch ein paar Kilometer von Tarentum entfernt, als ihm die Hiobsbotschaft vom Fall der Stadt mitgeteilt wurde. Ernüchtert mußte Hannibal feststellen, daß die Römer die Stadt auf dieselbe Weise wie er selbst vor vier Jahren, nämlich durch Verrat, in die Hand bekommen hatten.

Die Zerstörung Tarentums durch Fabius markierte einen weiteren schweren Rückschlag für den Barkiden, der sich anschließend nach Metapontum zurückzog, um dort zu überwintern. Wie de Beer schreibt, hatten »Hannibals Hoffnungen auf einen politischen oder militärischen Endsieg« im Jahre 208 v. Chr. ihren absoluten Tiefpunkt erreicht. Die Römer hatten ihm Capua und Tarentum entrissen, die begehrte Campagna, Samnium und der größte Teil von Apulien und Lukanien, all diese Gebiete befanden sich nun in Feindeshand. Aus Sizilien waren die Karthager mittlerweile endgültig vertrieben worden und auch in Spanien bahnte sich eine Katastrophe an, was Hannibal natürlich nicht wissen konnte. Immer noch vertraute er darauf, daß ihm sein Bruder Hasdrubal endlich mit einer ansehnlichen Streitmacht zu Hilfe eilen würde.

Das Jahr 208 war aber auch für die Römer ein Jahr des Un-
glücks, denn es brachte ihnen den Tod ihres fähigsten Feldherrn
Marcus Claudius Marcellus. Marcellus bekleidete wieder – zusammen mit Titus Quintus Crispinus – das Konsulsamt. Beide
Konsuln befehligten wie immer zwei Legionen. Marcellus vereinte sich mit seinem Kollegen Crispinus, übernahm den Oberbefehl des nun vier Legionen starken Heeres und gedachte,
Hannibal bei Venusia (Venosa) zur Schlacht zu stellen. Ein
waldreicher Hügel zwischen den beiden feindlichen Armeen bot
eine ideale Möglichkeit zum Hinterhalt, was Hannibal auch sofort erkannte. Eine Eliteeinheit seiner numidischen Reiterei
lauerte im Schutz des dicht bewaldeten Hügels, bereit, dem
Feind, wie so oft, im entscheidenden Augenblick in den Rücken
zu fallen.

Aus völlig unerklärlichen Gründen beschloß der sonst so besonnene und ewig mißtrauische Marcellus, gerade auf diesem Hügel sein Lager zu errichten, vielleicht um sich die gegnerischen
Stellungen vor der Schlacht noch genauer anschauen zu können.
Jedenfalls unternahm Marcellus, zusammen mit seinem Sohn
und Konsul Crispinus, nur von einer kleinen Kavallerieeskorte
begleitet, einen eigentlich unnötigen Erkundungsritt auf den
Hügel. Er ritt geradewegs in den Tod. Die Numidier überfielen
seine Einheit aus dem Hinterhalt und die Lanze eines Afrikaners
bohrte sich in den Rücken des Konsuls. Marcellus stürzte tot
vom Pferd, Crispinus wurde schwer verwundet, konnte aber zusammen mit Marcellus' Sohn und wenigen Reitern entkommen.
Ihres Oberbefehlshabers beraubt, faßten die Römer den Entschluß, die Schlacht nicht zu eröffnen.

Als ihm ein numidischer Reiter jubelnd die Nachricht von Marcellus' Tod brachte, ritt Hannibal selbst an den Ort des Gesche-
hens. Lange starrte er mit fast trauriger Miene auf den Leichnam seines gefährlichsten Gegners. Schließlich nahm er

Marcellus' Ring vom Finger und ordnete eine feierliche Trauerzeremonie an. Die Leiche des Marcellus wurde verbrannt. Auf besonders ritterliche Weise ehrte der Barkide den tapferen Römer posthum, indem er Marcellus' Asche in einer silbernen Urne an dessen Sohn schicken ließ. Der Ring des Konsuls war der Urne beigefügt.

Bald darauf starb Crispinus an den Folgen seiner lebensgefährlichen Verwundung. Beide Konsuln des Jahres 208 waren tot. Wie viele römische Feldherren waren in diesem mörderischen Ringen um die Weltherrschaft schon umgekommen! Welch gewaltige Siege hatte der Barkide schon feiern können! Trotzdem hatte selbst der Tod von Marcellus und seinem Kollegen Crispinus an der für Hannibal immer aussichtsloser werdenden politischen Konstellation nichts geändert. Als er gegen Ende des Jahres neuerlich in Metapontum Winterquartier bezog, mußte er sich eingestehen, daß er eigentlich nur noch im äußersten Süden Italiens wirklich präsent war. Sein Machtbereich war unaufhaltsam zusammengeschmolzen.

Nach Marcellus' Tod ging der Stern eines anderen dynamischen römischen Heerführers auf: Publius Cornelius Scipio. Im selben Jahr, als Marcellus umkam, focht er an der Spitze der römischen Truppen in Iberien und fügte Hasdrubal Barkas Niederlage um Niederlage zu. Der im Jahre 235 v. Chr. in Rom geborene »Erbe der Scipionen« sollte bald zum überragendsten Feldherrn der Römer während des weiteren Verlaufes des Zweiten Punischen Krieges werden. Das Schicksal hatte ihn dazu auserkoren, Hannibal letztendlich zu überwinden, um damit in die Unsterblichkeit einzugehen. Doch davon ahnte dieser junge Mann, der als »Sieger von Zama« und »Scipio Africanus« in die Weltgeschichte eingehen sollte, noch nichts. Bereits 208 v. Chr. hatte er maßgeblich dazu beigetragen, daß sich der Hauptkriegsschau-

platz von Italien nach Spanien verlegte. Dort bereitete der junge
Scipio gewissermaßen die »Endrunde« vor. Bereits 210 v. Chr.
zeigte er, von welchem Format und Kaliber er war, als er, noch
nicht ganz 25 Jahre alt, Carthagena eroberte.

X
»DER PANTHERSPRUNG NACH AFRIKA« –
SCIPIO UND DIE INVASION KARTHAGOS

Acht Jahre lang hatten die Gebrüder Scipio Hasdrubal Barkas in Spanien bekriegt und auch einige bedeutende Erfolge erzielt, ehe es Hannibals Bruder 212 v. Chr. gelingen sollte, beide »Cornelier«, wie man sie damals noch nannte, auszuschalten. Wie wir hörten, wurden Publius und Cnaeus Scipio nacheinander vernichtend geschlagen und beide büßten bei diesen Niederlagen das Leben ein. Neuer Befehlshaber der römischen Streitkräfte in Iberien wurde zunächst Caius Claudius Nero mit dem Auftrag, einen Offensivkrieg zu führen, Terrain zurückgewinnen und vor allem Hasdrubals Eindringen nach Italien zu verhindern. Da auf dem spanischen Kriegsschauplatz aber nichts voranging, suchte Rom nach einem neuen Mann. 211 schrieb der Senat die Stelle eines militärischen Oberbefehlshabers in Spanien quasi aus, doch kaum jemand schien sich dafür zu interessieren, das unbequeme und undankbare Kommando zu übernehmen. Auch am Wahltag fand sich lange kein geeigneter Bewerber, bis, wie Livius schreibt, »auf einmal Publius Cornelius, des in Hispanien gefallenen Publius kaum 24 Jahre alter Sohn, mit der Erklärung, er sei Bewerber, auf eine sichtbare Erhöhung trat. Alle wandten ihm ihr Antlitz zu. Ihr Freudengeschrei und ihr Beifallsruf sagte ihm alsbald einen glücklichen und gesegneten Oberbefehl voraus.« Manche Senatoren äußerten Bedenken, hielten den Erben der Scipionen, der bisher lediglich das Amt eines mit Polizeivollmachten ausgestatteten

Ädilen bekleidet hatte, für zu jung und unerfahren, aber schließlich wählte man ihn einstimmig.
Publius Cornelius Scipio schiffte sich umgehend nach Spanien
ein und landete in der Nähe von Emporiae (Ampurias). Er verstand
es, sich schnell bei den dort stationierten Einheiten beliebt zu machen, indem er ihre Tapferkeit pries und besonders hervorhob,
daß sie sich trotz seines Vaters und Onkels Niederlagen weiter behauptet hätten. Das einnehmende Wesen des jungen Heerführers
gefiel den Legionären. Im Anschluß an eine kleinere Truppenpa-
rade wandte sich Scipio mit folgenden Worten an seine Männer:
»Ihr bemerkt in meinen Gesichtszügen und meiner Gestalt
eine gewisse Ähnlichkeit mit meinem Vater und meinem Onkel, nun will ich euch ein getreues Abbild ihres Geistes, ihrer
Würde und ihrer Tapferkeit sein, damit jeder sagen soll, Scipio sei entweder zurückgekehrt oder wiedergeboren!«
Diese Ansprache war ebenso kurz wie wirkungsvoll. Die Soldaten jubelten Scipio zu und schon bald nach der Ankunft des neu-
en Oberbefehlshabers schlugen sich mehrere iberische Stämme,
die zuvor an den sicheren Sieg der Karthager geglaubt hatten,
auf die Seite des dynamischen jungen Mannes.
Scipio, der mit der Tochter des bei Cannae umgekommenen
Konsuls Aemilius Paulus verheiratet war, war zweifelsohne ein
bemerkenswerter und außergewöhnlicher Mann, den genau wie
seinen großen Gegenspieler Hannibal Belesenheit und Bildung
auszeichnete. Auch der Scipione beherrschte neben seiner Mut-
tersprache Griechisch nahezu fließend. Die verschiedenen
Fähigkeiten und Qualitäten des Römers, der Hannibal schließlich besiegen sollte, wurden von vielen Forschern und Historikern gerühmt. Das dadurch entstandene Porträt eines Menschen
ohne Furcht und Tadel, auch ohne Makel, der immer und in jeder Situation stets das Richtige tat, läßt Scipio geradezu als
Übermensch erscheinen.

Lidell Hart zum Beispiel streicht besonders Scipios musischen Charakter heraus, der sich von dem seiner pragmatisch und in Schablonen denkenden Feldherrnkollegen so vorteilhaft abhob: »Er scheint in seiner Bildung die besten Elemente Griechenlands und Roms vereinigt zu haben, wodurch der starre und enge Geist der frühen römischen Republik verfeinert wurde, ohne seine Männlichkeit einzubüßen.«

Bei Faber, den vielleicht glühendsten Bewunderer Scipios, wird der Römer zum »Organisten auf dem Instrument Mensch«, zum jegliches Vabanquespiel meidenden »Beherrscher der Kriegskunst«. Scipio ist »hervorragender Generalstäbler«, »tollkühner Truppenführer«, mit einem unglaublichen Namensgedächtnis, seiner Feldherrnkunst sind keine Grenzen gesetzt. Er ist Diplomat und Psychologe in einem, »für Rom mehr wert als eine Armee« und betrachtet andererseits den Krieg »als Mittel zum Frieden«. Jedem seiner Unternehmen geht ein sorgfältiges »Denk- und Planspiel« voraus, er ist offen und ehrlich, lügt nur, wenn er dazu gezwungen wird, und verfügt über Wärme und Ausstrahlung. Faber lobt Scipios Religiosität, sein harmonisches Familienleben und seine Menschlichkeit. In unverhohlener Bewunderung rundet der deutsche Historiker das Porträt seines Idols mit folgenden, ehrfurchtsvollen Worten ab: »... Scipios Haltung spricht aus der Bronzebüste im Nationalmuseum von Neapel, die ihm allerdings in späteren Jahren zeigt. Man betrachte die eiserne, gemeißelte Härte der Züge, die klare Stirn unter dem weitgehend kahlen Schädel, den nüchternen, ganz aufs Ziel gerichteten Blick, die kräftige, gekrümmte Nase, die schmal zusammengepreßten Lippen, auch von den Bildnissen preußischer Generalität bekannt, das Fehlen jeder Pose: ein markantes römisches Gesicht, kein Antlitz im Stile griechischer Büsten, sondern distanziert, zu Common Sense und zu trockenem Humor fähig, allerdings mit einem Zug zur Jovialität ... «[1]

De Beer schildert Publius Cornelius Scipio wesentlich sachlicher und nüchterner, ohne seine unbestritten großen Leistungen herabzuwürdigen. Der Überwinder Hannibals hatte auch manch dunkle Charakterzüge. Er schreckte nicht davor zurück, »die Köpfe seiner Männer mit Lügen anzufüllen«, wenn es in sein Konzept paßte, wie Livius erläuterte. Er war ein ewig mißtrauischer Mann, der seine Frau Emilia zwar »besser als seine Sklaven« behandelte, was im »republikanischen Rom nicht üblich war«, wie Faber hinzufügt, aber nur einen einzigen echten Freund hatte. Dieser Mann war Caius Laelius, sein Flottenkommandant, der bei der Eroberung von Carthagena eine entscheidende Rolle spielen sollte. Scipio weihte so gut wie niemanden in seine Pläne ein, war stur und eigensinnig und konnte genauso rücksichtslos, grausam und kompromißlos sein wie jeder andere römische Heerführer der damaligen Zeit. Morden, Plündern und Brandschatzen gehörte in seiner von Faber fast »human« bezeichneten Kriegsführung ebenfalls zum Soldatenalltag.

Zweifelsohne kann festgestellt werden, daß Scipio ein Mann mit hervorragenden Eigenschaften, aber auch nicht ganz frei von Schwächen war. Er legte großen Wert auf Pomp und Zeremonie, wie er auch nach Macht, Ruhm und Einfluß strebte. Sein Lebensstil kann keineswegs als spartanisch bezeichnet werden. Er war ehrgeizig und zutiefst von sich überzeugt, in gewissem Maß sogar sehr egoistisch. Er war sich seiner hohen Stellung und edlen Herkunft stets bewußt, und obwohl er seine Soldaten großartig zu motivieren wußte, verfügte er sicherlich nicht über Hannibals Charisma und Charme. Eines aber konnte ihm niemand absprechen: Er war durch und durch Patriot, bereit, alles zu tun, um Rom die Weltherrschaft zu sichern. Daß er Hannibals Taktik genauestens studiert haben mußte und sich dieser wiederholt geschickt bediente, steht außer Frage. Wie wir später ausführlich hören werden, hegte er sogar eine Art von Bewunderung und Respekt für seinen großen Widersacher – was übrigens auf Gegenseitigkeit beruhte – und setzte sich in ritterlicher Weise für seinen geschlagenen Gegner ein, als Rom nach Beendigung des Zweiten Punischen Krieges dessen Auslieferung verlangte.

Als Scipio in Spanien antrat, war er vor allen anderen Dingen eines: der rechte Mann zur rechten Zeit am rechten Ort. Nachdem er seine aus Rom mitgebrachten frischen Truppen, bestehend aus 10 000 Fußkämpfern und 1000 Kavalleristen, mit den dortigen römischen Streitkräften vereinigt hatte, ging er sogleich daran, einen stark befestigten Stützpunkt zu errichten, von dem aus er seinen Offensivkrieg einzuleiten gedachte. Er fand ihn in der Stadt Tarraco, dem heutigen Tarragona. Während er seine Legionen ständig exerzieren ließ, um sie gewissermaßen in Hochform zu bringen, entstand in seinem Gehirn der kühne Plan, einen Überraschungsangriff auf Carthagena zu starten, die einzige Stadt der Iberischen Halbinsel mit einen geeigneten Hafen für eine große Kriegsflotte. Schon damals hatte er die Stadt als Startrampe zum Sprung nach Afrika im Auge.

Die Eroberung Carthagenas trug alle Züge einer sorgfältig vorbereiteten streng geheim gehaltenen Kommandoaktion großen Ausmaßes. Durch Spione hatte er unter anderem in Erfahrung gebracht, daß die Stadtgarnison Carthagenas aus nur 1000 Mann bestand und von einem Karthager namens Mago befehligt wurde. Viel wichtiger aber war, was Scipios Späher und Informanten über die karthagische Truppenkonzentration generell zu berichten wußten. Nachdem Scipio in seinem tarragonischen Winterlager die Feindlage genauestens sondiert und analysiert hatte, kam er an der Jahreswende 211/210 v. Chr. zur Überzeugung, daß die karthagische Führung – sprich Hasdrubal Barkas – offenbar gar nicht ernsthaft mit einem Angriff auf Carthagena zu rechnen schien.

Die Auswertungen aller Berichte ergaben, daß drei große zahlenmäßig weit überlegene karthagische Heeresgruppen in Iberien stationiert waren: Hasdrubal Barkas lagerte mit seinen starken Einheiten am Oberlauf des Tagus, im Quellgebiet des heutigen Rio Tajo, also südlich von Madrid; der jüngste der Barkiden, Mago Barkas, befand sich mit seinen Truppen in der Nähe von Cadir (Gades), »diesseits der Säulen des Herakles«, wie Faber schreibt, und Hasdrubal Gisko, der dritte karthagische Heerführer, lag an der Mündung des Tagus, etwa in der Nähe des heutigen Lissabon. Scipio aber stand in Tarraco und konnte Carthagena, das nur schwach geschützte Neu-Karthago, daher viel schneller erreichen als alle drei karthagischen Heerführer. Carthagena war eindeutig der neuralgischste Punkt in Punisch-Iberien, stellte Scipio schnell fest. Er brauchte seine Armee nur entlang der Mittelmeerküste nach Süden führen und würde dann mindestens fünf Tage früher vor den Toren Carthagenas stehen als einer von den drei Karthagern, falls diese überhaupt etwas von seinem Geheimplan erfuhren und ihre Armeen gleichfalls nach Neu-Karthago in Marsch setzten.

Der Zeitvorsprung war der wichtigste Faktor in Scipios gewagtem Unternehmen. Er zog daher fast die gesamten ihm zur Verfügung stehenden römischen Streitkräfte aus Nordspanien ab – eine kleine Einheit unter Marcus Silanus verblieb zur Rückendeckung in Tarraco – und näherte sich Carthagena im Eilmarschtempo. Seine Armee bestand aus 25 000 Infanteristen und 2500 Kavalleristen. Niemand kannte das Ziel der Operation. Nur Scipios Freund, der Flottenkommandant Caius Laelius, war mit allen Einzelheiten des Plans vertraut. Seine Aufgabe war es, vom Meer aus auf Carthagena vorzustoßen, allerdings nicht in den Hafen der Stadt einzulaufen. Als Scipio bis auf Sichtweite an Carthagena herangekommen war, gab er seinen Truppen das Ziel des Unternehmens bekannt und erklärte kurz und bündig:

»Ihr werdet zwar nur die Mauern einer einzelnen Stadt stürmen, aber mit dieser einen Stadt werdet ihr euch ganz Spaniens bemächtigen!«

Ursprünglich beabsichtigte Scipio, die Stadt im frontalen
Sturmangriff zu erobern. Doch von einigen Fischern der Umge-
bung erfuhr er, daß sich der Wasserstand während der Ebbe so
absenkte und man ohne große Probleme durch das kaum hüft-
hohe Wasser der Lagune bis an die unbesetzte Hafenmauer waten konnte. Bei Einsetzen des »Boreas«, des Nordwindes, wäre
der Wasserspiegel auf dem niedrigsten Stand, um dann durch
die Lagune in den Hafenbereich einzudringen. Scipio beschloß
dem Rat der freundlich gesinnten Fischer zu folgen. Am ersten
Tag der Belagerung verlief alles wie geplant. Als Rammböcke
und Katapulte zum Einsatz gebracht wurden, bemerkte Scipio
jedoch, daß die Stadtmauern überraschenderweise stärker be-
mannt waren, als er angenommen hatte. Der Zitadellenkom-
mandant Mago unternahm sogar einen leichten Ausfall. Über
Scipios Aktivitäten schreibt Titus Livius, daß sich der Römer
nicht unnötig in Gefahr begab.

»Er hatte nämlich drei Leute mit großen Schilden bei sich,
die diese dicht nebeneinander hielten, so daß er nach der Seite der Mauer hin gedeckt war. Während er auf diese Weise alles selbst beobachten konnte, belebte sein Anblick auch den
Mut der Kämpfenden.«

Als gegen Abend der Boreas einsetzte, erhielt Laelius Order,
von See aus einen Scheinangriff zu unternehmen, der eindeutig
den Charakter eines Ablenkungsmanövers hatte. Scipio und
eine 500 Mann starke Eliteeinheit durchwateten unterdessen die
Lagune. Unbeschadet gelangten die Römer zur unbefestigten
Hafenmauer. Der Wasserspiegel war hier soweit gesunken, daß
der Sturmtrupp praktisch trockenen Fußes die Mauer problemlos überwinden konnte. Schnell drangen die Legionäre in die

Stadt ein. Sie trafen kaum auf Widerstand und öffneten die
großen Stadttore von innen. Der Weg für das römische Hauptheer war nun frei, Carthagena praktisch gefallen. Das übliche
Morden, Plündern und Brandschatzen begann. Wie immer richteten die Legionäre vor allem innerhalb der Zivilbevölkerung
ein Blutbad an. Mago, der sich in der Zitadelle eingeigelt hatte
und noch eine Weile verzweifelten Widerstand leistete, sah sich
schließlich gezwungen, zu kapitulieren.

Die Ausbeute von Scipios erstem großen Sieg war gewaltig: In
den rauchenden Trümmern der Stadt fand er riesige Gold- und
Silberreserven vor, außerdem fielen große Kornvorratslager sowie Waffen und Kriegswerkzeuge aller Art in die Hand der
Römer. Außerdem konnte ihm Caius Laelius die Botschaft
überbringen, daß 18 karthagische Kriegsschiffe und 63 völlig
intakte Handelsschiffe, die nicht mehr zum Auslaufen gekommen waren, in ihre Hände gefallen seien. Scipio schickte Laelius mit den zahlreichen Gefangenen und Sklaven sofort nach
Rom. Dann befreite er alle iberischen Geiseln, die die Karthager
in der Stadt gefangengehalten hatten, und ließ verkünden, er sei
gekommen, um Spanien vom karthagischen Joch zu erlösen.
Der Römer wußte genau, was er tat. In den bevorstehenden
Kämpfen würde er dringend Bundesgenossen benötigen, da er
nicht mit neuen Truppen aus Rom rechnen konnte.

Scipio schürte also den Haß gegen Karthago und begegnete der
ortsansässigen Bevölkerung betont freundlich. Er zeigte
Großmut, indem er unter anderem die Gemahlin des iberischen
Stammesfürsten Mandonius vor der Vergewaltigung bewahrte.
Es ist nicht verwunderlich, daß sich Mandonius daraufhin Scipio mit seinem gesamten Stamm anschloß. Als ein anderer
Stammeshäuptling seine bereits verlobte Tochter dem siegreichen Scipio als Sklavin anbot und er ablehnte, trat der Verlobte
spontan mit 1400 Gefolgsleuten in die römische Kavallerie ein.

Römischen Übergriffen auf die Zivilbevölkerung versuchte Scipio dadurch vorzubeugen, indem er bereits wenige Tage nach der Eroberung der Stadt härteste Exerzierübungen anordnete. Livius schreibt darüber:

> »Der Feldherr überwachte alles mit gleicher Sorgfalt; bald war er bei der Flotte und wohnte deren Übungen bei; bald exerzierte er mit den Legionen, bald widmete er sich den Arbeiten, die von einer großen Zahl von Handwerkern in den Werkstätten, im Zeughaus und auf der Werft mit größtem Eifer ausgeführt wurden.«

Etwa zur selben Zeit, als Scipio Carthagena wieder verließ und seine durch viele sich ihm willig angeschlossenen Iberer stark aufgestockte Armee zum Ausgangsstützpunkt Tarraco zurückführte, war der letzte karthagische Brückenkopf auf Sizilien, Agrigentum, erobert worden. Die Römer nutzten diesen Umstand zu einer Art Probeinvasion Karthagos. Valerius Messala segelte mit 50 Schiffen von Lilybaeum (Marsela) aus nach Utica und plünderte und brandschatzte große Teile des afrikanischen Küstengebietes. Die Römer, die bei ihren Plünderungsakten auf so gut wie keinen Widerstand stießen, machten zahlreiche Gefangene und kehrten unbeschadet nach Sizilien zurück. Nach eingehenden Befragungen der Gefangenen informierte Valerius Messala Rom davon, daß Karthago im Begriff war, eine neue Flotte zum Zwecke der Wiedereroberung Siziliens zu bauen und – was sich noch viel alarmierender anhörte – daß sich der Numidierfürst Massinissa bereits mit 5000 Mann auf dem Wege nach Iberien befand, um sich dort Hasdrubal Barkas' Heer anzuschließen. Von Spanien aus sollte die gesamte vereinigte Streitmacht Karthagos dann die Alpen überqueren, den hart bedrängten Hannibal in Italien entlasten und gemeinsam mit ihm die endgültige Vernichtung Roms herbeiführen.

Der Senat zeigte sich beunruhigt und erteilte dem jungen Scipio

umgehend den Befehl, Hasdrubal Barkas zur offenen Feldschlacht zu zwingen und ihn um jeden Preis davon abzuhalten,
nach Italien einzufallen. Spanien war jetzt eindeutig zum
Hauptkriegsschauplatz geworden. Während sich Hannibal, von
den Römern weitgehend unbehelligt, immer stärker in Bruttium verschanzte, prallten Scipio und Hasdrubal Barkas im
Herbst 208 v. Chr. bei Baecula am Guadalquivir erstmals aufeinander.

Der römische Feldherr hatte mit allen Mitteln eine Vereinigung
der drei verschiedenen karthagischen Heeresgruppen zu verhindern, da er einer solchen Übermacht trotz der beträchtlichen
Aufstockung durch zahlreiche iberische Stämme nicht gewachsen gewesen wäre. Da die spanischen Küstengewässer nicht in
Feindeshand waren, ließ Scipio die römische Flotte kurzerhand
bei Tarraco landen und die einzelnen Schiffsbesatzungen wurden Teil seiner Landstreitkräfte.

Hadrubal Barkas hielt sich offenbar für stark genug, es allein
mit der herannahenden Streitmacht der Römer aufnehmen zu
können. Am erwähnten Guadalquivir bei Baecula stellte er sich
Scipio. Jenseits des Flusses, auf einem Hang in Form einer Terrasse, erwarteten die karthagischen Schlachtformationen den
Angriff der Römer. Die Schlacht sollte zum Cannae mit umge-
kehrtem Vorzeichen werden. Es gelang Scipios leichtbewaffneten Nahkampfspezialisten die karthagische Frontlinie einzu-
drücken, während der römische Feldherr selbst und sein
mittlerweile zurückgekehrter Freund Laelius mit der schwerbewaffneten Hauptmasse des Heeres Hasdrubals Flanken
attackierten. Erneut bewies Scipio, wie viel die Römer inzwischen von Hannibal gelernt hatten. Die Punier konnten dem gefährlichen Zangendruck nicht mehr lange widerstehen und ihr
Heer wurde umfassend »aufgerollt«. Als Hasdrubal erkannte,
daß das geglückte Umfassungsmanöver der Römer seine unver-

meidliche Niederlage zur Folge haben würde, ergriff er die Flucht. Er brachte sich mit der Kriegskasse, zehn Elefanten und den Resten seiner versprengten, in Auflösung begriffenen Armee in Sicherheit. Er zog sich in nördlicher Richtung zurück und überschritt den Tagus. Von hier wollte er die Pyrenäen und die Alpen überqueren, um aktiv ins italienische Kriegsgeschehen eingreifen und sein Heer mit dem seines Bruders Hannibal vereinigen zu können.

Die Frage, warum Scipio Hasdrubal trotz des unfreundlichen und unübersichtlichen Terrains nicht sofort nachjagte, um seinen Sieg zu vervollkommnen, ist leicht zu beantworten: Scipio blieb gar keine andere Wahl als auf die Verfolgung Hasdrubals zu verzichten, denn er mußte jederzeit mit dem Eintreffen der beiden anderen Karthagerheere rechnen. Tatsächlich hatten Mago Barkas und Hasdrubal Gisko ihre Heeresverbände schon wenige Tage nach der Schlacht von Baecula vereinigt.

Gegen Ende des Jahres erhielt Scipio die Nachricht, daß Hasdrubal Barkas die westlichen Ausläufer der Pyrenäen bereits umgangen und die gallischen Alpen erreicht hatte. Es bestand kaum ein Zweifel, daß Hannibals Bruder nach der Schneeschmelze nach Italien einmarschieren würde. Scipio konnte dieses Faktum nur zur Kenntnis nehmen und Rom warnen, daß im kommenden Jahr mit dem Eintreffen des Feindes zu rechnen war. Seine Aufgabe war, den Krieg in Spanien zu einem glücklichen Ende zu bringen, erst dann konnte er in Italien aktiv werden.

Im Gegensatz zu seinem Bruder konnte Hasdrubal die Alpen ohne größere Verluste überschreiten. Obwohl er am Guadalquivir so vernichtend geschlagen worden war, verfügte er immer noch über eine ansehnliche Streitmacht, die er im Laufe seines Marsches durch Neuanwerbungen auf ungefähr 48 000 Mann aufstocken konnte. Relativ frische karthagisch-spanische Einheiten bildeten das Gros von Hasdrubals Armee, deren exakte Marschroute nach Italien noch umstrittener als die seines Bruders Hannibal aus dem Jahr 218 v. Chr. ist. Die Nachricht, daß Hasdrubal nun den großen Marsch angetreten hatte, war zwar bis zu Hannibal in Bruttium durchgedrungen, aber er wußte weder wann noch wo sein lang herbeigesehnter Bruder, den er als Jüngling in Spanien zurückgelassen hatte, auf dem italienischen Kriegsschauplatz erscheinen würde. Dennoch gelang es ihm, seine demoralisierten Truppen mit dem Versprechen, daß Hasdrubal bald mit einer großen Armee in Italien einfallen würde, etwas aufzurichten.

Der wahrscheinlichsten Annahme zufolge durchquerte Hasdrubals Armee das heutige Baskenland und marschierte in der Nähe von San Sebastian an den westlichen Pyrenäenausläufern vorbei, um schließlich nach Mittelgallien zu gelangen. Von dort aus, jenem Gebiet, das wir heute als die Auvergne kennen, führte er seine Streitmacht entlang des Isèreflusses bis zum Hochgebirgspaß von Mont Cenis. Wie schon erwähnt, gelang Hasdrubal die Alpenüberschreitung ohne größere Schwierigkeiten, was damit zusammenhängen mag, daß er diese wesentlich früher im Jahr anging als Hannibal, also nicht so unter dem frühen Wintereinbruch zu leiden hatte und sich ihm die kriegerischen Berggallier überraschenderweise nicht in den Weg stellten, Hasdrubal also keine Kämpfe in den Bergen zu überstehen hatte. Viel früher als allgemein erwartet, tauchte er somit in der Poebene auf. Doch Hannibals Bruder wußte diesen Vorteil nicht zu nutzen. Anstatt den schnelleren und damals noch möglichen Seeweg einzuschlagen, wollte Hasdrubal Hannibal auf dem Landwege die Verstärkungstruppen zuführen.

Statt sofort weiterzuziehen, schlug er sein Lager bei Placentia auf, um auf das Eintreffen gallischer Hilfstruppen zu warten. Zu einem Zeitpunkt, da jeder Tag zählte, da die Römer längst von seinem Erscheinen in Italien wußten und sage und schreibe ganze 25 Legionen über das gesamte Land verstreut hatten, zögerte Hasdrubal den Vormarsch unnötig hinaus. Außerdem beging er den unverzeihlichen Fehler, seinem Bruder eine unverschlüsselte Nachricht zukommen zu lassen. Diese »unglaubliche Nachlässigkeit bei der Übermittlung geheimzuhaltender Botschaften in Klartext«, wie de Beer schreibt, sollte Hasdrubal Barkas das Leben kosten. Von Placentia aus schickte Hasdrubal sechs Kuriere, zwei numidische und vier gallische Reiter, die den Auftrag hatten, durch ganz Italien nach Süden zu reiten, um Hannibal einen Brief zu überbringen. In diesem Schreiben weihte er seinen Bruder in seine Pläne ein: Er würde die Belagerung von Placentia aufgeben und seine Armee nach Süden in Marsch setzen. Er beabsichtige, der Via Flaminia zu folgen, also entlang der Adriaküste, in den Süden Italiens vorzudringen, und hoffe, sich dann dort mit ihm vereinigen zu können. Die sechs Kuriere ritten aber nicht über Metapontum, das damals noch fest in Hannibals Hand war, sondern wählten die Route über Tarentum, wo sie in die Gefangenschaft der Römer gerieten. Hasdrubals Brief erreichte Hannibal also niemals. Während der Barkide die Intentionen seines Bruders nicht einmal erahnen konnte, waren die Römer nun genauestens über die Pläne und Marschroute Hasdrubals instruiert.

Im Jahre 207 v. Chr. bekleideten zwei sehr unterschiedliche, sogar miteinander verfeindete Männer das Konsulat: Caius Claudius Nero – der in Spanien als Oberbefehlshaber versagt hatte und deshalb durch den jungen Scipio ersetzt worden war – und Marcus Livius Salinator. Letzterer galt in Rom als suspekt und ehrlos, weil ihm ein Makel anhaftete, für den er eigentlich nichts konnte. Sein Schwiegervater Pacuvius hatte Hannibal seinerzeit großzügig in seinem Haus in Capua bewirtet. Pacuvius war bis zum bitteren Ende treuer Parteigänger des Barkiden geblieben und hatte zusammen mit seinem Bruder Stenius an dem geschilderten von Vibius Virrius organisiertem »Todesgelage« teilgenommen. Die »verruchte Verwandtschaft« befleckte Livius Salinators Ehrenschild, und er setzte daher alles daran, diesen peinlichen Makel durch eine große Tat aus der Welt zu schaffen. Hasdrubal sollte ihm die Möglichkeit dazu geben. Wie immer unterstanden den Konsuln je zwei Legionen. Nero stand bei Venusia, wo er Hannibal erfolgreich daran hindern konnte, nach Nordapulien vorzudringen. Als Hasdrubals Brief den Römern in die Hände fiel, beschlossen die verfeindeten Konsuln, ihre Heere zu vereinigen und Hannibals Bruder den Weg abzuschneiden. Livius Salinator hatte in Senagallica (Senigallia) an der Adriaküste Aufstellung bezogen. Der Initiator des Unternehmens war eindeutig Claudius Nero, der unter striktester Geheimhaltung seinen nur relativ schwach gesicherten Frontabschnitt bei Venusia verließ und mit 7000 Mann, 1000 Kavalleristen und 6000 zu Fuß kämpfenden Legionären, im Eiltempo nach Norden marschierte. Innerhalb einer Woche legten Neros Männer 400 Kilometer zurück und konnten sich in der Nähe des Metaurusflusses mit Salinators Armee vereinigen. Hasdrubal lagerte südlich des Flusses, etwa einen Kilometer entfernt. Als Späher meldeten, daß zwei Trompetensignale im gegnerischen Lager ertönt waren, zog Hasdrubal daraus den richtigen Schluß, daß er nicht einer, sondern zwei feindlichen Armeen gegenüberstand. Noch in der Nacht gab er den Befehl zum Rückzug über den Metaurus. Er wollte nach Norden abdrehen, sich dem Zugriff des Feindes entziehen und seine Truppen in jenen Gebieten neu formieren, die immer noch – zumindest in großen Teilbereichen – von verbündeten Galliern beherrscht wurden.

Der nächtliche Rückzug fand überhastet statt und war schlecht organisiert. Hasdrubals Armee mußte sich durch die den Metaurus umgebenden Sumpfgebiete quälen und durch Schlamm und Dreck waten. Bei Morgengrauen war das karthagische Heer zersplittert, ein Großteil befand sich direkt im Flußbett, einzelne Verbände irrten im Dickicht der sumpfreichen Süduferlinie des Flusses herum, während die Nachhut offenbar völlig die Orientierung verloren hatte und in der Dunkelheit vom Hauptheer abgeschnitten war. Als die Römer seine Nachhut vehement attackierten und damit die Schlacht eröffneten, befand sich Hasdrubal in einer denkbar ungünstigen Position. Hannibals Bruder blieb keine Wahl. Hektisch formierte er seine Truppen am rechten Metaurusufer und versuchte eine halbwegs geordnete Schlachtreihe zustande zu bringen. In der Mitte postierte er seine zehn Elefanten, Karthager und Spanier bildeten den rechten Flügel, Gallier den linken.

Bei den Römern befehligten Livius Salinator den linken und Claudius Nero den rechten Flügel, während das Zentrum der römischen Streitmacht von Porcius Licinus, der mit einer Legion aus Gallia Cisalpina herbeigeeilt war, dirigiert wurde.

Die Schlacht am Metaurus wurde mit grimmigster, brutalster Härte und Grausamkeit ausgetragen. Die zehn zum Einsatz gebrachten Dickhäuter verursachten auf beiden Seiten gleich große Schäden. Es gelang den Treibern nicht, die wild gewordenen Tiere zu bändigen, so daß sie wie steuerlose Schiffe zwischen den kämpfenden Armeen hin- und hertrieben, alles und jeden niedertrampelnd, was sich ihnen in den Weg stellte. Hasdrubal behauptete sich so gut er konnte. Anfänglich gelang es den Römern nicht, die karthagischen Schlachtformationen zu durchbrechen. Vor allem die Gallier am linken Flügel trotzten dem Ansturm der Legionäre besonders hartnäckig.

Die Entscheidung führte schließlich Konsul Claudius Nero herbei, indem er, sich abermals an Hannibals Manöver bei Cannae erinnernd, seine Heeresgruppe vom rechten römischen Flügel abzog, um sie hinter den eigenen Reihen um die linke Flanke der Römer herumzuführen und Hasdrubals hart bedrängter rechter Flanke in den Rücken zu fallen. Was sich dann abspielte war keine Schlacht mehr, sondern ein regelrechtes Abschlachten. Neros Legionäre rieben die Karthager und Spanier, die Hasdrubals rechte Flanke ausmachten, völlig auf. Nach und nach wurde die gesamte karthagische Frontlinie »cannaemäßig« aufgerollt.

Hasdrubal versuchte nun den völligen Zusammenbruch seiner Heeresformationen zu verhindern, indem er sich selbst ins dichteste Kampfgetümmel stürzte. Doch der Untergang seiner Armee war nicht mehr aufzuhalten. Ein letztes Mal focht Hasdrubal Barkas mit wahrem Löwenmut, wie um dem Namen, den sein Vater seinen Brüdern und ihm gegeben hatte, noch im Tod alle Ehre zu machen.Viele Legionäre fielen seinem Schwert zum Opfer. Er stand auf einem richtigen Leichenhaufen getöteter Römer, als er von mehreren Speeren gleichzeitig durchbohrt wurde. Mit ihm ging seine Armee unter, für die es kein Entkommen mehr gab.

Claudius Nero ordnete an, daß keine Gefangenen gemacht werden. So wurden alle Verwundeten mitleidlos niedergemetzelt, kein einziger Mann Hasdrubals, ob nun Karthager, Spanier oder Gallier, entging dem entsetzlichen Morden, der Feind war bis zum letzten Mann vernichtet. Mit der Schlacht am Metaurus hatte sich Claudius Nero voll und ganz als Feldherr profiliert und Livius Salinator, der offiziell als Sieger über Hasdrubal galt, weil der Feind in dem ihm unterstellten Gebiet geschlagen worden war, sah seine Ehre wiederhergestellt. Er krönte seine Rehabilitierung durch einen triumphalen Einzug, den er auf dem Viergespann in der Tiberstadt hielt.

Die Schlacht am Metaurus hatte noch ein makabres Nachspiel. Nero ließ es sich nicht nehmen, der Leiche Hasdrubals eigenhändig den Kopf vom Rumpf zu trennen. Mit dem Haupt des gefallenen karthagischen Feldherrn jagte er, genau wie er gekommen war, im Eilmarsch nach Venusia zurück und ließ Hasdrubals Kopf in Hannibals Lager werfen. Als er das abgeschlagene Haupt seines Bruders vor sich im Staub liegen sah, weinte Hannibal und wurde zum ersten Mal von großer Mutlosigkeit erfaßt. Lange starrte er auf den Kopf, um schließlich verzweifelt und prophetisch zugleich die Worte auszurufen: »Hierin erblickte ich Karthagos Schicksal!«

Der Barkide, der nun mit keinerlei Verstärkung mehr rechnen konnte, verschanzte sich jetzt völlig in Bruttium. Die verbliebenen Garnisionen in Metapontum und Lukanien wurden aufgegeben. Das Jahr 207 v. Chr., das Hannibal den vielleicht bisher schwersten Schicksalsschlag bereitet hatte, neigte sich dem Ende zu. Die nächste große Entscheidung sollte im kommenden Jahr in Spanien fallen.

Unterdessen hatte in Spanien Scipio feststellen können, daß Mago Barkas und Hasdrubal Gisko die Zeit zu einer gewaltigen Aufrüstung nutzten. Der Numidierfürst Massinissa war mit seinen 5000 Reitern eingetroffen, und neuerliche Aushebungen hatten stattgefunden, so daß die Gesamtstärke der vereinigten karthagischen Streitmacht gegen Ende des Jahres 207 v. Chr. mehr als 70 000 Mann betrug. Trotz des großen Zulaufs der Iberer war Scipio den Karthagern weit unterlegen, als er sich im Jahre 206 bei Ilipa, in der Nähe des heutigen Sevilla, zur Entscheidungsschlacht stellte.

Während es in Italien, von einigen unbedeutenden Scharmützeln abgesehen, zu keinen größeren Kriegshandlungen kam und Hannibal einem weidwunden Löwen gleich in der »bruttischen Höhle« seine Wunden leckte, sprachen jetzt in Iberien die Waffen. Das Zahlenverhältnis sprach klar für die Karthager, die auf 32 Elefanten, Massinissas 5000 numidische Reiter und 70 000

Fußkämpfer bauen konnten. Scipios Armee war lediglich halb
so stark. Die beiden feindlichen Heere standen sich gegenüber,
und die ersten vier Tage geschah gar nichts. Die beiden Heere
bezogen zwar jeden Morgen Aufstellung, die Schlachtreihen
waren formiert, doch man belauerte sich nur gegenseitig bis
Sonnenuntergang. Am fünften Tag war die »Stehschlacht« zu
Ende. Scipio riß die Initiative an sich und ließ zum Angriff
blasen. Als erstes »behandelten« die Legionäre die Elefanten,
die Mago und Hasdrubal Gisko vor ihre Schlachtreihen gestellt
hatten, mit Brandpfeilen. Die Tiere wurden scheu, brachen aus,
machten kehrt und stifteten große Verwirrung in den eigenen
Reihen. Bald erkannten die beiden punischen Feldherrn auch
den Sinn des viertägigen Belauerns. Während der »Stehschlacht« hatten die schwerbewaffneten Elitelegionen das Zentrum der römischen Armee markiert, an beiden Flanken waren
die leichtbewaffneten iberischen Hilfstruppen gestanden. Hasdrubal Gisko und Mago hatten ihre kampfstärksten Verbände,
karthagische Kerntruppen aus Afrika, ebenfalls in der Mitte aufgestellt. Am Tag der Schlacht, kurz nachdem die Elefanten
außer Gefecht gesetzt worden waren, disponierte Scipio plötzlich um und warf die schwerbewaffneten Legionen an beide
Flanken. Die spanischen Hilfstruppen nahmen nun die Mitte
des Römerheeres ein. Scipio hatte seine Gegner geschickt ausmanövriert, denn als der Flankenangriff seiner schweren Infanterie erfolgte, standen die karthagischen Kerntruppen immer noch
im Zentrum und konnten – wie die Iberer auf der anderen Seite
– vorerst nicht ins Schlachtgeschehen eingreifen.
Scipio war es also gelungen, die karthagischen Eliteeinheiten zu
neutralisieren. Die relativ schwachen Flügel der Karthager wurden rasch durchbrochen, so daß auch bei Ilipa Hannibals von
Scipio perfekt kopierte Umfassungstaktik siegte. Wieder rollte
eine zahlenmäßig weit unterlegene Armee erfolgreich die Front-

linie eines truppenstärkeren Feindes auf. Scipios Sieg war vollkommen. Diesmal nahm der Römer auch sofort die Verfolgung der panikartig zurückweichenden Karthager auf. Wie Livius schreibt, wüteten die Legionäre furchtbar. Er verglich den Rückzug der bald eingekreisten Karthager mit einem viehischen Abschlachten. Hasdrubal Gisko und Mago Barkas gelang die Flucht buchstäblich in letzter Minute, auch der Numidierfürst Massinissa konnte sich mit einem Teil seiner Schwadronen gerade noch in Sicherheit bringen.

Die beiden geschlagenen Feldherren zogen sich über Lusitanien (Portugal) zurück und erreichten schließlich den letzten karthagischen Stützpunkt auf der Iberischen Halbinsel, Cadir (Gades), das heutige Cadiz. Während Massinissa beschloß, vorerst dort zu bleiben, segelte Hasdrubal Gisko nach Karthago zurück und Mago Barkas steuerte die balearischen Inseln an, um neue Truppen für einen Kriegszug in Italien zu rekrutieren.

Überraschenderweise kam es bald nach der letzten großen Entscheidungsschlacht auf Spaniens Boden zu einer Meuterei innerhalb des römischen Heeres, die Scipio jedoch äußerst blutig und grausam niederschlug. Sämtliche Meuterer wurden ans Kreuz geschlagen. Als ihm, dem Herrn über ganz Iberien, die einheimischen Stämme beinahe geschlossen die Königswürde anboten, lehnte er ab. Der siegreiche Feldherr hatte nur ein Ziel vor Augen: die Invasion Karthagos.

Zunächst gründete Scipio eine neue römische Kolonie. Er nannte die Stadt, die nicht unweit von Ilipa, das uns heute unter dem Namen Alcalá del Rió bekannt ist, lag, Italica. Hier sollte viele Jahre später Silius Italicus, einer der Chronisten des Zweiten Punischen Krieges, geboren werden, aus dessen Versepos *Punica* wir bereits zitierten.

Eine außergewöhnliche Rolle bei Scipios Planungen zur Weiterführung des Krieges in Afrika spielten die Numidier, diese tapferen und tollkühnen Reiternomaden aus Tunesien, Algerien oder Marokko, die bisher immer auf karthagischer Seite kämpfend den Römern größte Achtung abgenötigt hatten. Auch bei Ilipa waren es vor allem die Numidier-Schwadronen Massinissas gewesen, die durch besondere Tapferkeit auffielen. Obwohl es bei den Numidiern mehrere mächtige Clans gab und die nomadisierenden Reiterhorden jeweils einem Stammeshäuptling unterstanden, herrschte auch ein König über Gesamtnumidien. Dieser Mann hieß Syphax und residierte in Cirta (Constantine)in Ostalgerien. Er hatte Massinissa, den vielleicht einflußreichsten Stammesfürsten der Numidier, der darauf pochte, ebenfalls königliches Blut in seinen Adern zu haben und Anwartschaft auf den Thron bekundete, entmachtet und verjagt. Massinissa, der somit zu einem Fürsten ohne Land geworden war, hatte sich darauf mit einigen ihm treu gebliebenen Schwadronen in den Sold Karthagos gestellt. König Syphax selbst war in der Auseinandersetzung zwischen Rom und Karthago bisher weitgehend neutral geblieben, doch im Falle einer römischen Invasion konnte der Numidierkönig eine bedeutende Rolle spielen. Scipio beschloß, Syphax zu einem Bündnis mit Rom zu bewegen.

Wie es der Zufall wollte, wurde nach der Schlacht von Ilipa ein junger Numidier namens Massiva aufgegriffen, der behauptete, ein Neffe Massinissas zu sein. Er stand bereits auf dem Sklavenmarkt, als Scipio auf ihn aufmerksam wurde und ihn aufgrund seines angeblichen fürstlichen Geblüts zu einer Unterredung in sein Zelt holen ließ. Mit den Worten, er sei frei und könne ungehindert ins Lager seines Onkels, der sich noch in Cadir (Gades) befand, reiten, entließ Scipio den verblüfften Afrikaner, stellte ihm ein Pferd zur Verfügung und bot ihm sogar Geleitschutz an. Scipios Rechnung ging auf. Kurz nachdem Massiva in Cadir (Gades) eingetroffen war, gab Massinissa die verlorene Sache Karthagos auf und lief zu Scipio über. Es kam zu einer Unterredung, bei der Massinissa der »Faszination Scipios« völlig erlag, wie de Beer schreibt. Massinissa warnte Scipio zwar vor dem unberechenbaren und hinterhältigen Syphax, der sein verschworener Todfeind war, erklärte sich aber bereit, nach Afrika zurückzukehren, um so viele numidische Stämme wie möglich gegen Karthago aufzuwiegeln und an Roms Standarte zu binden. Scipios Plan, Karthago auf eigenem Terrain zu isolieren und einzukreisen, schien aufzugehen.

Mit Massinissa segelte auch Scipios Freund Laelius als Gesandter nach Afrika und begab sich in die numidische Königsstadt Cirta. Laelius kam mit der Nachricht zurück, daß Syphax durchaus zu einem Bündnis mit Rom bereit wäre, allerdings die Bedingung stellte, daß Scipio persönlich bei ihm vorstellig werden sollte. Der Feldherr der Römer zögerte nicht lange und verließ Carthagena mit zwei Schiffen. Als Scipio in die Nähe des Hafens von Cirta gelangte, mußte er jedoch konsterniert feststellen, daß dort sieben karthagische Kriegsschiffe vor Anker lagen. Hasdrubal Gisko war ebenfalls zu einem »Staatsbesuch« in der numidischen Königsstadt eingetroffen. Als der Karthager sofort auslaufen wollte, um die beiden römischen Schiffe auf dem offenen Meer anzugreifen, machte ihm der Boreas einen Strich durch die Rechnung. Der heftig einsetzende nordöstliche Gegenwind verhinderte das Auslaufen der karthagischen Schiffe und rettete Scipio vor dem sicheren Untergang.

Auf neutralem Boden gewährte König Syphax – sichtlich geschmeichelt – den Vertretern beider Weltmächte gleichzeitig eine Audienz. Nach einem üppigen Abendessen, beim anschließenden Tischgespräch, verstand es Scipio, Syphax und sogar den Karthager Gisko – der freilich ahnte, daß Scipios Staatsbesuch in Cirta nur den Auftakt einer Invasion darstellte – zu beeindrucken. Die große Autorität, die Scipio ausstrahlte, und sein selbstsicheres Auftreten verfehlten ihre Wirkung nicht. Hasdrubal Gisko, der später erklärte, der Mensch Scipio sei im persönlichen Gespräch noch beeindruckender als der Feldherr, ahnte, wem Syphax' Sympathien galten. Wenige Tage später ging der Staatsbesuch zu Ende, und die Römer hatten in König Syphax einen neuen und mächtigen Verbündeten für den bevorstehenden Endkampf mit Karthago gefunden.

Mago Barkas war unterdessen in Ebusus (Ibiza) gelandet, wo man ihn mit offenen Armen empfing und Truppen zur Verfügung stellte. Einen Landungsversuch auf Mallorca vereitelten die Bewohner der Insel, worauf Mago Minorca ansteuerte, wo man ihn so herzlich wie in Ebusus aufnahm. Mago nahm erneut Anwerbungen vor und rüstete sich für einen Feldzug in Italien.

Während der jüngste Bruder Hannibals in Minorca überwinterte, kehrte Scipio von Spanien aus nach Rom heim. Das Volk jubelte ihm begeistert zu. Er war nicht nur der Mann des Tages, sondern auch der nächste Konsul. Daran zweifelte niemand in der Tiberstadt, auch der Senat nicht, der den Helden von Iberien, der der Staatskasse 14 400 Pfund Silber mitbrachte, vor dem Tempel der Kriegsgöttin Bellona willkommen hieß. Überall drängte sich das Volk, als Scipio auf dem Kapitol Jupiter ein Dankopfer von 100 Ochsen darbrachte.

Im nächsten Jahr, 205 v. Chr., war er Konsul. Der Sieger von Iberien, der das als Stichwaffe gefürchtete »spanische Schwert« in die römische Armee einführte, ging sogleich daran, seinen langgehegten Plan der Invasion Karthagos in die Tat umzusetzen. Als Ausgangspunkt seiner Operation wählte er Sizilien und ließ dort in aller Eile eine Flotte von 30 Kriegsschiffen bauen. Publius Licinus Crassus, der zweite Konsul, wurde der Oberbefehl über die römischen Streitkräfte in Bruttium erteilt. Er sollte Hannibal in Schach halten, während Scipio den Krieg ins karthagische Mutterland hineintrug.

Scipios Invasionspläne konnten dem Senat natürlich nicht lange verborgen bleiben. Sie fanden nicht die uneingeschränkte Zustimmung, man warf dem jungen Scipio Ruhmsucht und Eigenmächtigkeit vor. Der Bau der Kriegsflotte in Sizilien erfolge über die Köpfe der Senatoren hinweg, wetterte vor allem Fabius Maximus. Der alte »Zauderer« hatte einen letzten großen Auftritt, als er sich mit aller Vehemenz gegen Scipios Pläne wandte und den Senat in zwei Lager spaltete. Hannibal sei immer noch der gefährlichste Gegner Roms und kein römischer Feldherr würde es wagen, ihn direkt anzugreifen. Zum gegenwärtigen Zeitpunkt sei ein militärisches Abenteuer in Afrika sinnlos und würde nur eine Hannibal entgegenkommende Truppenteilung zur Folge haben. Alle verfügbaren Streitkräfte müßten in Italien verbleiben, nur mit vereinter Kraft, so Fabius weiter, sei es möglich, Hannibal zu vernichten und den Krieg zu beenden. Jene Senatoren, welche Scipios Invasionspläne befürworteten, warfen dem alten »cunctator« niedrige Beweggründe wie Eifersucht und Neid vor. Daraufhin setzte Fabius Maximus zu einem langen und zornigen Plädoyer an:

»Senatoren Roms! Seht mich an. Wie soll denn eine Rivalität zwischen mir und einem Mann, der noch nicht einmal das Alter meines Sohnes erreicht hat, möglich sein? Ein solcher Vorwurf ist mehr als lächerlich! Einzig die Sorge um das Wohl Roms läßt mich hier gegen den Eroberungsplan des Konsuls auftreten. Leiht mir euer Ohr und ich werde euch die Lage sachlich und nüchtern schildern. Soll ich euch sagen, was Scipio in Afrika bevorstehen wird? Kein Hafen wird für ihn offenstehen, kein Fußbreit Landes gesichert sein, kein Verbündeter ihn erwarten. Sobald er in Afrika gelandet ist, wird sich das ganze Land gegen ihn erheben, alle Kämpfe im Innern werden angesichts des fremden Feindes vergessen sein. Sogar in dem unwahrscheinlichen Fall, daß Scipio Hannibal zur Rückkehr zwingt, wird es doch viel schwerer für ihn sein, Hannibal bei Karthago zu begegnen, wo diesem ganz Afrika zur Seite steht, als in Süditalien, wo ihm nur ein Truppenrest verblieben ist! Die Heere sind zur Verteidigung Roms und Italiens angeworben, nicht damit die Konsuln sich wie Könige gebärden und sie nach Belieben in irgendeinen Teil der Welt führen, je nachdem, wohin ihre Eitelkeit sie treibt!«

Fabius hatte sich in Rage geredet, raffte wütend die Falten seiner Toga und setzte sich. Publius Cornelius Scipio wartete, bis Buhrufe wie zustimmender Beifall abgeebt waren. Dann ergriff er das Wort. Alle Augen waren auf den Konsul gerichtet, der geradezu Gelassenheit ausstrahlte. Aus seinen Worten sprach sowohl berechtigter Optimismus, wie auch besonnene Bedachtheit.

»Wenn man mir hier keine Hindernisse in den Weg legt, werde ich unverzüglich nach Afrika hinübergehen, der Krieg wird dort auflodern, und Hannibal wird sich anschicken, Italien zu verlassen. Vieles, was sich aus der Entfernung nicht übersehen läßt, wird durch die Ereignisse geklärt werden; Aufgabe des Heerführers ist es, im richtigen Moment zur Stelle zu sein und sich die Ereignisse dienstbar zu machen. Ich, o Quintus Fabius, werde Hannibal, den Feind, den du mir bestimmt hast, zu finden wissen, aber ich werde ihn hinter mir herziehen, statt mich hier von ihm halten zu lassen!«

Obwohl sich vor allem die älteren Senatoren auf die Seite des Fabius schlugen, und noch manch heftige und hitzige Debatte folgte, konnte sich Scipio schließlich durchsetzen und seine Kriegsvorbereitungen in Sizilien vorantreiben.
In der Zwischenzeit hatte Mago Barkas, wie wir wissen, auf der Insel Minorca überwintert und dort eine neue Söldnerarmee

ausgehoben. Mit 2000 Reitern und 12 000 Fußkämpfern schickte er sich nun an, ins italienische Kriegsgeschehen einzugreifen.
Die römische Seevorherrschaft völlig ignorierend lief Hannibals jüngster Bruder Genua an und besetzte die Hafenstadt im
Handstreich. Aus unerklärlichen Gründen wandte er sich dann
nach Westen. Hatte sich schon die Koordinierung zwischen
Hannibal und Hasdrubal Barkas als katastrophal erwiesen, so
machte Mago gar keinen Versuch, sich mit seinem Bruder abzu-
sprechen. Sein unnötiger Angriff auf Genua glich bereits einem
strategischen Selbstmord. Es grenzte an ein Wunder, daß er
nicht nur unbeschadet an die Gestade der Stadt gelangte, sondern diese auch noch nahezu problemlos erobern konnte.

Das Kriegsglück blieb Mago vorerst hold. Er eroberte die Stadt
Savo (Savona), und einige einheimische Stämme schlossen sich
seinem Söldnerheer an. Der Gallier allerdings, mit deren Unterstützung er rechnete, zogen es vor, sich zurückzuhalten, waren
doch im cisalpinischen Gallien zwei starke römische Heeresgruppen stationiert. Trotzdem ließ Mago Karthago wissen, daß
er auf dem Vormarsch sei und die karthagische Führung, die
während des gesamten Krieges mit erschreckender Regel-
mäßigkeit Fehlentscheidung um Fehlentscheidung gefällt hatte,
bewies auch in dieser kritischen Endphase des langen Ringens
mit Rom ihre totale Unfähigkeit. Geblendet von den vermeintlich großen Siegen Magos, und unter völliger Verkennung des
wahren Sachverhalts und der tatsächlichen Kriegslage in Italien, unterließen es die Machthaber der Stadt abermals, Hannibal mit den so notwendigen Nachschubtruppen zu versorgen.
Statt dessen setzte man auf Mago und schickte ihm sieben
Elefanten, 25 Schiffe und 7000 Mann, sowie eine stattliche
Geldsumme. Zudem erteilte man Mago den weltfremden völlig
undurchführbaren Befehl, sofort auf Rom zu marschieren und
sich gleichzeitig mit Hannibal zu vereinen. De Beer hat die un-

erklärbare Vorgangsweise der karthagischen Führung folgendermaßen kommentiert:

»Kaum jemals hat es in der Kriegsgeschichte ein schlimmeres Beispiel dafür gegeben, daß zuwenig Verstärkung zu spät und am falschen Ort eingesetzt wurde.«[2]

Während Mago sozusagen im militärischen Abseits bei Savo stand, mußte Hannibal einen erneuten schweren Rückschlag hinnehmen, als Scipio, dem als Amtsbereich Sizilien zugewiesen worden war, von Messana (Messina) aus einen Angriff auf Lokri unternahm. Der Konsul wußte von dem Komplott einiger karthagischer Garnisonsoffiziere, die den für Hannibal so wichtigen Hafen den Römern überantworten wollten. Er befahl dem Heerführer Quintus Pleminius, seinen Standort in Rhegium (Reggio)zu verlassen und Lokri zu belagern. Mit 3000 Mann marschierte Pleminius auf Lokri und begann sogleich mit der Belagerung, während es Scipios Sturmeinheiten bereits gelungen war, mit den Verschwörern Kontakt aufzunehmen und in die Stadt einzudringen.

Als Hannibal im Eilmarsch auf die verbündete Griechenstadt vorrückte, um sie zu entsetzen, war der Kampf in vollem Gange. Eine der zwei Stadtzitadellen war schon gefallen. Hannibal warf sich sofort auf die Belagerer und erteilte gleichzeitig der karthagischen Besatzungsmannschaft der noch standhaltenden Zitadelle den Befehl, einen Ausfall zu unternehmen. Er konnte nicht ahnen, daß Scipio sich bereits in der Stadt befand, als der Angriff erfolgte. Unvermutet fielen Scipios aus der Stadt stürzende Eliteeinheiten den Karthagern in den Rücken, und Hannibal sah sich gezwungen, den Rückzug anzutreten.

Mit Lokri war eine weitere wichtige Stadt in die Hand der Römer gefallen. Die Moral im Karthagerheer erreichte ihren Nullpunkt. Hannibal, dessen ohnehin schon stark begrenzter Aktionsradius nach dem Fall von Lokri noch eingeengter geworden

war, fiel es immer schwerer, seine entnervten Söldner zu motivieren. Dennoch blieb ihm keine andere Wahl, als in Bruttium
auszuharren. Publius Cornelius Scipio aber, der sich erstmals
direkt in die Höhle des Löwen vorgewagt und Hannibals Entsatzversuch blutig abgeschlagen hatte, sah in der Eroberung von
Lokri eine Art letzter Generalprobe für die Invasion Karthagos.
Zuversichtlich und siegessicher kehrte der Konsul nach Sizilien
zurück, wo ihn sein Freund Laelius erwartete. Dieser hatte in
der Zwischenzeit eine Erkundungsfahrt nach Afrika unternom-
men und war nur etwa 94 Kilometer von Karthago entfernt, bei
Hippo Regius, dem heutigen algerischen Bône, gelandet. Seine
Ankunft hatte in Karthago große Aufregung verursacht, nahm
man doch an, Scipio selbst sei eingetroffen. In aller Eile waren
Verteidigungsmaßnahmen ergriffen worden. Laelius war mit
Massinissa zusammengetroffen, der dem Römer mitteilte, daß
seine Stämme bereit zum Losschlagen wären. Karthago sei im
Moment verwundbarer denn je, argumentierte der Numidierfürst, die Zeit sei reif, man müsse endlich zur Tat schreiten. Eindringlich schärfte Massinissa Laelius zudem ein, König Syphax
nicht zu trauen. Der Pakt mit Syphax sei so gut wie wertlos, da
der »ehrlose Usurpant«, wie Massinissa Syphax bezeichnete,
bei der ersten sich bietenden Gelegenheit wieder von den Römern abfallen würde.
Nachdem sich Scipio den Lagebericht seines Freundes und bewährten Flottenkommandanten angehört hatte, beschloß er, die
Kriegsvorbereitungen bald zu vollenden und die Invasion im
nächsten Jahr, 204 v. Chr., in Angriff zu nehmen. In bezug auf
Syphax sollte Massinissa recht behalten. Unmittelbar nachdem
Laelius wieder abgesegelt war, begab sich Hasdrubal Gisko er-
neut in die auf einem Kalksteinplateau gelegene numidische
Königsstadt Cirta, um König Syphax dazu zu bewegen, den
Pakt mit Rom zu kündigen und statt dessen ein Bündnis mit

Karthago einzugehen. Er nahm seine Tochter Sophonisbe mit, die als schönste Frau ihrer Zeit galt. Viele hatten sich schon vergeblich um die Hand der jungen Karthagerin bemüht. Es war ein offenes Geheimnis, daß Massinissa Sophonisbe schon seit Jahren abgöttisch verehrte. Wie Livius berichtet, »entflammte« Syphax sofort in »Liebeslust«, es kam zu einer Blitzhochzeit. Es war allen Beteiligten klar, was Syphax' Schwiegervater Hasdrubal mit dieser überschnellen Eheschließung beabsichtigte. Ein König, der mit der schönsten Frau Karthagos verheiratet war, konnte nicht länger Bündnispartner Roms sein, konnte nicht auf der Seite der Feinde des Heimatlandes seiner Gemahlin stehen. Noch während der Flitterwochen gab Syphax dem ständigen Drängen seiner betörenden jungen Frau nach, den Pakt mit Rom aufzukündigen. Er beorderte Gesandte zu Scipio nach Sizilien, durch die er mitteilen ließ, daß sich durch seine Heirat mit Sophonisbe seine Lage völlig verändert hätte. Er sei nicht nur durch die unauflöslichen »Fesseln der Liebe«, sondern auch durch einen neuen Staatsvertrag an Karthago gebunden. Es bliebe ihm daher nichts anderes übrig, als sein Bündnis mit Rom aufzukündigen. Dennoch, so meldeten die Gesandten weiter, sei Syphax nicht der Feind Roms. Die Römer könnten die Karthager an jedem beliebigen Schauplatz bekriegen, nur nicht in Afrika. Im Falle der geplanten Invasion Karthagos verlange es seine Ehre, das Heimatland und die Götter seiner Gemahlin zu verteidigen. Falls Scipio seine Eroberungspläne nicht aufgäbe und tatsächlich in Afrika einfiele, würde er es nicht nur mit den Karthagern, sondern auch mit ihm, dem König von Numidien, zu tun bekommen. So sehr er Scipio auch als Mensch schätze, ließe ihm dieser im Fall einer Invasion keine andere Wahl, als mit äußerster Härte und all seiner Macht gegen die römischen Eindringlinge vorzugehen.

Der von Massinissa vorausgesagte Sinneswandel Syphax' war zwar ein schwerer Schlag für Scipio, aber der Römer ließ sich nicht von seinem so lange geplanten und exakt vorbereiteten großen Unternehmen abbringen. Er gab den Gesandten des Numidierkönigs vielmehr die Warnung mit auf den Weg, daß sich Syphax nicht nur gegen Rom, sondern auch gegen die Götter versündige, die seinen Wortbruch genauso wenig dulden würden, wie er selbst. Die Weichen auf den Krieg in Afrika blieben also weiterhin gestellt.

Das Auftauchen der Numidierdelegation hatte einige Aufregung bei den römischen Legionen hervorgerufen, mußte man doch nun damit rechnen, nun auch noch gegen Syphax und die kampfstarken Numidier zu Felde ziehen zu müssen. Doch Scipio zerstreute alle Bedenken seiner Stabsoffiziere und Legionäre, indem er den wahren Sachverhalt einfach verheimlichte. Die Nachricht von Syphax´ Abfall sei nur ein Gerücht und entbehre jeder Grundlage, erklärte er den Soldaten. Es gelang ihm das Kunststück, die sich anbahnende Meuterei im Keim zu ersticken, seine Männer aufs neue zu motivieren, unter anderem dadurch, daß er ihnen reiche Beute und einen siegreichen, unter dem Schutz der Götter stehenden Feldzug verhieß. Außerdem gab er vielen nach Sizilien strafversetzten Legionären, die seit über zehn Jahren keinen Sold bekamen, ihre Ehre und Selbstachtung zurück und erklärte den Strafdienst für beendet.

Das Jahr 204 brach an und obwohl Scipio nicht wieder zum Konsul gewählt wurde, behielt er als Prokonsul den Oberbefehl über Sizilien. Seine Vorbereitungen für die »Operation Afrika« gingen nun in die Endphase. Als Konsul fungierten indes Marcus Cornelius Cethegus, der von Etrurien aus die Aktivitäten von Mago Barkas überwachen sollte, und Publius Sempronius Tuditanus, der die römischen Truppen in Bruttium befehligte, wo der Krieg beinahe völlig zum Stillstand gekommen war.

Voller Kampfeseifer zwang Sempronius den angeschlagenen Barkiden bei Crotona, einem der wenigen Stützpunkte, die Hannibal noch auf dem italienischen Festland verblieben waren, zur Schlacht. Die Karthager schlugen den Angriff der Römer blutigst zurück und die Armee des Sempronius Tuditanus wäre der Vernichtung nicht entgangen, wenn ihr nicht Prokonsul Licinus Crassus mit vier Legionen zu Hilfe gekommen wäre. Von den vier Legionen, die der schon fast geschlagene Sempronius eingesetzt hatte, waren von Hannibal zwei vernichtet worden, trotzdem standen ihm jetzt immer noch sechs Legionen gegenüber. Das vereinigte Heer von Sempronius und Licinus war doppelt so stark wie seine Streitmacht, trotzdem ließ sich Hannibal hinreißen, vor den Mauern von Crotona zum Kampf anzutreten. Die Schlacht verlief wiederum äußerst blutig und angesichts der gewaltigen Übermacht zog es der Barkide vor, sich in Crotona zu verschanzen, um seine geschwächten Truppen nicht völlig aufreiben zu lassen. Die Römer, die auch keinen Sieg errungen hatten, beschlossen, auf die Belagerung der Stadt zu verzichten, eroberten aber während ihres Abzugs die mit Hannibal verbündete Stadt Clampetia. Zwei andere Stützpunkte Hannibals, Cosentia und Pandosia, öffneten widerstandslos die Tore.

Die ersten Frühlingsmonate des Jahres waren vorbei und Hannibals Position wurde immer unhaltbarer. Scipio hielt jetzt die Zeit für gekommen, die »Operation Afrika« zu starten. Er verließ die sizilianische Hafenstadt Lilybaeum, das heutige Marsala, mit 30 Kriegsschiffen und 35 000 Mann. Westlich von Kap Bon, in fast unmittelbarer Nähe Uticas, der nach Karthago bedeutendsten Stadt Puniens, ging er an Land und begann sogleich, Utica zu belagern. Der Krieg hatte Afrika erreicht. Massinissa stieß mit 8000 Reitern zu Scipio, begierig, seinen Todfeind Syphax auf heimatlichem Boden zu bekriegen und mit Hilfe der Römer »sein« Königreich zurückzugewinnen.

Obwohl man seit geraumer Zeit mit dem Eintreffen der römischen Invasionsflotte rechnen mußte, löste die Nachricht, daß Scipio nun Afrikas Boden betreten hatte, Utica belagerte und die Umgegend plündern und brandschatzen ließ, in Karthago große Panik aus. Man setzte jetzt alle Hoffnungen auf Syphax und seine Numidier, wußte aber auch, daß der kampfstarke Massinissa auf römischer Seite stand und womöglich viele Numidierstämme seinem Beispiel folgen würden. Allerdings rechnete man mit dem Eintreffen einer verhältnismäßig kleinen mazedonischen Hilfslegion, die der selber hart bedrängte Philipp V. in Aussicht gestellt hatte, zudem erwartete man eine frisch angeworbene keltisch-iberische Söldnerarmee. Entscheidend aber war, daß Karthago im Moment über keinen Feldherrn von Scipios Format verfügte. Hanno Barkas hielt sich zwar in der karthagischen Hauptstadt auf, genau wie Hasdrubal Gisko, aber den hatte Scipio schon einmal, in Spanien, vernichtend geschlagen. Die Furcht der Karthager war also mehr als berechtigt. Wieder beging man einen verhängnisvollen Fehler, als man Hanno Barkas, der erklärte, nach Eintreffen der Hilfstruppen den Oberbefehl übernehmen zu wollen, zu einem unnötigen und gefährlichen Erkundungsritt aussandte. Die kleine Einheit wurde von Massinissas weit überlegenen Numidierhorden umzingelt und niedergemacht, auch Hanno kam dabei ums Leben.

Pure Angst herrschte in der karthagischen Hauptstadt, die jederzeit mit Scipios Angriff rechnete, und sich bereits verloren sah. Es kam zu Tumulten, Panik und Chaos weiteten sich aus. Massinissa und Laelius wie auch alle führenden Stabsoffiziere drängten Scipio, sofort gegen Karthago zu marschieren. Doch der Römer zögerte. Er zögerte wie Hannibal nach der Schlacht von Cannae. Wir haben gehört, welche Überlegungen Hannibal seinerzeit davon abgehalten haben könnten, nach dem gewaltigen Sieg sofort gegen Rom zu marschieren. Scipio mußte keine

Betrachtungen dieser Art anstellen. Es gab keinen einzigen ge-
wichtigen Grund, die Stadt, die, wie de Beer ausführt, »Scipios
Zugriff machtlos preisgegeben« war, nicht sofort anzugreifen.
Die abwartende Haltung des römischen Feldherrn bleibt unbe-
greiflich, ließ er doch Monate verstreichen, die es Hasdrubal
Gisko und Syphax ermöglichten, eine recht ansehnliche Söldnerarmee zusammenzubringen, wenn diese auch zum Großteil
aus unzuverlässigen, eilends zusammengetrommelten Glücks-
rittern und »Elementen unbestimmten Ursprungs« bestand. De
Beer spricht verächtlich von einem »Gesindelheer«. Scipio, der
die Entscheidung aus unerfindlichen Gründen ständig hinaus-
zögerte, ließ das ganze Jahr verstreichen, gab sogar die Belagerung Uticas vorerst auf, und errichtete statt dessen auf der Halbinsel des Pulchrum-Vorgebirges ein stark befestigtes Lager,
dem er – nicht gerade in einem Anflug von Bescheidenheit –
den Namen »Castra Cornelia« gab. Hier überwinterte der Scipione.
Scipios Untätigkeit wird von den meisten modernen Historikern
kritisiert, einzig und allein Faber, der niemals auch nur den geringsten Zweifel an der Unfehlbarkeit des genialen Feldherrn
hegt, verteidigt sein Zögern:
> »Hinter dem Schutz der Wälle verbrachte er den Winter, nach
> seinem bewährten Grundsatz, den auch Napoleon vertrat,
> nämlich ›daß die ganze Kriegskunst in einer gut organisier-
> ten, vorsichtigen Verteidigung bestehe, der ein kühner,
> rascher Angriff folgen müsse‹.«[3]

Im Jahre 203 v. Chr. wurden Cnaeus Servilius Caepio und Caius Servilius Geminus zu Konsuln ernannt. Scipio blieb Oberbefehlshaber in Afrika bis zur Beendigung des Krieges, wobei er
weitgehend nach eigenem Gutdünken agieren konnte. Vom
»Castra Cornelia« aus trat dieser nun neuerlich mit König
Syphax in Verbindung, um ihn wieder für die römische Sache zu

gewinnen. Wie Livius schreibt, glaubte Scipio, daß die wild auf-
lodernde Leidenschaft, die Syphax für Sophonisbe empfand, inzwischen durch »unbegrenzten Genuß gesättigt« worden sei,
und der Numidier daher vernünftigen Argumenten wieder zu-
gänglicher geworden wäre – umsonst. Syphax beharrte kategorisch auf dem Abzug der Römer. Scipio mußte erkennen, daß
Syphax nicht mit sich reden ließ, und beschloß nun, die Waffen
sprechen zu lassen.

Das Heer von Hasdrubal Gisko und Syphax lag Scipios Armee
in der Nähe von Utica gegenüber. Da die vereinigte karthagisch-
numidische Armee zahlenmäßig überlegen war, nahm der Römer bei einer Finte Zuflucht, die, wie Lidell Hart ausführt, »so
dicht wie möglich die Grenze zwischen strategischer List und
vorsätzlichem Betrug streifte«. Worin bestand der Trick Scipios,
mit dem er bewies, daß er es auch an Listenreichtum mit Hannibal aufnehmen konnte? Eine neuerliche Verhandlungsdelegation wurde ins karthagisch-numidische Heerlager beordert. Die
Gesandten Scipios wurden von merkwürdig vielen Dienern begleitet, eine Tatsache, der niemand Bedeutung beizumessen
schien. Diese »Diener« waren in Wirklichkeit altgediente Zenturionen, die die zähen und, wie zu erwarten, ergebnislos verlaufenden Gespräche dazu benutzten, die Lagerbeschaffenheit
des Feindes genauestens zu erkunden. Ihr Bericht stellte Scipio
mehr als zufrieden: Syphax´ Truppen seien in Schilfhütten untergebracht, während die Karthager in notdürftig zusammen-
gezimmerten Holzbaracken kampierten. Die Disziplin sei lax,
die Ein- und Ausgänge ungenügend gesichert.

Scipio entschloß sich zu einem Nachtangriff auf das schwach
befestigte gegnerische Lager. Als Ablenkungsmanöver rückte
ein relativ kleiner Stoßtrupp wieder auf Utica vor, so daß bei
den Karthagern der Eindruck entstand, die Belagerung würde
wieder aufgenommen. In der Nacht schlichen sich Eliteeinhei-

ten von Laelius und Massinissa ins Heerlager der Feinde und legten Feuer. Die Schilfhütten brannten bald lichterloh ebenso die Holzbaracken der Karthager. Die meisten Numidier und Karthager wurden von dem Feuer, das sich zu einem verheerenden Großbrand entwickelte, im Schlaf überrascht. Als sie unbewaffnet und noch halb benommen, sich daran machten, das Feuer zu löschen, liefen sie den Legionären direkt in die Schwerter. Scipio hatte strikten Befehl erteilt, keinen Mann am Leben zu lassen. Wer dem Flammenmeer oder dem Schwert der Legionäre entkam, und sein Heil in wilder panikartiger Flucht suchte, den ereilte der Tod an den Toren des Heerlagers, denn die Römer hatten auch alle Lagerausgänge besetzt.

Die vereinigte karthagisch-numidische Armee wurde restlos ausgelöscht. Hasdrubal Gisko und König Syphax hatten sich allerdings retten können. In aller Eile gingen beide Männer daran, wieder eine halbwegs kampfstarke Armee aufzustellen. Dieser »traurige Haufen«, wie de Beer schreibt, dessen Kernstück von einigermaßen zuverlässigen Iberern und Mazedoniern gebildet wurde, trat dann den kampferprobten Legionen Scipios auf den sogenannten »Großen Feldern« am Medjerdafluß entgegen. Als sie sahen, wie die Legionäre ihre Söldner reihenweise aufspießten und niederhieben, flüchteten Hasdrubal und Syphax abermals – Hasdrubal nach Karthago, der Numidierkönig in seine Hauptstadt. Scipio erteilte seiner Flotte den Befehl, eine Seeblockade über Utica zu verhängen und marschierte nun mit der Hauptmasse seines fast völlig intakt gebliebenen Heeres gegen Karthago. Sein Freund Laelius und Massinissa mit seinen Schwadronen nahmen unterdessen die Verfolgung von Syphax auf.

Von seiner Gattin aufgehetzt, gelang es Syphax nochmals, eine Art Armee aufzustellen. Der König versuchte, die bunt zusammengewürfelten, eilends ausgehobenen und größtenteils uner-

fahrenen Söldnerhorden nach römischen Muster zu organisie-
ren und sprengte mit dem ganzen Mut der Verzweiflung gegen
die Legionäre. Laelius' und Massinissas kampferprobte Schwadronen vernichteten das bald die Flucht ergreifende Restheer
von Syphax mit spielerischer Leichtigkeit. Der König der Numidier stürzte verwundet vom Pferd und geriet in Gefangenschaft. Massinissa ließ den verwundeten Syphax in Ketten legen
und auf ein Pferd setzen. Dann galoppierte er, umjubelt von seinen Schwadronen, Syphax im Schlepptau mit sich führend, in
die Königsstadt. Laelius und seine Legionäre folgten im Fuß-
marsch. Als der Numidierfürst mit gezücktem Schwert die Stu-
fen des Königspalastes hinaufstürmte, warf sich ihm Sophonisbe, die Frau des Königs, vor die Knie und flehte um Gnade.

»Alle Gewalt haben dir über uns die Götter, deine Tapferkeit
und dein Glück gegeben. Aber wenn eine Gefangene vor
dem Herrn über ihr Leben und ihren Tod ihre flehende Stimme erheben darf, so flehe ich bei dem Namen des numidischen Volkes, das du gemeinsam mit Syphax geführt hast,
gewähre der Bittenden diese Gnade: Beschließe du allein
über deine Gefangene und überantworte mich nicht der
hochmütigen Willkür irgendeines Römers. Wäre ich auch
nichts anderes gewesen als die Gemahlin des Syphax, so
wollte ich doch lieber mein Schicksal in die Hände eines
Mannes legen, der wie ich in Afrika geboren ist, als in die eines Fremdstämmigen. Was eine karthagische Frau von einem
Römer, was die Tochter Hasdrubals zu befürchten hat, das
siehst du ja. Ich beschwöre dich, wenn es dir auf keine andere Weise möglich ist, rette mich durch den Tod vor der Willkür der Römer!«

Sophonisbes Worte, nach Livius »mehr Liebkosungen als
Bitten«, verfehlten ihre Wirkung nicht. Auf der Stelle beschloß
Massinissa, Sophonisbe zu seiner Königin zu machen. Mit die-

sem Schachzug hoffte er nicht nur die Demütigung des in Ketten liegenden Syphax perfekt zu machen, sondern vor allem auch die Karthagerin vor dem Zugriff der Römer zu bewahren. Niemand würde es wagen, die Gemahlin des mit Rom verbündeten Fürsten, der sich nun anschickte, den ihm zustehenden Königsthron zu besteigen, als Gefangene im Triumphzug durch Rom zu führen.

Massinissa heiratete die Karthagerin noch am selben Tage. Warum sollte ihm Scipio diese Gunst nicht gewähren – gerade ihm, da er einen solch entscheidenden Beitrag zu allen römischen Siegen auf afrikanischem Boden geleistet hatte? Massinissa wurde schnell eines Besseren belehrt. Denn als Laelius gegen Abend in Cirta eintraf, tobte dieser vor Wut und wollte Sophonisbe gemeinsam mit dem gefangenen Syphax sofort ins Lager von Scipio schaffen lassen, erklärte sich jedoch bereit, die Entscheidung über Sophinsbes weiteres Schicksal seinem Oberbefehlshaber zu überlassen. Während die »schönste Frau Karthagos« noch angsterfüllt ihren neuen Gemahl beschwor, ihre Auslieferung mit allen Mitteln zu verhindern, wurde Syphax in Ketten in Scipios Lager geführt. Der Römer empfand fast Mitleid mit dem in Ketten vor ihm liegenden Mann, an dessen Tafel er noch vor zwei Jahren wahrhaft fürstlich gespeist hatte. Auf den Vorwurf des Wortbruchs versuchte er seine Haut dadurch zu retten, daß er vorgab, lediglich das unschuldige Opfer der niederträchtigen Machenschaften seines Weibes gewesen zu sein. Die Kriegsgesetze der Römer kannten keine Gnade mit Verrätern. Scipio ließ ihn später zusammen mit allen anderen Gefangenen nach Rom schaffen, wo er durch die Straßen gepeitscht, vom Pöbel bespuckt wurde und nach kurzer Haft den Tod fand. Scipio stand nun vor einer schwierigen Entscheidung. Sollte Sophonisbe ihren neuen Ehemann Massinissa zu einem Frontwechsel bewegen können, wäre die kurz vor dem siegreichen

Ende stehende »Operation Afrika« ernsthaft gefährdet. Als er Syphax wegschaffen hatte lassen, befahl er Massinissa in sein Lager zu kommen. In weiser Voraussicht tadelte er den Fürsten nicht coram publico, sondern beglückwünschte ihn vor den Augen des versammelten Kriegsrates zu seinem Sieg über Syphax und hob seinen gewaltigen Mut und seine Tapferkeit hervor. Danach zog er sich mit Massinissa zu einer vertraulichen Unterredung in sein Zelt zurück. Eindringlich redete er dem Numidier ins Gewissen und erinnerte ihn daran, daß er selbst niemals den Verlockungen der Fleischeslust erlegen war. In den Augen Roms sei Sophonisbe Syphax' rechtmäßige Gemahlin und müsse daher ebenso als Gefangene in die Tiberstadt deportiert werden.

»Daß auch du die Tugend der Enthaltsamkeit zu deinen übrigen hervorragenden Eigenschaften hinzugefügt hättest, das wäre mein Wunsch, Massinissa. Glaube mir, es gibt für Leute in unserm Alter nicht soviel Gefahr von bewaffneten Feinden wie von sinnlichen Leidenschaften, die uns überall umlauern. Wer sie zügelt, hat eine größere Ehre und einen größeren Sieg errungen, als wir durch den Sieg über Syphax!«

Daraufhin erklärte Massinissa, daß er sich Scipios Befehl beugen werde, und kehrte beschämt in den Palast zurück. Die ganze Nacht rang er mit seinem Gewissen. So groß seine Liebe für Sophonisbe auch war – er war der zukünftige Herrscher von Numidien, Rom war Garant seiner Macht. Karthago so gut wie besiegt. Andererseits hatte er Sophonisbe versprochen, sie nicht den Römern auszuliefern. Als der Morgen graute, war seine Entscheidung gefallen. Er befahl seinen Leibsklaven zu sich, der, wie Polybios schreibt, »jenes Gift hütete, das alle Könige als Medizin gegen die Zufälle und Launen des Schicksals bereithielten«. Eigenhändig mischte er das tödliche Gift in einen Becher Wein und ließ Sophonisbe ausrichten, daß sie als Toch-

ter des Karthagers Hasdrubal Gisko den Römern nicht lebend in
die Hände fallen solle. Sie zog die Konsequenzen.
Da er befürchten mußte, daß sich der verzweifelte Massinissa
gleichfalls das Leben nehmen würde und dies zu einer Meuterei
seiner ihm treuergebenen Reiterhorden führen konnte, reagierte
Scipio schnell. Am nächsten Tag erhob er den immer noch trau-
ernden und verzagten Massinissa vor dem versammelten Heer
und unter tosendem Beifall zum König von Numidien. Die Zeremonie verlief hochoffiziell und mit großer Prachtentfaltung,
wie Faber beschreibt:
»Er beschenkte ihn unter Lobeserklärungen mit einer goldenen Krone, einer goldenen Schale, einem kurulischen Sessel,
einem elfenbeinernen Stab, einer goldbestickten Toga und einer mit Palmblättern verzierten Tunika – Auszeichnungen,
wie sie sonst nur einem Triumphator zukamen.«[4]
Der tragische Kurzauftritt Sophonisbes im antiken Weltherr-
schaftsdrama zwischen Karthago und Rom inspirierte den zu
seiner Zeit hochgerühmten Dichter Emanuel Geibel, 1834 eine
Tragödie zu verfassen, die den Namen der einzigen wirklich
greifbaren Frau der Hannibalzeit trägt.[5] Geibels *Sophonisbe*
ignoriert jedoch den wahren Sachverhalt. In seinem Stück ist
die »schönste Frau Karthagos« unsterblich in Scipio verliebt.
Als dieser sie zurückweist, faßt sie den Entschluß zum Freitod.
Hasdrubal Giskos feurige und leidenschaftliche Tochter bleibt
die einzig klar erkennbare weibliche Gestalt des Zweiten Punischen Krieges, auf die auch die antiken Chronisten detailliert
eingehen. Alle anderen Frauen stehen im Schatten der männli-
chen Protagonisten und werden kaum erwähnt – selbst Imilko,
Hannibals Frau, scheint nur in einigen Nebensätzen auf und
wirkt beinahe so nebelhaft verschwommen wie die mythische
Gründerkönigin Dido. So darf Sophonisbe wohl posthum den
Anspruch stellen, die berühmteste Karthagerin der Geschichte

gewesen zu sein. Ihr bedauernswertes Schicksal hat die Jahrtausende überdauert und ist im Gedächtnis der Menschen haften geblieben. Zur römischen Kaiserzeit griff die bildende Kunst auf die unglückliche Königin mit den zwei Männern zurück. Eine pompejische Freskenmalerei zeigt sie in ihrer Todesstunde, auf dem Bette liegend und den tödlichen Giftbecher an die Lippen setzend.

In den Sommermonaten des Jahres 203 v. Chr. war die Lage Karthagos verzweifelter denn je. Mit Syphax war der letzte mächtige Verbündete ausgeschaltet worden. Ein dilettantischer Versuch, das belagerte Utica zu befreien, und die die Stadt blockierende römische Flotte zu versenken, scheiterte kläglich. Hauptsprecher der Friedenspartei im karthagischen Senat, die immer mehr die Oberhand bekam, war Hasdrubal Gisko, der Vater der unglücklichen Sophonisbe. Er drängte darauf, Scipio um einen sofortigen Waffenstillstand zu bitten. Gleichzeitig erging der Befehl an Hannibal und Mago Barkas, in ihr Heimatland zurückzukehren. 30 Vertreter des Ältestenrates fanden sich in Scipios Lager in Tunes ein und begegneten dem Feldherrn mit betonter Unterwürfigkeit. Als die Frage der Kriegsschuld erörtert wurde, zögerten die Karthager nicht, Hannibal und den Barkidenclan für das Ausmaß und alle Greuel des Konfliktes verantwortlich zu machen. Scipio erklärte den angstvollen Greisen, daß er das Friedensangebot nicht ablehne, da er den Sieg bereits errungen habe und einen Akt der Großmut, den Karthago zwar nicht verdiene, wie er ausdrücklich betonte, setzen wolle. Er entspräche der flehentlich vorgetragenen Bitte um Verschonung der punischen Hauptstadt nicht aus Achtung vor dem geschlagenen Gegner, sondern um allen Völkern zu demonstrieren, daß Rom seine Kriege gerecht führe und ehrenvoll zu Ende bringe. Dann diktierte er die Friedenskonditionen, die de Beer wie folgt zusammenfaßt:

»Rückzug aller karthagischen Truppen aus Italien … Auslieferung aller Flüchtlinge, Deserteure und Gefangenen; Anerkennung Massinissas als Herrscher seines Königreiches; Abtretung Spaniens und aller Mittelmeerinseln; Übergabe aller Schiffe bis auf 20; Lieferung von über 80 000 Scheffel Weizen und nahezu 50 000 Scheffel Gerste; Reparationszahlungen in Höhe von 5000 Talenten.«[6]

Scipio gab den Karthagern drei Tage Bedenkzeit. Schon einen Tag später akzeptierte man die Bedingungen. Ein Waffenstillstand wurde geschlossen und eine karthagische Gesandtschaft machte sich auf den Weg nach Rom, um dort die Ratifizierung des Vertrages durch den Senat und die Volksversammlung zu erbitten. Der mit allen Vollmachten ausgestattete Scipio bestätigte den Friedensvertrag. Hannibals jüngster Bruder Mago Barkas war inzwischen im cisalpinischen Gallien von den Truppen des Prokonsuls Marcus Cornelius vernichtend geschlagen und schwer verwundet worden. Als ihn der Befehl zur Rückkehr ins Heimatland erreichte, schiffte er sich umgehend mit seiner stark dezimierten Söldnerarmee nach Karthago ein. Während der Überfahrt erlag er seiner Verwundung. Hannibals letzter Bruder war tot.

Doch davon wußte der Barkide nichts. Er hatte seine Abberufung aus Italien zwar vorausgesehen, aber als die Boten mit der Order, sofort nach Hause zurückzukehren, in Crotona eintrafen, fühlte er sich laut Livius wie ein Exilierter, der aus seinem Vaterland vertrieben wurde. Wutentbrannt trat er vor seine Truppen hin, die ihm auch in den harten Jahren der Mißerfolge und Rückschläge, als ihre Lage immer aussichtsloser geworden war, stets die Treue gehalten hatten, und gab seiner Entrüstung freien Lauf.

»So rufen mich denn nicht mehr versteckt, sondern ganz offen diejenigen zurück, die mich schon längst dadurch zurückzuholen suchten, daß sie verboten, mir Nachschub und Geld zu schicken. Also bin ich nicht von den Römern, die von mir so oft geschlagen und in die Flucht gejagt worden sind, besiegt worden, sondern von den Herrschenden in Karthago, von deren Mißgunst und von deren Neid. Über diese schmachvolle Form meiner Rückkehr wird weniger Publius Scipio jubeln und sich brüsten als Hanno, der das Haus der Barkiden, da er es auf andere Weise nicht vermochte, unter den Trümmern Karthagos begräbt!«

Karthago hatte es nicht einmal für nötig befunden, Hannibal mit den erforderlichen Transportschiffen zu versorgen, so daß ihm kaum Laderaum zur Verfügung stand. Da es dem Sohn Hamilkars nicht möglich war, 4000 seiner besten Pferde mitzunehmen, ließ er sie alle blutenden Herzens töten. Mit 24 000 Mann verließ Hannibal im Herbst des Jahres 203 v. Chr. Crotona und Italien – für immer. Er stand an der Reling seines Schiffes und blickte auf das Land zurück, das er fast 15 Jahre lang in Atem gehalten hatte.

Bald nach der Abreise Hannibals verstarb der alte »Zauderer« Quintus Fabius Maximus. »Der Schild Roms« sollte den letzten großen Triumph seines Volkes nicht mehr erleben. Hannibal aber ging in Leptis (Libda) an Land und überwinterte in Hadremetum (Sousse). Er war nun fast 45 Jahre alt, sein Heimatland hatte er seit seinem neunten Lebensjahr nicht mehr wiedergesehen.

XI
DIE NIEDERLAGE BEI ZAMA –
HANNIBAL ALS STAATSMANN

Bei seiner Ankunft in Hadremetum, dem Ferienparadies Sousse von heute, erfuhr Hannibal auch vom Tod seines letzten und jüngsten Bruders Mago. Während er noch den Tod des Bruders betrauerte und seine Männer sich von den Strapazen der Überfahrt erholten, hatte die Nachricht von seinem Eintreffen in Afrika in Karthago euphorische Begeisterungsstürme ausgelöst. Vor allem das gemeine Volk lief durch die Straßen und verbreitete jubelnd: »Hannibal ist da! Nun muß der Krieg weitergehen, und wir werden siegen und die römischen Eindringlinge ins Meer werfen!« Aber auch im karthagischen Senat hatten plötzlich wieder die »Falken« Oberwasser und plädierten energisch dafür, den Vertrag mit Scipio für ungültig zu erklären. Warum sollte man die schmachvollen Bedingungen – die man zuvor nur allzu willig angenommen hatte – erfüllen und die hohen Reparationszahlungen leisten, jetzt, wo Hannibal im Land war, jener Mann, der zum Schreckgespenst Roms geworden war, und die Feinde Karthagos so oft besiegt hatte?

Die Handlungsweise des karthagischen Senats war von erschreckender, unglaublicher Naivität geprägt, man schwankte wieder einmal von einem Extrem ins andere. Hatte man Scipio vorher noch auf den Knien liegend um einen Waffenstillstand ersucht und den Barkiden als Hauptkriegsverursacher verteufelt, so glaubte man nun, daß der im Volk ungemein beliebte große Feldherr imstande wäre, einfach ein Wunder zu vollbrin-

gen, wie er es in Italien so oft getan hatte. Man vergaß dabei
völlig, daß dem Barkiden die wichtigste Voraussetzung für eine
siegreiche Fortsetzung des Krieges fehlte: eine kampfstarke, erfahrene und gut ausgebildete Armee. Ganz im Gegenteil bestand diese nur noch aus einem bunt zusammengewürfelten
Haufen.

Einzig und allein Hasdrubal Gisko wies auf diese unübersehba-
re Tatsache hin und beschwor die Mitglieder des Senats, den
Waffenstillstand auf keinen Fall zu brechen. Aber er wurde nur
verlacht und als Feigling bezeichnet. Als er wütend die Kurie
verließ, wurde er von dem aufgebrachten Mob mit Steinen beworfen, bespuckt und durch die halbe Stadt gejagt. Hasdrubal
Gisko floh in die Familiengruft. Er sah keinen Ausweg mehr.
Als die wilde Meute an die Tür der Gruft pochte, folgte er dem
Beispiel seiner Tochter und schluckte Gift. Der Mob schlug die
Tür der Grabkammer ein und verging sich am Leichnam des
»feigen Hundes«, der es gewagt hatte, für Frieden einzutreten,
obwohl Hannibal, der große, unüberwindliche Hannibal, bereit
stand, Scipio und seine Legionen zu vernichten und Karthagos
Ehre wiederherzustellen. Hasdrubals Leiche wurde enthauptet,
der Kopf des »Verräters«, der nicht an den Sieg Hannibals glauben wollte, auf einen Speer gespießt und triumphierend durch
die Straßen getragen. Selbst Flaubert hätte die sich tatsächlich
abspielende Szene nicht besser erfinden können. Karthagos
Machthaber sahen dem Wüten des Pöbels tatenlos zu. Keiner
der Senatoren bedauerte das Schicksal Hasdrubal Giskos, der so
viel für den Staat getan hatte und nun ein solch erniedrigendes,
menschenunwürdiges Ende nahm.

Seit geraumer Zeit herrschte Nahrungsmittelknappheit in der
punischen Hauptstadt. Als einige römische Versorgungsschiffe,
die zu Scipio unterwegs waren, durch einen heftigen Sturm gezwungen wurden, im Golf von Karthago Zuflucht zu suchen,

ließ man sie in den Hafen schleppen und plünderte sie aus. Wütend schickte Scipio drei Unterhändler, die von einer relativ starken Einheit begleitet wurden, in die Stadt, um Genugtuung für diese eklatante Verletzung des Waffenstillstands zu fordern. Sie wurden nicht einmal empfangen, sondern sogleich aus Karthago gejagt und auf dem Rückweg auch noch aus dem Hinterhalt attackiert. Mit einigen Soldaten des Begleitkommandos entgingen die drei Gesandten nur knapp dem Tod. Für Scipio war das Maß nun voll: Der Waffenstillstand war gebrochen worden und der Krieg wurde daher fortgesetzt.

Obwohl man seiner Gesandtschaft so übel mitgespielt hatte, verfuhr der Römer mit der aus Rom zurückgekehrten, karthagischen Friedensdelegation nicht so brutal, wie man vielleicht annehmen hätte können. Er ließ die Karthager weder töten noch in Geiselhaft nehmen, sondern sorgte dafür, daß sie unbeschadet in ihre Hauptstadt heimkehren konnten. Scipio, der inzwischen von der Rückkehr Hannibals erfahren hatte, wußte, daß er den Endkampf mit dem Barkiden würde austragen müssen und faßte den Entschluß, ihn auf keinen Fall nach Karthago gelangen zu lassen. Die Eroberung der Stadt konnte Jahre dauern, mutmaßte Scipio, wenn ein solch überragender Heerführer wie Hannibal den Oberbefehl innehatte. Der »schlachtenerprobte« Sohn Hamilkars war ein ganz anderer Gegner als Syphax oder Hasdrubal Gisko es gewesen waren. Er durfte die punische Hauptstadt nicht erreichen und zu seiner Operationsbasis machen.

Wie er seinerzeit dem »Zauderer« Fabius Maximus erklärt hatte, beschloß Scipio, Hannibal hinter sich herzuziehen. Er mied daher bewußt die Hauptstadt des Feindes und drang von Tunes aus mit 30 000 Mann tief ins Landesinnere ein. Er folgte dem Medjerbafluß und durchzog das nach dem Fluß benannte Tal, überall Spuren der Zerstörung zurücklassend. Damit näherte er sich nicht nur dem Staatsgebiet Massinissas, der bald mit 6 000 Mann Fußvolk und 4000 Reitern zu ihm stieß, sondern kontrollierte auch das für die Versorgung Karthagos lebenswichtige fruchtbare Land im breiten Medjerbatal. Hannibal geriet – ganz gegen seinen Willen – in Zugzwang. Er konnte nicht, wie beabsichtigt, von Hadremetum aus in nördlicher Richtung auf die Hauptstadt Karthago abrücken, sondern mußte sich nach Westen wenden, um die Römer aus dem Medjerbatal zu vertreiben. Hannibals Armee stieß also notgedrungen ebenfalls ins Landesinnere vor. Nicht unweit von Sicca, wo einst der Aufstand der meuternden Söldner von seinem Vater Hamilkar niedergeschlagen worden war, bei Zama Regia – 140 Kilometer von Karthago entfernt – schlug Hannibal sein Heerlager auf. Er sandte Späher aus, um die Feindlage zu sondieren, die aber in eine Falle gelockt und zu Scipio gebracht wurden. Sie mußten mit dem Schlimmsten rechnen. Zu ihrer grenzenlosen Verblüffung ließ sie der römische Feldherr jedoch nicht töten, sondern durch das stark befestigte Lager führen. Danach schickte er sie zu Hannibal zurück, damit sie diesem genau Bericht über die ausgezeichnete Verfassung seiner Armee erstatten konnten. Scipios psychologischer Trick sollte nicht wirkungslos bleiben. Hannibal, der alles andere als siegessicher war, wußte, daß die römische Kavallerie, unterstützt von Massinissas Reiterhorden, diesmal seiner eigenen überlegen war. Ein Numidierhäuptling, der ein Freund des entthronten Syphax gewesen war, hatte sich Hannibal zwar mit einer 2 000 Mann starken Schwadron angeschlossen, aber der Barkide wußte, daß seine Reiterei, die in Italien immer einen beträchtlichen Anteil an seinen großen Siegen gehabt hatte, Massinissas Horden nicht gewachsen sein würde. Vielleicht ahnte er, daß er diese letzte große entscheidende Schlacht seines Lebens verlieren würde. Jedenfalls bat er Scipio um eine persönliche Unterredung. Er hoffte, daß es ihm gelingen würde, den Römer zu einem für beide Seiten ehrenvollen Friedensschluß zu überreden, um ein weiteres großes Blutvergießen zu vermeiden. Publius Cornelius Scipio erklärte sich bereit, Hannibal zu treffen. So kam es zu jenem welthistorischen Dialog, dessen exakten Verlauf wir nicht kennen, und der alle Historiker, die sich mit Hannibal auseinandersetzten, die antiken Chronisten wie die modernen Forscher, gleichermaßen faszinierte. Zweifelsohne handelte es sich bei dem Zusammentreffen Hannibals und Scipios um eine der Sternstunden der Weltgeschichte. De Beer schreibt:

> »Dieses Gespräch war von ähnlich entscheidender Bedeutung für den Verlauf der Weltgeschichte wie 2000 Jahre später der Dialog zwischen Napoleon und dem Zaren Alexander I.«[1]

Als die beiden Männer mitten auf dem Felde zwischen ihren Heeren aufeinander zuschritten, begegneten sich laut Livius »die größten Feldherrn aller Zeiten«. Interessant ist, daß alle antiken Chronisten darauf verweisen, daß sowohl Hannibal wie auch Scipio je einen Dolmetscher bei sich hatten. Wir wissen, daß beide Männer ausgezeichnet Griechisch sprachen. Sie hätten also ohne weiteres auf einen Übersetzer verzichten und sich in dieser Sprache unterhalten können. Vielleicht taten sie es auch. Livius schreibt, daß sich Hannibal und Scipio eine Weile »stumm vor gegenseitiger Bewunderung« anstarrten, ehe der Barkide als erster das Wort ergriff:

> »Durch das Schicksal ist es mir bestimmt, daß ich, der ich so oft den Sieg fest in Händen hielt, meinerseits mit der Bitte um Frieden komme. Und da freue ich mich, daß gerade Du es bist, den ich darum bitten soll. Auch für Dich mag es nach so vielen glänzenden Erfolgen eine freudige Genugtuung sein, daß vor Dir Hannibal, der Sieger über so viele römische Heerführer, gewichen ist und daß Du diesem durch eure

früheren Niederlagen denkwürdigen Krieg ein Ende berei-
test. Dein Vater, Publius, war der erste Feldherr, mit dem ich
die Waffen gekreuzt habe. Und nun komme ich zu seinem
Sohn ohne Waffen, um ihn um Frieden zu bitten. Die Götter
hätten unsere Väter dahin bringen sollen, daß ihr euch mit der
Herrschaft über Italien und wir uns mit der über Afrika be-
gnügt hätten. Denn auch euch ersetzen Sizilien und Sardinien
nicht hinreichend den Verlust so vieler Flotten, so vieler Heere, so vieler hervorragender Heerführer. Doch das Vergange-
ne kann man wohl tadeln, aber nicht ungeschehen machen.
So sehr haben wir nach fremdem Gut getrachtet, daß wir unser eigenes aufs Spiel setzten. Wir trugen den Krieg nach Italien, ihr nach Afrika. Auch ihr habt beinahe auf euren Mauern
die Feldzeichen und Waffen der Feinde gesehen, während wir
jetzt von Karthago aus den Lärm des römischen Lagers
hören. Was wir also vor allem verwünschten und ihr vor allem wünschtet, das ist erfüllt: in einer für euch günstigeren
Lage wird über den Frieden verhandelt. Wir verhandeln als
Männer, die das größte Interesse am Frieden haben und deren
Vereinbarungen in jedem Falle für unsere Mitbürger verbind-
lich sind. Mich, der ich in fortgeschrittenem Alter in die Vaterstadt zurückkehre, von der ich in jungen Jahren ausgezo-
gen bin, haben Glück und Unglück so in die Schule
genommen, daß ich lieber der Vernunft folgen, als mich blin-
dem Schicksal anvertrauen will. Deine Jugend und Dein be-
ständiges Glück verführen Dich zu einem leidenschaftliche-
ren Handeln, als man es zu ruhigen Entschlüssen benötigt.
Das ist es, Publius, was ich fürchte. Nicht so leicht überlegt
derjenige den Wechsel des Geschicks, der nie vom Glück
getäuscht worden ist. Was ich am Trasimener See, was ich bei
Cannae gewesen bin, das bist Du heute.«
Hannibal verwies auf Scipios bisherige große Siege und Erfol-

ge, welche er achte und bewundere, aber auch auf die Wankelmütigkeit Fortunas:

»Bedenke Publius, je größer das Glück ist, desto weniger darf man ihm trauen. Wenn Du in Deiner günstigen Lage den Frieden gewährst, bringt er Dir Ruhm. Besser ein zuverlässiger Frieden als ein ungewisser Sieg. Jener liegt in Deiner Hand, dieser in der Hand der Götter. Setze nicht das Glück so vieler Jahre in einer einzigen Stunde aufs Spiel. Zu dem Maß an Ruhm, das Du mit der Gewährung des Friedens schon jetzt haben kannst, wirst Du im Fall einer siegreichen Schlacht nicht so viel hinzugewinnen, als Du im Fall einer Niederlage verlierst. Beides, die errungenen und die erhofften Ehren, kann das Schicksal in einer einzigen Stunde zugleich vernichten!«

Dann erklärte Hannibal, daß sich Karthago fortan nur mehr auf die afrikanischen Küstengebiete beschränken werde, während Sizilien, Korsika, Sardinien, Spanien, Malta und alle anderen Inseln zwischen Italien und Afrika für immer an Rom abgetreten würden. Er gab auch unumwunden zu, daß die Handlungsweise des karthagischen Senats, den Waffenstillstand zu brechen, unverantwortlich gewesen war und die Römer alles Recht der Welt besäßen, neuerlichen Friedensangeboten mit Skepsis zu begegnen. Schließlich aber verwies er auf die Autorität seiner Person. Er selbst garantiere für die Einhaltung der neuen Friedensbedingungen. Mit den Worten: »Ich, Hannibal, bin es, der um Frieden bittet!« beendete der Barkide seine lange Rede.

Nach einer kurzen Pause antwortete Scipio ziemlich unbeeindruckt:

»Es entging mir nicht, Hannibal, daß Deine Mitbürger in der Hoffnung auf Dein Erscheinen die vereinbarte Waffenruhe gebrochen und die Aussicht auf Frieden vereitelt haben. Und wirklich, auch Du verhehlst dies ja nicht, da Du von den früheren Friedensbedingungen alles wegläßt, außer dem, was schon längst in unserer Hand ist. Die Bedingungen besagten, daß sämtliche Gefangene und Überläufer ausgeliefert und die Kriegsschiffe bis auf zwanzig übergeben werden sollten, abgesehen von der Lieferung einer Menge an Lebensmitteln und Geld. Es kommt keinesfalls in Frage, daß Karthago die seinerzeit eingegangenen Verpflichtungen heute von den Friedensbedingungen abzieht, gewissermaßen als Belohnung für seine Treulosigkeit. Während ihr nicht verdient, daß noch die alten Bedingungen gelten, bittet ihr sogar, daß euch euer Vertragsbruch Vorteile bringe!«

Der römische Feldherr kam sodann auf die Frage nach der Kriegsschuld zu sprechen. Im Ersten wie im Zweiten Punischen Krieg, der sich nun dem Ende nähere, hätten die Karthager den Zwist mutwillig heraufbeschworen. Dies bezeugten die unparteiischen Götter, die Karthagos Aggression schon einmal mit der Niederlage gestraft hätten, genauso wie sie es nun auch tun würden. Dann attackierte Scipio Hannibal persönlich und erklärte hochmütig, er wäre auf Hannibals Friedensangebot eingegangen, wenn der Barkide Italiens Boden freiwillig verlassen hätte.

»Jetzt aber, da ich Dich fast an den Haaren unter Sträuben nach Afrika geschleppt habe, bin ich zu keiner Rücksicht Dir gegenüber verpflichtet. Jetzt muß ich zu den früheren Bedingungen für einen Frieden gleichsam eine Sühne für die Wegnahme unserer Schiffe und für die ungebührliche Behandlung unserer Gesandten während des Waffenstillstands verlangen!«

Als Wiedergutmachung für den unverzeihlichen Vertragsbruch käme nur die sofortige bedingungslose Kapitulation in Frage, forderte Scipio. Als Hannibal fragte, ob dies sein letztes Wort sei, antwortete Scipio stolzer denn je:

»Wenn euch dies zu hart erscheint, dann rüstet zum Krieg, da ihr ja den Frieden nicht habt ertragen können!«

Damit war die Unterredung zu Ende. Die Würfel waren gefallen, die letzte große Entscheidungsschlacht unvermeidlich geworden. Titus Livius schildert die Schlacht von Zama mit epischer Breite und betont, daß sich hier die tapfersten Heere der beiden mächtigsten Völker der damaligen Welt gegenüber standen. Von Ebenbürtigkeit konnte natürlich keine Rede sein. Lediglich ein Teil von Hannibals Heer, Veteranen des italienischen Feldzugs und frisch angeworbene karthagisch-libysche Einheiten, konnte sich, was Kampfkraft und Erfahrung betraf, mit den kriegserprobten Legionen Scipios messen.

Obwohl es stimmt, daß eine leichte numerische Überlegenheit auf karthagischer Seite bestand, scheint es offenkundig, daß Livius den großen Sieg Scipios durch eine bewußte, der Realität nicht entsprechende Übertreibung der hannibalischen Heeresmacht und Kampfstärke zu glorifizieren versucht. Zur Ehrenrettung des antiken Chronisten aus Padua muß andererseits gesagt werden, daß er betont habe, Hannibal habe trotz seiner Niederlage auch in der Entscheidungsschlacht von Zama sein Feldherrngenie eindrucksvoll unter Beweis gestellt, sei allerdings an den Umständen gescheitert.

Hannibals Armee setzte sich aus ungefähr 50 000 Mann zusammen. In seinen Reihen fochten jetzt die erwähnte Schwadron numidischer Reiter, Libyer und Karthager, die von Mago mitgebrachten Ligurer und Gallier, Italiener meist bruttischer Herkunft, die dem Barkiden mehr oder weniger freiwillig nach Afrika gefolgt waren, und deren Zuverlässigkeit einen beträchtlichen Risikofaktor darstellte, balearische Schleuderer, Mauren und die 4000 Mann starke »mazedonische Hilfslegion«. Scipios kriegserprobte Armee bestand aus zwei römischen Legionen, 10 000 Mann stark, zwei Verbündetenlegionen gleicher Mannschaftsstärke, 3000 römischen Kavalleristen, Massinissas 6000 numidischen Reitern, und der leichten Infanterie, die etwa 14 000 Mann stark war. Der selbstsichere Scipio ritt an der Frontlinie entlang und gab die Parole »Sieg oder Tod!« aus. Er verkündete, die Auspizien hätten den erfolgreichen Ausgang der Schlacht eindeutig prophezeit und appellierte an den Patriotismus der Römer. Er beendete seine kurze Ansprache mit den Worten:

> »Sollte die Schlacht wider Erwarten – und was sicher nicht eintreten wird – dennoch anders ausgehen, dann wird der Ruhm, für das Vaterland gestorben zu sein, auf ewig alle verklären, die mutig im Kampf gefallen sind!«

Wie Faber vermerkt, fiel es Hannibal wesentlich schwerer, die übliche anfeuernde Ansprache zu halten.

> »Seine Truppen rekrutierten sich ja aus einer Vielzahl von Völkern, die er nicht in ihrer Sprache anreden konnte, so daß er die Ermahnung vor der Schlacht den jeweiligen Unterführern oder Dolmetschern überlassen mußte … Nur mit den Veteranen der hannibalischen Kriege, seiner Kerntruppe, konnte er sich auf karthagisch unterhalten. Sie sahen in Hannibals Sache die ihre, vergleichbar den Veteranen Napoleons I. … Hannibal erinnerte an die Leistungen … in Italien, an die Vernichtung so vieler römischer Heere samt ihrer Heerführer … Im Geiste lenkte er die Blicke seiner Truppen auf die Mauern der Vaterstadt, die heimischen Götter, die Grabstätten der Vorfahren.«[2]

Hannibal und die Elefanten werden stets fast in einem Atemzug genannt. Auch in seiner letzten großen Schlacht setzte der Punier wieder ein größeres Kontingent an Kriegselefanten ein. Diese »Panzer der Antike« hatten also bei Zama ihren letzten wirklich großen Auftritt. 80 Kriegselefanten bildeten gewissermaßen seine Front und bezogen zur Abschirmung und Abschreckung vor seiner ersten Schlachtformation Aufstellung. Wie man weiß, waren die Tiere in aller Eile abgerichtet und auf ihren Einsatz vorbereitet worden, was auch mit eine der Ursachen dafür gewesen sein mag, daß Hannibal die Schlacht verlor. Der karthagische Feldherr postierte die von Mago nach Afrika mitgebrachten Hilfstruppen, Mauren, Gallier, balearische Schleuderer und Ligurer, die ihm am unzuverlässigsten schienen, unmittelbar hinter den Elefanten. Diese keineswegs patriotisch gesinnten Söldner, denen das Schicksal Karthagos weitgehend egal war, Abenteurer und Glücksritter, die aus Beutesucht in den Kampf zogen, bildeten seine erste Schlachtreihe. In der zweiten Reihe standen Hannibals Kerntruppen, sozusagen seine Eliteeinheiten, altgediente karthagische Veteranen und Libyer, aber auch die 4000 Mazedonier, die größtenteils aus kriegsunerfahrenen Rekruten bestanden. Was Livius über dieses zweite punische Glied ausführt, nämlich, daß »diese Männer in ihrer Bewaffnung, Kriegserfahrung und Waffenehre den römischen Legionen ebenbürtig waren«, stimmt daher nur bedingt. Bruttische Truppenverbände markierten Hannibals dritte und letzte Schlachtreihe. An der rechten Flanke wartete die karthagische Kavallerie, an der linken die numidische Reiterei, die sich mit Massinissas Schwadronen allerdings kaum messen konnte, auf ihren Einsatz.

Scipios Aufstellung wich in zwei wesentlichen Punkten von der bis dahin üblichen traditionellen römischen Schlachtordnung ab: Zum einen waren seine Manipel nicht, wie erwartet, schachbrettartig gestaffelt, sondern standen hintereinander, zum zweiten kam bei Zama erstmals eine zahlenmäßig und auch von der Schlagkraft her überlegene römische Kavallerie zum Einsatz. Dem gezielten Flankeneinsatz von Scipios Kavallerie diente wiederum Cannae als Musterbeispiel. Scipio sollte Hannibal also mit seiner eigenen oftmals erfolgreich angewandten Taktik

schlagen. Die Manipelumstellung bewirkte, daß breite gassen-
artige Zwischenräume entstanden, die, wie de Beer schreibt, in
einer Art von Korridoren »von der Frontlinie durch die ganze
Tiefe der Truppenformation führten«. In diesen breiten »Korri-
dorgassen« lauerten die Veliten, Scipios leichte Infanterie, darauf, dem Elefantenangriff zu begegnen. Das Konzept des
Römers bestand darin, daß die Velitentruppen im Falle eines
Angriffs der Elefanten zurückwichen und die Dickhäuter durch
die frei gewordenen Korridore durchtrampeln ließen, so daß
der Ansturm der hannibalischen »Panzer harmlos verpuffen«
konnte.

Zu Beginn der Schlacht ließ Hannibal die Elefanten auf die römischen Schlachtformationen zutreiben, die von der von Caius
Laelius befehligten Kavallerie – offenbar war der Flottenkommandant, wie man sieht, auf dem Pferderücken ebenso zu Hause wie an der Brücke seines Schiffes – am rechten Flügel und
von Massinissas Reiterei am linken flankiert wurden. Scipio
empfing die Kolosse mit überlautem Trompetengeschmetter –
die römischen Hornisten bliesen sich die Seele aus dem Leib
und verursachten, gleichzeitig mit den brüllenden Legionären,
einen Höllenlärm. Die Dickhäuter gerieten völlig durcheinander, und die Treiber sahen sich außerstande, die wild gewordenen Tiere zu bändigen. Unkontrolliert und in blinder Panik verließen sie ihre Formation. Einige wenige konnten durch einen
gezielten Bolzenschlag ins Genick getötet werden, ehe sie in die
eigenen Reihen einbrachen, doch viele Dickhäuter waren nicht
mehr zu bremsen, warfen ihre Treiber ab, und trampelten direkt
auf die Numidierschwadron zu, die Hannibals linken Flügel
ausmachte. Hannibals im Angriff begriffene numidische Reiterei wurde durch die chaotisch und mit großer Geschwindigkeit
auf sie zulaufenden Kolosse völlig aus dem Konzept gebracht –
ein Umstand, den Massinissa sofort ausnützte und seinerseits

zum Angriff überging. Seine Attacke ließ die ratlos gewordenen, für Karthago kämpfenden Stammesgenossen alsbald die Flucht ergreifen. Massinissas Horden setzten zur Verfolgung an, während Laelius an der Spitze der römischen Kavallerie Hannibals schwere afrikanische Reiterei förmlich vom Schlachtfeld fegte. Die Elefanten – einige trampelten eine Anzahl von Scipios Veliten nieder – wurden mit einem Speerhagel empfangen und jagten schließlich, wie vom römischen Feldherrn geplant, durch die breiten Korridore. Hannibals Elefantenangriff war verpufft: Manche hatten die eigenen Reihen dezimiert, aber die meisten der 80 zum Einsatz gebrachten Kampftiere waren in die »Lückenfalle« Scipios gelaufen. In kürzester Zeit waren nicht nur die Dickhäuter neutralisiert und ausgeschaltet, sondern auch beide Flanken des Barkiden völlig aufgerissen worden.

Scipio griff nun auf das traditionelle Schachbrettschema zurück und ließ die wieder dicht gestaffelten Manipel in geschlossener Formation angreifen. Der wuchtige Frontalangriff der schwerbewaffneten Legionäre ließ Hannibals erste Schlachtreihe überraschend schnell zusammenbrechen. Die Hilfstruppen der Punier, Gallier, Ligurer, Balearen und Mauren, wichen zurück und suchten, in der zweiten karthagisch-lybischen Schlachtreihe Schutz. Hannibals Eliteeinheiten wiederum deuteten dies als Feigheit und machten sich daran, die Hilfstruppen gewaltsam von der Flucht abzuhalten.

So entwickelte sich quasi eine Schlacht in der Schlacht. Es kam zu einem blutigen Gemetzel innerhalb der eigenen Reihen, während die Römer, diese unerwartet eingetretene Katastrophe sofort ausnützend, unaufhaltsam vorrückten und einen langen und breiten Keil in die karthagischen Stellungen schlugen. Hannibals erste Schlachtreihe wurde so völlig aufgerieben, nicht nur von den Römern, sondern auch von den karthagischen Kerntruppen, die dem Feind auf diese Weise unbewußt die Aufgabe erleichterten. Verzweifelt bemühte sich Hannibal, die Einheit der zweiten karthagischen Schlachtreihe wiederherzustellen. Tatsächlich gelang es ihm, seine Kerntruppe zu festigen. Die Karthager setzten zu einer Offensive an und warfen die Legionäre sogar kurzzeitig wieder zurück. Doch als die nächste Welle der entschlossen angreifenden schweren römischen Infanterie heranrollte, sahen sich auch die Karthager und Libyer dem ungeheuren Druck nicht mehr gewachsen und zogen sich überhastet und planlos zurück.

Hannibal konnte nur noch sein drittes Glied, die Bruttier, zum Einsatz bringen. Inmitten des von Blutlachen, Leichenhaufen und abgeschlagenen Gliedmaßen übersäten Schlachtfeldes hielten diese zunächst dem Ansturm des römischen Fußvolks stand. Als Scipio jedoch ebenfalls seine dritte Schlachtreihe nach vorne warf, und Laelius und Massinissa, die die karthagische Kavallerie und Hannibals leichte numidische Reiterei mittlerweile in die Flucht gejagt hatten, erneut in den Kampf eingriffen und den Bruttiern in den Rücken fielen, mußte der Barkide erkennen, daß die Schlacht unwiederbringlich verloren war. Begleitet von einer kleinen Eskorte setzte er sich nach Hadremetum ab.

Nicht zu Unrecht bezeichnet Faber den schicksalsschweren Tag der heißen Schlacht von Zama im Jahre 202 v. Chr. als »universalgeschichtliches Ereignis«. Er verweist auf zwei andere große Schlachten der Weltgeschichte, Hastings und Waterloo, die im Gegensatz zu Zama keine grundlegende Änderung und Wandlung des Verlaufs der Geschichte bewirkten.

Man muß Faber hier zustimmen. Denn als der Sachsenkönig Harold 1066 am Senlac Hügel fiel und der normannische Eroberer Wilhelm die Schlacht von Hastings für sich entschied, wurde zwar der Grundstein zum Aufstieg Englands zur Weltmacht gelegt, aber es war kein das Geschichtsbild völlig veränderndes Elementarereignis. Dasselbe kann man von Waterloo behaupten, jener Schlacht des Jahres 1815, in der Napoleon, genau wie Hannibal bei Zama, zwar ein letztes Mal sein militär-strategisches Genie an den Tag legte, aber ebenso an den Umständen – sprich am nicht rechtzeitig eintreffenden Entsatzheer von Marschall Grouchy – scheiterte. Die Niederlage des Korsen hatte die Wiederherstellung der vornapoleonischen Verhältnisse zur Folge. Hannibals Niederlage bei Zama jedoch ist deshalb von solch einschneidender, entscheidender Bedeutung, weil sie nicht nur Roms lange Weltherrschaft einleitete, sondern auch den Sieg des Okzidents über den Orient markierte.

Der Sieg des durch Scipio verkörperten Abendlandes über das hannibalische afrikanische Morgenland hat den Verlauf der Weltgeschichte in fundamentalster Weise geändert. Zama trug maßgeblich zur Prägung unserer 2000jährigen europäischen Geschichte bei. Europas Antlitz wäre heute ein anderes, wenn der Barkide bei Zama gesiegt hätte. Mit den Karthagern und Römern prallten nicht nur zwei antike Weltmächte aufeinander, sondern auch völlig konträre Herrschaftssysteme und Kulturen. Deshalb hat Zama wirklich welthistorische, umbruchartige, revolutionierende Veränderungen nach sich gezogen und, wie Faber schreibt, »die Richtung gewiesen für die weitere Entwicklung der mittelmeerischen Welt, bis hin zu deren Erbe, dem Abendland«.

Von Hadremetum aus jagte Hannibal in seine Vaterstadt zurück, die er als neunjähriges Kind, zusammen mit seinem Vater Hamilkar, verlassen hatte, und stellte sich dem eilends einberufenen »Rat der Hundert«. Ohne Umschweife erklärte er, daß mit seiner Niederlage bei Zama auch der lange Krieg endgültig verloren sei, und verlangte vehement die unverzügliche Aufnahme von Waffenstillstands- und Friedensgesprächen. Wenige Tage später war eine Delegation zu Scipio unterwegs.

Einmal mehr stand Scipio, der inzwischen schon bis in die Nähe
der punischen Hauptstadt vorgerückt war, vor der Frage, ob er
sich auf eine langwierige und möglicherweise verlustreiche Belagerung Karthagos einlassen, oder dem geschlagenen Feind
neue und weitaus härtere Friedensbedingungen diktieren sollte.
Massinissa und Laelius plädierten für die Belagerung und Ein-
äscherung der einstigen »Königin der Meere« und rieten Scipio,
die punische Friedensdelegation, die mittlerweile im römischen
Lager eingetroffen war, auf der Stelle liquidieren zu lassen.
Scipio verwarf diesen Vorschlag, begegnete den neuerlich um
Frieden bittenden Karthagern aber sehr unfreundlich. Er ließ die
Punier kaum zu Wort kommen und schrie ihnen ins Gesicht, daß
er ihnen, vor allem aus Rücksicht auf die Zivilbevölkerung, eine
allerletzte Chance geben würde, obwohl es jederzeit in seiner
Macht stünde, Karthago dem Erdboden gleichzumachen. Falls
die Karthager weiter und von Rom unbehelligt in jenen Gebieten leben wollten, die sie schon vor Ausbruch des Ersten Punischen Krieges besaßen, mußten sie sich seinem Diktat beugen,
das folgende Konditionen beinhaltete:
Sofortige Rückgabe der ausgeplünderten römischen Versorgungsschiffe mit voller Ladung – Auslieferung aller Kriegselefanten und striktes Verbot, jemals wieder Kampfkolosse abzu-
richten – Übergabe aller Sklaven, Gefangenen und Deserteure –
Auslieferung aller Kriegsschiffe bis auf zehn Dreiruderer –
volle Anerkennung Massinissas als König von Gesamtnumidien
sowie Rückerstattung aller Gebiete, die Numidien einmal
gehört hatten und von Karthago okkupiert worden waren – Verbot ohne Einverständnis Roms Krieg zu führen, egal ob in Afrika oder irgendeinem anderen Teil der Welt – dreimonatige Lieferung von Korn und erhebliche Geldzuwendungen für das
siegreiche römische Allianzheer (es fällt hier auf, daß Scipio
Massinissas unentbehrliche Waffenhilfe wahrhaft fürstlich ent-

lohnte) – Reparationszahlungen in Höhe von 10 000 Silbertalenten innerhalb von 50 Jahren – letztlich Stellung von 100 von Scipio persönlich ausgewählten Geiseln.

Als man diese harten Friedenskonditionen in der karthagischen Kurie erörterte, sprach sich ein Senator namens Gisgo dezidiert für eine sofortige Wiederaufrüstung und Fortsetzung des Krieges aus. Hannibal wurde von Wut gepackt und riß den mitten im Redefluß begriffenen Senator fast gewaltsam von der Tribüne. Nur ein sofortiger Friedensschluß könne Karthago vor der totalen Vernichtung bewahren, und er als Feldherr sei wohl am besten dazu berufen, ein Urteil darüber abzugeben, ob die Aussichten, den Krieg fortzusetzen erfolgversprechend oder nicht seien:

»Im Alter von neun Jahren bin ich von euch abgereist und nach sechsunddreißig Jahren wieder zurückgekehrt. Die Künste der Kriegführung, die mein persönliches Geschick wie auch das des Staates mich von meiner Kindheit an gelehrt haben, verstehe ich wohl …«

Schließlich ließ sich der »Rat der Hundert« überzeugen und nahm Scipios Bedingungen an. Im Hafen von Karthago verbrannten die Römer die Kriegsflotte ihrer Feinde. Dieses »punische Scapa Flow«, wie Faber schreibt, demonstrierte den Karthagern, daß sie ihre Rolle als Weltmacht endgültig ausgespielt hatten. Obwohl man Scipios Bedingungen akzeptierte und eine Delegation zur Ratifizierung des mit dem siegreichen Feldherrn geschlossenen Diktatfriedens an den Tiber entsandt hatte, sah es zunächst nicht so aus, als ob der Krieg zu Ende sei. Die karthagischen Abgesandten wurden gar nicht in die Stadt gelassen und mußten außerhalb des Mauerwalls um ihre Sicherheit bangen. Gespannt und angsterfüllt warteten sie die Entscheidung des Senats ab. Die römische Kurie war uneinig. Konsul Cnaeus Cornelius Lentulus votierte gegen den Friedensschluß und beharrte

auf der Auslöschung Karthagos. Da sich der Senat zu keiner
Entscheidung durchringen konnte, schritt man zur Volksabstim-
mung. Die Bürger Roms entschieden sich mehrheitlich für die
Annahme der Friedensbedingungen, nicht zuletzt deshalb, weil
auch Italiens Fluren brach lagen und der überlange Krieg enorme Kosten gefordert, und, wie de Beer hervorhebt, eine »galop-
pierende Inflation« nach sich gezogen hatte.

Selbstverständlich wurde Scipio damit beauftragt, den Frieden
im Namen des Senats und Volkes von Rom zu bestätigen und
die römische Armee ins Heimatland zu überführen. Exakt vier-
zig Jahre nach Beendigung des Ersten Punischen Krieges ruhten
die Waffen, der Zweite Punische Krieg, der »Hannibalische«,
war zu Ende gegangen.

Publius Cornelius Scipio zog als Trimphator durch die Straßen
der Siebenhügelstadt. Im Purpurgewand und mit der goldenen
Krone auf dem Haupt nahm Scipio auf der Quadriga stehend,
die Ovationen des jubelnden Volkes entgegen. Die bei Zama erbeuteten Elefanten – wahrscheinlich elf an der Zahl – bildeten
die Spitze des Triumphzuges. Danach folgten die Gefangenen,
Sklaven und Geiseln, die mit Steinen und Kot beworfen wurden
und den Demütigungen des entfesselten Pöbels hilflos ausgeliefert waren. Hinter dem ruhmreichsten Helden des Zweiten Punischen Krieges marschierten stolz die Legionäre, auch sie trugen
Lorbeerkränze. Rom lag im Siegesrausch. Man feierte und jubelte, Festgelage wurden veranstaltet, der Wein floß in Strömen,
und quasi als Krönung des »größten Tages in der Geschichte«
ließ man es sich nicht nehmen, gegen Abend die Dickhäuter in
der Arena zu Tode zu hetzen. Zur Volksbelustigung wurden den
Elefanten Wunden beigebracht und ihre Rüssel mit Brandpfeilen attackiert. Immer wieder jagte man die aus vielen Wunden
blutenden gequälten Tiere durch den Zirkus, bis sie schließlich
tot zusammenbrachen.

Publius Cornelius Scipio erhielt den Ehrentitel »Africanus«. Er war zum erfolgreichsten und gefeiertsten Heerführer des Zweiten Punischen Krieges geworden. Sein Ruhm überstrahlte alle Gefallenen und noch lebenden Feldherrn Roms, auch den von Claudius Marcellus. Das »Schwert Roms« hatte sein Leben fürs Vaterland gegeben; man ehrte zwar sein Andenken, aber Scipio hatte den Krieg gewonnen.

Es spricht für die Größe des immer noch recht jungen Mannes, daß er nun im Senat seinen ganzen Einfluß geltend machte und all sein Prestige in die Waagschale warf, um die Auslieferung Hannibals zu verhindern. De Beer findet noch einen anderen Grund, warum Hannibal, der 15 Jahre lang Roms Angstgegner gewesen war und Italien in Aufruhr versetzt hatte wie kein anderer Mann vor ihm, nicht als Geisel an den Tiber geschleppt wurde: »Außerdem hatten die Römer wahrscheinlich eingesehen, daß Karthago ohne Hannibals Führung bald völlig bankrott machen würde, was wegen der Reparationszahlungen nicht in ihrem Interesse lag.«[3]

Dieser Meinung kann man sich kaum anschließen, wenn man bedenkt, daß Hannibal unmittelbar nach Friedensschluß die Geschicke des Staates noch nicht lenkte, sondern sich sechs Jahre lang als vermögender Großgrundbesitzer ins Privatleben zurückzog. Als die Karthager 199 v. Chr. die erste Reparationszahlung leisteten und offenbar eine Manipulation vornahmen – wie die römischen Quästoren feststellten, lag der Silbergehalt ein Viertel unter der akzeptierbaren Norm – hatte Hannibal keine Regierungsfunktion inne. Erst im Jahre 196 v. Chr. wurde er zum Sufeten gewählt und begann, auch sein außergewöhnliches staatsmännisches Geschick unter Beweis zu stellen. De Beer aber schreibt, daß Hannibal diesen »Manipulationsskandal« höchstpersönlich untersucht hätte, und dabei besonders auf den Widerstand »des Senatsausschusses der Richter, eine Körperschaft von Aristokraten, die auf Lebenszeit benannt wurden«, gestoßen wäre. Aller Wahrscheinlichkeit nach meint de Beer hier den »Rat der Hundert«. Das kann nicht stimmen, denn der Barkide war zu dieser Zeit Privatmann, der über keinerlei Vollmachten verfügte, in die Regierungspolitik einzugreifen. Es darf also mit großer Berechtigung angenommen werden, daß es einzig und allein Scipios Hochachtung vor dem geschlagenen Gegner war, die Hannibal davor bewahrte, in Geiselhaft der Römer zu geraten.

Im Jahre 196 v. Chr. also wurde Hannibal, dessen Beliebtheitsgrad im gemeinen Volk ungebrochen groß geblieben war, Sufet und damit Staatschef. Wie er alle anderen Feldherrn turmhoch überragt hatte, degradierte er auch seinen Amtskollegen, den zweiten Sufeten, den die antiken Chronisten mit keinem Wort erwähnen, zum Statisten. In diesem einen Jahr seiner Amtstätigkeit sanierte er das politisch und militärisch bedeutungslos gewordene Karthago in vorbildlicher Weise. Hannibal demokratisierte das immer noch vorwiegend oligarchisch dominierte Staatswesen, führte einen erfolgreichen Feldzug gegen das blühende Korruptionsunwesen, setzte eine Verfassungsreform durch und reformierte den Finanzhaushalt. Die Verfassungsreform bestand darin, daß die Mitglieder des staatstragenden »Rats der Hundert« nicht mehr auf Lebenszeit, sondern nur mehr jeweils für ein Jahr gewählt werden durften. Außerdem durfte kein Senator zwei Jahre hintereinander einen Sitz in der Körperschaft beanspruchen. Der bis dahin übliche Ämterkauf war damit unmöglich geworden.

Unter Hannibals Führung begann der Handel bald wieder zu florieren. Karthago blühte auf, das Wirtschaftspotential steigerte sich ständig und das »Venedig der Antike« war auf bestem Wege, seine wirtschaftliche Vormachtstellung wiederherzustellen. Hannibal ließ Olivenhaine anpflanzen und das Land kulti-

vieren. Überfällige Steuern wurden eingetrieben und die Zölle
erhöht. Vor allem die oligarchische Oberschicht, die dem Haus
der Barkiden stets mit offener Feindschaft begegnet war, stöhn-
te unter Hannibals erfolgreicher Reorganisierung des Finanz-
haushaltes. Seine überharten Maßnahmen gingen zu Lasten der
Aristokratie und begünstigten das einfache Volk, beklagten sich
die Ratsmitglieder. Während einer heftigen Debatte jammerten
die Senatoren wieder einmal über die unsäglichen Reparationszahlungen. Viele weinten sogar vor Zorn und ohnmächtiger
Wut. Als der Regierungschef in Gelächter ausbrach, warfen ihm
die aufgebrachten Senatoren vor, er würde sich insbesondere
am von ihm und seiner Sippe heraufbeschworenen Unglück
Karthagos weiden. Seinen Sarkasmus nicht verhehlend, erwiderte Hannibald:

>Könnte man so, wie man den Gesichtsausdruck mit den Au-
gen wahrnimmt, auch die Stimmung der Seele beobachten, so
würdet ihr bald erkennen, daß dieses Lachen nicht aus einem
frohen, sondern aus einem beinahe wahnsinnigen Herzen
kommt. Und trotzdem ist es keineswegs so falsch wie eure
schrecklichen und abgeschmackten Tränen. Ihr jammert und
klagt ja nur, weil ihr die Kriegsabgaben aus eurem privaten
Vermögen aufbringen sollt. Wie sehr fürchte ich, ihr habt
heute über ein recht kleines Übel geweint. Hättet ihr doch geweint, als Karthago seine Waffen und Schiffe verlor!«

Die von Hannibal weitgehend entmachtete und ihrer Standes-
privilegien beraubte karthagische Nobilität begann alsbald, gegen den Sufeten zu intrigieren. Durch die kompromißlose Aus-
merzung der Korruption und die konsequente Säuberung des
bis dato oligarchisch dominierten Staatsapparates hatte dieser
nicht nur die führenden Adelssippen vor den Kopf gestoßen,
sondern sie zu seinen erbittersten Feinden gemacht.
Gegen Ende von Hannibals Amtszeit fand sich eine Abordnung

der aristokratischen Oberschicht Karthagos am Tiber ein und
beschuldigte den Barkiden der Konspiration mit dem Herrscher
von Syrien, Großkönig Antiochos III., dem mächtigsten Diado-
chenfürsten, der sich selbst großsprecherisch »König aller Könige« nannte, und eine ausgesprochene Expansionspolitik betrieb. Rom war zwar bisher noch nicht mit dem Seleukidenherrscher aneinander geraten, verfolgte seine Großmachtpolitik
aber mit wachem Auge. Es war dem Senat nicht entgangen, daß
Antiochos seinerzeit ein Bündnis mit Philipp V. von Mazedoni-
en geschlossen hatte und Philipp hatte Hannibal, wie wir wissen, bei Zama eine Hilfslegion beigestellt. Dies war dem Mazedonierkönig teuer zu stehen gekommen. Rom hatte dem
Alexandernachfahren den Krieg erklärt. 197 v. Chr. hatte der römische Heerführer Flaminius bei Kynoskephalae die Truppen
des Mazedonierkönigs völlig vernichtet. Im Osten gab es also
nur noch einen potentiellen Gegner Roms: Großkönig
Antiochos III., der der Niederlage seines Verbündeten Philipp
kaum Bedeutung beigemessen und seinem ständig wachsenden
Imperium inzwischen Palästina, Zypern, Phönizien und ägypti-
sche Besitzungen in Kleinasien einverleibt hatte.
Schon träumte Antiochos III. davon, das ehemalige Weltreich
Alexander des Großen wiederherzustellen. Der Großkönig sah
sich als legitimen Nachfahren Alexanders und wollte seinen
Herrschaftsbereich von der Adria bis zum Indus ausdehnen. De
Beer schreibt zu dem sich anbahnenden Konflikt zwischen Rom
und dem »König aller Könige«:

>»Die geschichtliche Situation war eindeutig. Genauso wie
>der Zeitpunkt gekommen war, an dem Karthago und Rom im
>Mittelmeerraum nicht mehr koexistieren konnten, war jetzt
>die antike Welt zu klein geworden, um sowohl Rom als auch
>Antiochos Platz zu gewähren ...«[4]

Eine Auseinandersetzung lag also förmlich in der Luft und

Rom, das Antiochos´ Aktivitäten mißtrauisch beäugte, schenkte den karthagischen Intriganten, die Hannibal Geheimvereinbarungen mit dem Seleukidenherrscher unterstellten, was den Friedensbedingungen zuwider lief, nur allzu willig Gehör. War es denn so undenkbar, daß der Barkide, der zwar dafür gesorgt hatte, daß die Reparationszahlungen immer pünktlich eintrafen, seinen Haßschwur erneuerte, indem er mit Syriens Herrscher konspirierte und vielleicht sogar darauf hinarbeitete, eine mächtige Koalition gegen Rom aufzubauen? Der erfahrene Feldherr Hannibal konnte Antiochos unschätzbare Dienste leisten, argwöhnten die Senatoren.

Prompt entsandte Rom im Jahre 195 v. Chr. eine Untersuchungskommission nach Karthago, um die Lage vor Ort zu klären und das »Problem Hannibal« ein für allemal aus der Welt zu schaffen. Um dem Unternehmen einen offiziellen Anstrich zu geben, schützte man Grenzstreitigkeiten mit König Massinissa vor. Der wirkliche Auftrag der römischen Untersuchungsdelegation war jedoch allen Beteiligten klar: Er bestand in der Auslieferung des Konspiratoren Hannibal.

Der Staatschef war über diese Vorgänge informiert und wußte, daß der karthagische Senat keine Minute lang zögern würde, ihn den Römern zu überantworten. Er mußte jederzeit mit seiner Verhaftung rechnen und arbeitete einen sorgfältigen Fluchtplan aus. Kurz bevor die römische Untersuchungskommission Afrika erreichte, ließ er sein Vermögen auf ein Schiff verladen. Dann verließ er Karthago, um, wie er sagte, einen Spazierritt zu unternehmen. Der gegen Abend vorgenommene »Vergnügungsausflug« sollte zu einem Gewaltmarathonritt werden: 200 Kilometer galoppierte der Barkide durch die Nacht, ehe er seinen Landsitz Thapsus erreichte. Thapsus lag an der östlichen Küste des heutigen Tunesiens. Von dort aus segelte er mit einem Frachtschiff, auf dem sein gesamtes Vermögen untergebracht war, zur Küsteninsel Cercina. Es war unvermeidbar, daß die Mannschaften der ebenfalls auf dieser Insel vor Anker liegenden karthagischen Handelsschiffe den berühmten Mann erkannten. Ebenso klar war es, daß Karthago früher oder später von seinem jetzigen Aufenthaltsort erfahren würde. Wie sollte er verhindern, daß die Meldung von seiner Flucht und seinem Fluchtweg den karthagischen Senat vorzeitig erreichte? Wie so oft, nahm der Barkide bei einer List Zuflucht. Er veranstaltete ein Fest zu Ehren des Gottes des Weines und lud alle Schiffskapitäne ein. Im Verlauf des Gelages unterbreitete er den alkoholisierten Trinkkumpanen den Vorschlag, ihre Schiffssegel an Land zu bringen und zum Schutz gegen die sengende Sonne aufzustellen. Während man unter den improvisierten Sonnendächern bis tief in die Nacht weiterfeierte, ließ Hannibal in aller Heimlichkeit die Segel seines Frachters setzen und stahl sich davon.

Als die Kapitäne am nächsten Morgen mit schwerem Kopf erwachten, fehlte von Hannibal jede Spur. Durch das Auftakelungsmanöver ging zudem wertvolle Zeit verloren. Hannibals Vorsprung war uneinholbar geworden. Wutentbrannt mußten auch die römischen Untersuchungsbeauftragten dieses Faktum zur Kenntnis nehmen. Der große Fisch war ihnen durch die Lappen gegangen. Der karthagische Senat versuchte, die Römer zu beruhigen, indem er Hannibal für vogelfrei erklärte. Der berühmteste Karthager aller Zeiten war zum Geächteten geworden. In beschämender Weise dankte ihm sein Vaterland für seine großen Verdienste. Sein Haus wurde dem Erdboden gleichgemacht, seine restlichen Besitztümer beschlagnahmt. Der berühmte »Einäugige«, der nun einer ungewissen Zukunft entgegensegelte, hatte kein Heimatland mehr. Verfemt und verflucht von seinen Landsleuten, ausgestoßen von seiner Vaterstadt, die er wieder zum Erblühen gebracht hatte, war er, wie die mythische Gründerkönigin Dido, zum heimatlosen Flüchtling ohne Land und Einfluß geworden. Er kehrte zum Ausgangspunkt der phönizischen Kolonisation zurück und nahm Kurs auf Tyros. In der dem Gotte Melkart geweihten Mutterstadt Karthagos hoffte er, Zuflucht zu finden.

XII
FLUCHT UND EXIL –
HANNIBALS LETZTE JAHRE UND TOD

Tyros, das jetzt zum seleukidischen Großreich gehörte, hieß den Geächteten willkommen. Antiocheia, die am Orontesfluß gelegene Residenzstadt des Großkönigs, dem Hannibal nun seine Dienste anbieten wollte, befand sich nicht sehr weit von der Mutterstadt Karthagos entfernt. Hannibal brach sofort in die Hauptstadt des riesigen Seleukidenreiches auf. Da der »König aller Könige« nicht anwesend war, wurde Hannibal von Antiochos' jungem Sohn begrüßt, der ihm eröffnete, daß sich sein Vater in Ephesos aufhielt. In Ephesos kam es nun zum Zusammentreffen der beiden Männer.

Antiochos III. war der Urenkel des Begründers der Seleukidendynastie, Seleukos I. Nikator. Dieser war einer der fähigsten Generale Alexander des Großen gewesen und hatte auch Antiocheia, die nunmehrige Haupt- und Residenzstadt erbauen lassen. Im Jahre 223 v. Chr. hatte sein damals erst 19 Jahre alte Urenkel als Antiochos III. den Thron bestiegen. Er herrschte als Despot, im Stile eines absoluten, keinen Widerspruch duldenden Machthabers. Sein Wort und Wille war Gesetz in seinem Riesenreich, dessen entlegendste Winkel und Grenzen er gar nicht einmal kannte, wie er stolz betonte. Sein Großreich, das er mit eiserner Faust regierte, erstreckte sich von Syrien und Mesopotamien, über die Grenzen Kleinasiens und Persiens, bis nach Afghanistan. Das ptolemäische Ägypten markierte die Südgrenze des Vielvölkerstaates, in dem Meder und Perser,

Lydier, Phrygier, Gallier, Phönizier, Hebräer und Araber lebten, um nur die wichtigsten Stämme und Völkerschaften zu erwähnen. Als lingua franca diente das Griechische, die Sprache der sich in der Minderzahl befindenden Herrscherkaste. Antiochos stützte sich auf ein riesiges Söldnerheer, dessen Schlagkraft jedoch kaum mit der der römischen Legionen verglichen werden konnte. Außerdem fehlte dem Großkönig jegliche militärische Brillanz, obwohl er sich in maßloser Selbstüberschätzung für einen genialen Strategen hielt. Antiochos III. hatte also nicht allzuviel mit Hannibal gemein, außer der Tatsache, daß beide Männer Alexander den Großen bewunderten.

Daß Antiochos auch große Hochachtung vor Hannibal empfand, steht außer Frage. Er hofierte ihn und stellte ihm ein prächtiges Haus in Ephesos zur Verfügung, sichtlich geschmeichelt, daß der genialste Feldherr seiner Zeit bei ihm Zuflucht genommen hatte. Aber er machte ihn nicht zum Oberbefehlshaber seines Heeres, ließ den Barkiden auch kein wichtiges Hofamt bekleiden. Der tatendurstige Hannibal blieb also in Ephesos weitgehend ohne Wirkungskreis. Dabei hätte die Allianz der beiden ungleichen Männer Roms Vormarsch im Osten tatsächlich stoppen und vielleicht sogar das Rad der Geschichte noch einmal zurückdrehen können, wenn der ewig seine Meinung ändernde, oftmals betrunkene Lebemann und Frauenheld auf dem Königsthron die Kriegspläne des Barkiden ernsthaft ins Kalkül gezogen hätte. Der Plan des Barkiden, den er dem Großkönig vorlegte, lief darauf hinaus, daß er, Hannibal, mit einer Flotte von 100 Schiffen, 1000 Reitern und 10 000 Mann Fußvolk nach Italien eindringen würde, während Antiochos III. inzwischen die Invasion von Hellas durchführte. Antiochos, der nur mit halbem Ohr zuhörte, ging nicht auf das Argument Hannibals, sofort zu handeln, ein, sondern ließ wertvolle Zeit verstreichen, die es unter anderem einem Verräter aus Tyros ermöglichte, den kartha-

gischen Senat über die Pläne des Verbannten und Geächteten in
Kenntnis zu setzen.

Die karthagische Führung, die Hannibals Latifundien beschlagnahmt und Salz über die verkohlten Aschentrümmer seines
Hauses hatte streuen lassen, erwies sich nun als zuverlässiger
Parteigänger Roms. Sehr schnell klärte man die Römer über die
Absichten des Barkiden auf, der Rom und Karthago so viel Leid
beschert hatte. Nur der Wankelmütigkeit von Antiochos III. sei
es zuzuschreiben, daß er Hannibals Einflüsterungen bisher nicht
erlegen war und die Feindseligkeiten nicht bereits eröffnet hatte, beeilte sich der karthagische Senat Rom einzuschärfen.

Tatsächlich lavierte der launenhafte Großkönig ständig hin und
her. Einmal neigte er zu einem friedlichen Übereinkommen mit
Rom, dann träumte er wieder den Weltherrschaftstraum und
hielt feurige Kriegstiraden. Schließlich raffte er sich auf, Hannibals Plan seinen Generälen zu unterbreiten. Der ätolische Stratege Thoas, der sich für Antiochos´ fähigsten Feldherrn hielt,
und darauf pochte, im Kriegsfall den Oberbefehl über alle
Streitkräfte zu übernehmen, war dem Barkiden nicht wohl ge-
sonnen. Sicherlich spielten Neidmotive eine große Rolle, als er
seinen Herrscher überredete, den aussichtslosen Plan des von
den Römern schon einmal zu Boden geschmetterten »heimatlosen Phöniziers«, wie er Hannibal verächtlich nannte, fallenzulassen. Thoas billigte diesem lediglich eine Statistenrolle zu.
Hannibal sollte in den phönizischen Städten den Bau einer Flotte bewerkstelligen und das Kriegführen berufeneren Heerführern überlassen, wetterte der Ätoler. Antiochos III. hörte auf seinen General und Hannibal mußte sich notgedrungen den
Anordnungen seines Gastgebers beugen. Er sollte seinen Plan
niemals in die Tat umsetzen können.

Wilhelm Hoffmann hat herausgestellt, welche Chance sich Antiochos III. entgehen ließ, als er auf Hannibals Plan nicht einging:

»Erregend für die Zeitgenossen, in noch höherem Grade für die Späteren, sich vorzustellen, was die Verbindung dieser beiden Männer hätte bewirken können. Noch einmal schien die Stunde gekommen, die Entscheidungen von Zama und Kynoskephalae wieder rückgängig zu machen, Roms Vordringen Einhalt zu gebieten.«[1]

Doch der »König aller Könige« wußte die Gunst der Stunde nicht zu nützen. Er empfing sogar eine römische Militärkommission, die auf Drängen Karthagos nach Ephesos gereist war, um Hannibals Einfluß auf den Großkönig zu überprüfen und festzustellen, wie weit die Kriegsvorbereitungen bereits gediehen waren, mit allen Ehren. De Beer meint, daß Scipio wahrscheinlich dieser Untersuchungskommission angehörte. Der Brite beruft sich auf Livius und Plutarch und berichtet, daß es in Ephesos zu einem zweiten Treffen der beiden berühmtesten Feldherrn ihrer Zeit gekommen sei. Obwohl neben Livius und Plutarch auch der antike Chronist Acilius auf das »Ephesosgespräch« eingeht, erklärte der renommierte Althistoriker Franz Hampl hingegen dem Autor wiederholt, daß er dieses zweite in freundschaftlichem Ton verlaufende Gespräch zwischen Scipio und Hannibal für unhistorisch halte. Auch Polybios erwähnt nichts von einem zweiten Gespräch, was als weiteres Indiz gelten könnte, daß dieses frei erfunden wurde. Das vermeintliche Gespräch soll dem Leser aber nicht vorenthalten werden.

Angeblich sollen sich die beiden Feldherrn umarmt und herzlich begrüßt haben. Dann soll Scipio Hannibal gefragt haben: »Sage mir, Hannibal, wen hältst Du für den größten Feldherrn der Geschichte?« Hannibal habe keine Miene verzogen und hätte geantwortet: »Alexander den Großen!« Der Legende zufolge betrieb der Scipione das Fragespiel weiter und sagte: »Und wer rangiert an zweiter Stelle?« Ohne zu zögern, antwortete Hannibal diesmal: »König Pyrrhos von Epirus!« Scipio ließ nicht locker und fragte erneut: »Wer ist denn dann der drittgrößte Feldherr?« Hannibal lachte und sagte: »Natürlich ich selbst!« Scipio, dem das Gespräch große Freude bereitete, stellte schließlich seine letzte Frage. »Wie wäre Dein Urteil ausgefallen, wenn Du mich besiegt hättest?« Daraufhin soll der Barkide, dem Scipionen anerkennend auf die Schulter klopfend, erwidert haben: »Dann, o Publius, hätte ich mich vor Alexander und Pyrrhos gestellt und mich selbst als den größten aller Feldherrn betrachtet!«

Scipio wußte das große Kompliment zu schätzen, kommentiert de Beer lakonisch. Allein der Verlauf des Gesprächs und vor allem Hannibals letzte Antwort, mit der er ja eigentlich Scipio zum größten Feldherrn der Geschichte macht, läßt uns an der Authentizität der freundschaftlichen Unterredung zweifeln. Es liegt auf der Hand, daß die römischen Chronisten erneut eine Glorifizierung des Scipionen bezweckten, indem sie dieses Gespräch erfanden. Auch muß man annehmen, daß Scipio sich gar nicht in der römischen Kommission befand.

Kein Zweifel kann allerdings daran bestehen, daß ein anderes römisches Delegationsmitglied, ein Mann namens Publius Villius, ständige Gespräche mit Hannibal führte. Villius ging in Hannibals Haus in Ephesos ein und aus, offenbar in der Absicht, Hannibal zu diskreditieren. Die Gespräche, die der Römer tagelang mit dem Barkiden führte, glichen zwar eher einem Verhör, aber dennoch entstand am Hof des Großkönigs der völlig ungerechtfertigte Eindruck, Hannibal würde ein Doppelspiel betreiben. Vor allem Thoas intrigierte gegen den Barkiden und bezichtigte ihn offen der Konspiration mit Rom. Nach der Abreise der römischen Kommission stellte Antiochos III. Hannibal zur Rede. Dieser wies die Verleumdungen wütend zurück und antwortete dem Despoten stolz und ungebrochen vor seinem versammelten Hofstaat.

»Mein Vater Hamilkar, Antiochos, ließ mich als neunjährigen Knaben beim Opfer einen hochheiligen Eid schwören, den Römern nie wohlgesonnen zu sein. Das war mein Fahneneid, unter dem ich sechsunddreißig Jahre gedient habe. Dieser Eid hat mich aus meiner Heimat vertrieben. Von ihm geleitet, will ich, wenn meine Hoffnungen bei Dir unerfüllt bleiben, dorthin gehen, wo ich noch eine Macht antreffe, die Rom feindlich gesinnt ist. Dein Hof, der mir nicht wohlwill, muß sich schon Besseres ausdenken, um mich bei Dir zu verleumden. Ich hasse die Römer und werde von ihnen gehaßt. Mein Vater Hamilkar und die Götter sind Zeugen, daß ich die lautere Wahrheit rede. Gedenkst Du jetzt, mit Rom Krieg zu führen, so wähle mich als Deinen Berater, und ich werde Dir mit allen meinen Kräften dienen. Willst Du jedoch Frieden halten, so suche Dir einen anderen Ratgeber!«

Antiochos III. schenkte der beherzt vorgetragenen Rechtfertigungsrede zwar Glauben, doch das Ansehen des Barkiden schwand. Es war ihm klar, daß er im bevorstehenden Krieg zwischen Syrien und Rom lediglich eine untergeordnete Rolle spielen würde. Antiochos würde ihm nie den Oberbefehl seines Heeres übertragen. Damit, daß der Seleukide den fähigsten Feldherrn seiner Zeit sozusagen auf ein Nebengleis schob, beging Antiochos einen schweren Fehler, der ihm teuer zu stehen kommen würde.

Nachdem Antiochos 192 v. Chr. Trazien erobert hatte, setzte er, Roms drohende Warnungen in den Wind schlagend, zur Invasion von Hellas an. Sie schien ohne größere Probleme vonstatten zu gehen. Im ersten Kriegsjahr eroberte Antiochos Griechenlands strategisch wichtigen Hauptstützpunkt Chalkis auf Euböa. Da er kaum auf ernsthaften Widerstand gestoßen war, hielt Antiochos III. den Krieg, der noch gar nicht eigentlich begonnen hatte, schon für gewonnen und überließ es seinen Generälen,

unter dem Oberbefehl von Thoas, die Römer aus Hellas zu vertreiben und zu vernichten, während er selbst die Früchte des
leicht errungenen Sieges auskostete und in Chalkis überwinterte.

Während Antiochos dort »Dionysos Fest um Fest weihte«, vernichteten die Römer 192 v. Chr. seine Armee bei dem durch den
heldenhaften Kampf des Spartanerkönigs Leonidas weltberühmt gewordenen Thermopylae. Die Römer errangen einen
glänzenden Sieg, die geschlagene Restarmee des Antiochos
mußte sich über den Hellespont nach Asien zurückziehen.

Nach dieser vernichtenden Niederlage der Syrer, die Antiochos
einen Vorgeschmack bot, was das nächste Jahr bringen würde,
startete Hannibal einen Versuch, ins Kriegsgeschehen einzugreifen und den weiteren Vormarsch der Römer zu verhindern.
Er hatte, wie von Thoas gefordert, in Tyros einen Flottenverband
aufgebaut, und schickte sich an, Ephesos anzusteuern, um sich
dort mit Antiochos' Hauptflotte zu vereinigen. Ein Seesieg würde dem Großkönig nicht nur die Vorherrschaft über die Ägäis
und die Dardanellen sichern, sondern auch das Eindringen der
Römer nach Kleinasien verhindern. Allerdings war Hannibal
ein Meister der Landkriegsführung und in Seeschlachten unerfahren. Die geplante Vereinigung der beiden Flotten kam nicht
zustande, da Hannibals Verband in der Bucht von Adalia auf die
Kriegsflotte des mit Rom verbündeten Rhodos traf. Die Rho-
dier, ein erfahrenes Seefahrervolk, zerstörten die Hälfte von
Hannibals Schiffen, und obwohl der Barkide auf seinem Flügel
gesiegt hatte, blieb ihm keine andere Wahl, als abzudrehen und
sich in Sicherheit zu bringen.

Faber ist der Meinung, daß Hannibals einzige Seeschlacht an
der heutigen »türkischen Riviera«, in der Antalyabucht, stattgefunden hätte. Er benennt auch den Küstenort, in dessen Nähe
die Schlacht entbrannte: Aspendos. Die Niederlage von Ada-

lia/Aspendos macht es dem Barkiden jedenfalls unmöglich, im Ägäischen Meer Antiochos' Flotte zu verstärken, die von den Römern, bei Myonnessos auch prompt versenkt wurde. Antiochos III. mußte machtlos mitansehen, wie die Römer die Dardanellen überschritten und unaufhaltsam nach Kleinasien vordrangén. Der »König aller Könige« glaubte allerdings immer noch an seinen Endsieg und stellte eine gewaltige Armee auf, die aus 70 000 Fußkämpfern, 18 indischen Kriegselefanten, 12 000 Kavalleristen, 20 Dromedaren und 30 mit Sensmessern bewaffneten Streitwagen bestand. Die Römer hatten inzwischen den Sieger von Thermopylae, Manius Acilius, rückbeordert und durch den Konsul Lucius Cornelius Scipio, den Bruder von »Scipio Africanus«, ersetzt. Man kann davon ausgehen, daß der seinem Bruder als Prokonsul beigestellte »Africanus« die Operation leitete und den eigentlichen Oberbefehl über die römischen Streitkräfte inne hatte.

189 v. Chr. fand die Entscheidungsschlacht in diesem Krieg statt. Am Hermesfluß, nordöstlich von Smyrna, dem heutigen Izmir, bei Magnesia, prallten die beiden Heere aufeinander. Obwohl die Römer nur etwas über 40 000 Mann aufbieten konnten und ihr Gegner also annähernd doppelt so stark war, gab Hannibal, dem Antiochos III. wieder nicht die Führung seines Heeres übertragen hatte, Antiochos keine Siegchance. Als der König Hannibal stolz seine vorbeiparadierende Armee präsentierte und auf ihre Unbesiegbarkeit hinwies, ließ sich der Barkide zu einem zynischen Kommentar hinreißen:

»Ja, Antiochos, dieses Heer dürfte den Römern genügen, auch wenn sie noch so gierig sind!«

König Eumenes II. von Pergamon, ein Bündnispartner Roms, der in Hannibals Biographie noch eine Rolle spielen sollte, lieferte der Scipio-Armee ausgezeichnete Kavallerietruppen, die einen entscheidenden Beitrag zum Sieg der Römer leisteten.

Wie es Hannibal vorausgesagt hatte, schlitterte Antiochos III. in ein Debakel. Faber faßt die Niederlage des Großkönigs in kurzen Worten zusammen:

>»Antiochos übertraf … zahlenmäßig seinen Gegner, doch die Legionen siegten über die Phalanx, die seit Alexander dem Großen als unüberwindlich galt, inzwischen aber von einer neuen, der römischen Taktik überholt worden war. Die größere Flexibilität der Legionäre erwies ihre Überlegenheit gegenüber den nur en bloc wirksamen Truppenkörpern. Da die Römer seitlich angriffen, waren die vielmeterlangen Stoßlanzen der Phalanx ins Leere gerichtet.«[2]

Die Katastrophe kostete Antiochos III., den Angaben des Livius zufolge, ganze 54 000 Mann. Die Römer hingegen sollen lediglich 400 Soldaten verloren haben. Zweifelsfrei ist diese lächerliche Zahlenangabe mehr als fragwürdig und kann nur mit der üblichen Tendenz des Siegers, die eigenen Verluste so gering wie möglich anzugeben, begründet werden.

Der so erbärmlich geschlagene »König aller Könige« floh zunächst nach Sardes, wo einstmals der sagenhaft reiche König Krösus residiert hatte, um sich sodann über das Taurusgebirge ins syrische Hinterland hinein zu retten. Ganz so siegessicher wie er sich Hannibal gegenüber gegeben hatte, konnte Antiochos selbst vor Beginn der Schlacht nicht gewesen sein, denn wenige Tage vor Magnesia hatte er den gefangengenommenen Sohn von Scipio »Africanus« an seinen Vater zurückschicken lassen – und zwar ohne Lösegeldforderung. Mit dieser »Rückversicherung« konnte der verschlagene Orientale wohl auf günstige Friedenskonditionen im Fall seiner Niederlage hoffen! Tatsächlich gelang es dem Despoten auch, einen Teil seines Reiches zu retten. Er blieb zwar König, mußte Kleinasien aber bis zum Taurusgebirge räumen. Sein Herrschaftsbereich war gewaltig zusammengeschmolzen. Faktisch unterstand Antiochos III.

nun der Kontrolle der Römer, die zur stärksten Militärmacht der Welt aufgestiegen waren.

Fairerweise ließ Antiochos allerdings Hannibal wissen, daß die mit Rom vereinbarten Friedensbedingungen seine sofortige Auslieferung verlangten. Diesmal trat Scipio nicht für den Barkiden ein. Auch er beharrte kategorisch darauf, Hannibal Roms Rache zu überantworten, da Hannibal immer wieder den Krieg mit der Tiberstadt suche. Während Lucius Cornelius Scipio den Ehrentitel »Asiaticus« erhielt, und Roms Imperium immer gigantischere Ausmaße annahm, suchte der Barkide verzweifelt nach einem neuen Zufluchtsort. Dem großen Feldherrn, den Rom nun unnachgiebiger denn je verfolgte, blieben nicht mehr viele Asylländer. Nach der Niederlage von Magnesia konnte er in kaum einer Gegend des ehemals seleukidischen Staatsgebietes sicher sein. Der vogelfreie meistgehaßte Mann Roms flüchtete zunächst nach Armenien.

Der armenische König Artaxias war ein Lehnsmann von Großkönig Antiochos III. gewesen. Als er von der Niederlage Antiochos' und dessen politischer Entmachtung erfuhr, beschloß der Vasallenkönig, sich zum Alleinherrscher von Armenien zu machen. Das sehr weit im Osten gelegene Armenien lag noch nicht in der Machtsphäre der Römer, was wohl der Hauptgrund gewesen sein mag, warum Hannibal am Hof von König Artaxias Zuflucht suchte. Trotzdem hielt sich Hannibal nicht sehr lange in Armenien auf, da er damit rechnete, daß Roms Abgesandte schließlich auch Artaxias stark unter Druck setzen würden, um seine Auslieferung zu bewirken. Wie Plutarch und Strabo übereinstimmend schildern, sollte der Barkide sogar im abgelegenen fernen Armenien einen bleibenden, unauslöschlichen Eindruck hinterlassen.

Der überragende Feldherr stellte nämlich sein Universalgenie unter Beweis, indem er sich auf Wunsch von König Artaxias als

Baumeister betätigte. Aus Hannibal dem Strategen wurde nun
Hannibal der Planungsexperte. Er wählte ein ideales Gelände
am Araxesfluß aus und entwarf in mühevoller akribisch genauer Kleinarbeit den Bauplan für die neue Hauptstadt Armeniens.
Während der wenigen Monate, die er im armenischen Exil verbrachte, organisierte und überwachte Hannibal die Bauarbeiten
an der Stadt und vollendete sie in kürzester Zeit. Zu Ehren sei-
nes Gastgebers erhielt die von Hannibal geplante und erbaute
Stadt den Namen Artaxiata. Obwohl ihn der König unter allen
Umständen bei sich behalten wollte und dem »Stadtbaumeister«
sogar eine hohe Position in seinem Hofstaat anbot, wurde Hannibald bald auch in Armenien der Boden zu heiß unter den
Füßen. Er wußte, daß die Römer eine regelrechte, für damalige
Begriffe fast weltweite Hetzjagd auf ihn veranstalteten.
Sein nächstes Ziel war Kreta, die Insel des legendenumrankten
König Minos, welche zu der Zeit aus vielen zersplitterten Stadtstaaten bestand, und vorläufig noch außerhalb des römischen
Herrschaftsbereiches lag. In der altgriechischen Stadt Gortyn
wohnte Hannibal eine Zeitlang im Hause eines Händlers, der
gute Geschäftsverbindungen zu Tyros unterhielt. Der Barkide
hatte sein gesamtes Vermögen, auch die Heraklesstatue von Cadir mitgebracht. Daß Hannibal nicht mehr Melkart, sondern
Herakles als Hauptgott verehrte, war dem Einfluß seines Leh-
rers Sosylos zuzuschreiben. Auf der minoischen Insel trieben
entlaufene Sklaven als Piraten ihr Unwesen, die Kreter selbst
standen in dem Ruf, geldgierige Lügner zu sein. Bald hatte es
sich herumgesprochen, daß der Flüchtling aus Karthago über
beträchtliche Geldmittel verfügte. Hannibal mußte mit Raub-
überfällen rechnen. Wie Cornelius Nepos erläutert, täuschte er
potentielle Einbrecher, indem er einige schwere Tonvasen im
Artemistempel aufbewahren ließ und offen verkündete, daß diese Gefäße seinen Goldschatz enthielten. In Wirklichkeit waren

die Vasen mit Blei gefüllt. Lediglich an der Oberfläche schimmerte – für alle sichtbar – eine Anzahl von Goldstücken. Niemand kam auf die Idee, daß die ausgehöhlten Bronzestatuetten, die der Barkide achtlos im Garten seines Gastgebers herumliegen ließ, sein wahres Vermögen enthielten.

Bald erkannte Hannibal, daß auch die drittgrößte Insel des Mittelmeeres kein sicheres Asyl bot. Als er erfuhr, daß eine römische Gesandtschaft auf dem Weg nach Kreta war, offiziell mit dem Auftrag, Grenzstreitigkeiten zwischen Knossos und Gortyn zu schlichten und römische Gefangene freizukaufen, verließ er die Insel schnellstens.

Wir wissen nicht wie Hannibal an sein letztes Fluchtziel, das kleine Königreich Bithynien gelangte. Wahrscheinlich bestach er einen Kapitän, ihn dorthin zu bringen. Bithynien, dessen König Prusias Hannibal herzlich willkommen hieß, beschreibt Faber folgendermaßen:

»Das bithynische Königreich … war eine jener unorganisierten Staatenbildungen, die aus der Erbmasse Alexanders des Großen hervorgegangen waren. Von Paphlagonien, Mysien und Phrygien umgeben, zog sich die Monarchie des Prusias am Marmarameer und am Südrand des Schwarzen Meeres entlang, bewohnt von Bergvölkern thrakisch-indoeuropäischer Herkunft.«[3]

König Prusias residierte in Nikomedia. Auch er, ein selbstgefälliger, im Grunde seines Herzens feiger und schwächlicher Mann, den weder Bildung noch politischer Weitblick oder überdurchschnittliche Intelligenz auszeichneten, fühlte sich sehr geschmeichelt, als Hannibal in Nikomedia eintraf, um seinen Schutz bat und ihm gleichzeitig seine Dienste anbot. In der Nähe von Nikomedia, an einem Ort namens Lybissa stellte Prusias Hannibal eine stattliche Villa zur Verfügung. Hannibal, der auch seinen neuen Herrn als nicht besonders zuverlässig empfand, ließ sogleich sieben Geheimausgänge anlegen, um im Notfall rechtzeitig flüchten zu können. König Prusias träumte davon, daß es ihm mit der Hilfe des überragenden Feldherrn, den er wie einen hohen Staatsgast behandelte, gelingen könnte, sein kleines Reich in eine asiatische Großmacht umzufunktionieren. Das Zeugnis, das die antiken Chronisten Prusias ausstellen, ist wenig schmeichelhaft. Der kleine schmächtige Mann, der durch einen leichten Buckel verunstaltet wurde und stark hinkte, war der Schwager König Philipps V. von Mazedonien. Im Krieg zwischen Rom und Antiochos III. hatte er sich neutral verhalten, hauptsächlich deshalb, weil ihm die Gebrüder Scipio in einem Sendschreiben die Unantastbarkeit seines Königreichs garantierten, wenn er Antiochos keine Hilfe gewähre. Der willensschwache, krankhaft eitle und eingebildete Mann, der »jämmerlichste Jammerprinz Asiens«, wie ihn Mommsen titulierte, besaß genügend Heimtücke und Bauernschläue, den Rat der Römer zu beherzigen.

König Philipp V. von Mazedonien (Münze)   *König Antiochos III. von Syrien (Büste)*

Rom nahm Prusias nicht ernst, hatte er sich doch anläßlich eines Besuches in der Siebenhügelstadt wie ein unterwürfiger Sklave verhalten, als er sich vor den Senatoren in den Staub geworfen und in geheuchelter Ehrfurcht gestammelt hatte:»Seid gegrüßt, unsterbliche Götter!«. An seinem Hofe betätigte sich der Barkide zunächst erneut als Baumeister und erbaute seinem Gastgeber an einem Waldhang die neue Residenzstadt Prusa. Mit Hannibal an der Seite fühlte sich der König jetzt stark genug, den Krieg mit Eumenes II., dem König von Pergamon, der den Römern in der Schlacht von Magnesia beigestanden war, wieder aufzunehmen.

Der Gründer der Attalidendynastie, wie man die Herrscher Pergamons bezeichnete, war Philetairos, der Zahlmeister Alexander des Großen gewesen, hatte nach dem Tod seines Königs kurzerhand die Kriegskasse entwendet und eilends das Weite gesucht. Mit dem gestohlenen Kriegsschatz Alexanders hatte Philetairos das Königreich Pergamon gegründet und sich selbst zum Herrscher erhoben. Auf der pergamesischen Felsenburg residierte nun sein Nachfahre Eumenes II., der seit Jahren Grenzstreitigkeiten mit seinem Nachbarn Prusias austrug. Prusias Truppen waren dem Herrscher von Pergamon in mehreren Landschlachten unterlegen. Nun, da der genialste Feldherr der damaligen Welt sein Gast war, gedachte Prusias zum Gegenschlag auszuholen und sich für die erlittene Schmach zu rächen. Hannibal, der die Landstreitkräfte der Bithynier für einen schwachen Heerhaufen hielt, was er Prusias auch unverblümt ins Gesicht sagte, riet zu einer Seeschlacht, die dann auch im Marmarameer ausgetragen wurde. Der karthagische Meisterstratege lieferte in seiner letzten überlieferten Kampfhandlung ein »frühes Beispiel biologischer Kriegsführung«, wie de Beer zu berichten weiß.

Der Flottenkommandant Pergamons, der einen Rammstoßangriff der Bithynier erwartete, sah sich mit einer völlig unerwarteten Situation konfrontiert, als die Feinde weder Speere noch Brandpfeile auf seine Schiffe abfeuerten, sondern seine Galeeren massenweise mit Tonkrügen bewarfen. Die Pergamesen quittierten den »Tonkrugangriff« mit frenetischem Gelächter, wurden aber sehr schnell ernüchtert. In den Tongefäßen befanden sich nämlich äußerst giftige Nattern und Vipern, die bald über die Decks der pergamesischen Schiffe krochen und den attalidischen Matrosen tödliche Bißwunden beibrachten. Hannibal hatte diesen Giftschlangenangriff ersonnen und Prusias war seinem Rat willig gefolgt. Die Bithynier feierten einen gewaltigen Seesieg. Doch Prusias hatte Hannibals Warnung, sich auf keine Landschlacht einzulassen, nicht beherzigt und zur selben Zeit eine Armee gegen Eumenes II. entsandt, die dieser vernichtend schlug.

In Rom führte nun Eumenes II. darüber Klage, daß Hannibal den schon geschlagenen König Prusias neuerlich zum Krieg aufhetzte. Da Kleinasien mittlerweile zum römischen Machtbereich gehörte, befahlen die Römer Pergamon und Bithynien, die Feindseligkeiten umgehend einzustellen. Über den »casus Hannibal« veranstaltete der Senat ein eigenes Hearing, wie wir heute sagen würden. Fast alle Senatoren forderten die Auslieferung des unversöhnlichsten Gegners von Rom. Einzig Scipio »Africanus« ergriff überraschenderweise wieder Partei für den Barkiden. Titus Flaminius, der Sieger von Kynoskephalae, hingegen stimmte vehement für eine Auslieferung des Karthagers, der so lange er lebe eine permanente Bedrohung Roms darstelle. Der Senat stellte sich fast geschlossen hinter Flaminius und beorderte ihn nach Bithynien, um Hannibal endlich auszuschalten. Im Herbst des Jahres 183 v. Chr. traf Flaminius mit einem starken Verband in Prusa ein und drohte König Prusias unverhohlen mit Krieg und Vernichtung, falls er Roms Todfeind nicht auslie-

fere. Der erklärte dem zornigen Flaminius, das Gesetz der Gast-
freundschaft verbiete ihm zwar, Hannibal persönlich auszuliefern, aber er könne und wolle die Römer nicht daran hindern,
die Villa Lybissa zu besetzen und den Barkiden zu verhaften.
Bald darauf umringten römische Legionäre Hannibals Villa.
Alle sieben Ausgänge wurden besetzt, das Haus hermetisch abgeriegelt. Hannibal waren alle Fluchtwege verstellt, er hatte
keine Chance mehr, den Römern zu entgehen. Er war nun 64
Jahre alt und, wie Plutarch schreibt,»in die Enge getrieben wie
ein Vogel, der zu alt geworden war, um zu fliegen, und all seine
Schwanzfedern verloren hatte.« Da er seinen Erzfeinden auf
keinen Fall lebend in die Hände fallen wollte, nahm auch er
beim Gift Zuflucht, das er stets bei sich getragen hatte. Gelassen
setzte er den Schierlingsbecher an seine Lippen. Seine letzten
Worte sollen gewesen sein:
    »Laßt uns nun der großen Angst der Römer ein Ende bereiten. Sie hielten es für eine zu langwierige und schwere Mühe,
    auf den Tod eines alten, gehaßten Mannes zu warten!«
Es mutet wie eine Ironie des Schicksals an, daß sein Überwinder Publius Cornelius Scipio »Africanus« im selben Jahr unter
ebenfalls beschämenden Umständen verstarb. Genau wie Karthago seinem berühmtesten Sohn seine unschätzbaren Verdienste um das Vaterland mit Ächtung und Verbannung gedankt hatte, wurde auch Scipio in seinem letzten Lebensabschnitt in Rom
an den Pranger gestellt. Man beschuldigte den vielleicht patriotischsten aller Römer, Bestechungsgelder in der beträchtlichen
Höhe von vier Millionen Sesterzen von Antiochos III. angenommen zu haben. Außerdem warf man dem Sieger von Zama
vor, kein Lösegeld für die Freilassung seines Sohnes bezahlt zu
haben. Zu guter Letzt sollte der Scipione auch noch aus dem
Friedensschluß mit Karthago persönliche Vorteile gezogen haben. Scipio schwieg vor Gericht hartnäckig und lehnte es ab,

sich zu verteidigen. Einer neuerlichen Anhörung stellte er sich nicht, obwohl es ihm keinerlei Schwierigkeiten bereitet hätte, seine Unschuld unter Beweis zu stellen. Die Mehrheit des Volkes stand hinter ihm und war empört über die ungeheuerlichen Anschuldigungen. Verbittert zog sich Scipio auf sein riesiges Landgut in der Campagna zurück. Das Verfahren wurde zwar schließlich eingestellt, doch Scipio kehrte niemals mehr nach Rom zurück. Scipio »Africanus« verstarb im Alter von 52 Jahren. Er hatte sein selbstgewähltes Exil in Roms »campagna felix« nicht mehr verlassen.

Kurz nachdem man ihn in Liternum in die Erde gebettet und sein Testament verlesen hatte, sprach sich sein selbst gewählter Epitaph in Rom herum. Die Inschrift auf seinem Grabstein lautete: »Mein undankbares Vaterland soll meine Gebeine nicht erhalten!«

Die beiden größten Feldherrn ihrer Zeit, Hannibal und Scipio, waren im gleichen Jahr gestorben. Karthago politisch entmachtet, Rom die stärkste Macht der damaligen Welt. Jetzt wurde die allerletzte Runde eingeläutet.

XIII
... CARTHAGINEM ESSE DELENDAM –
DER DRITTE PUNISCHE KRIEG

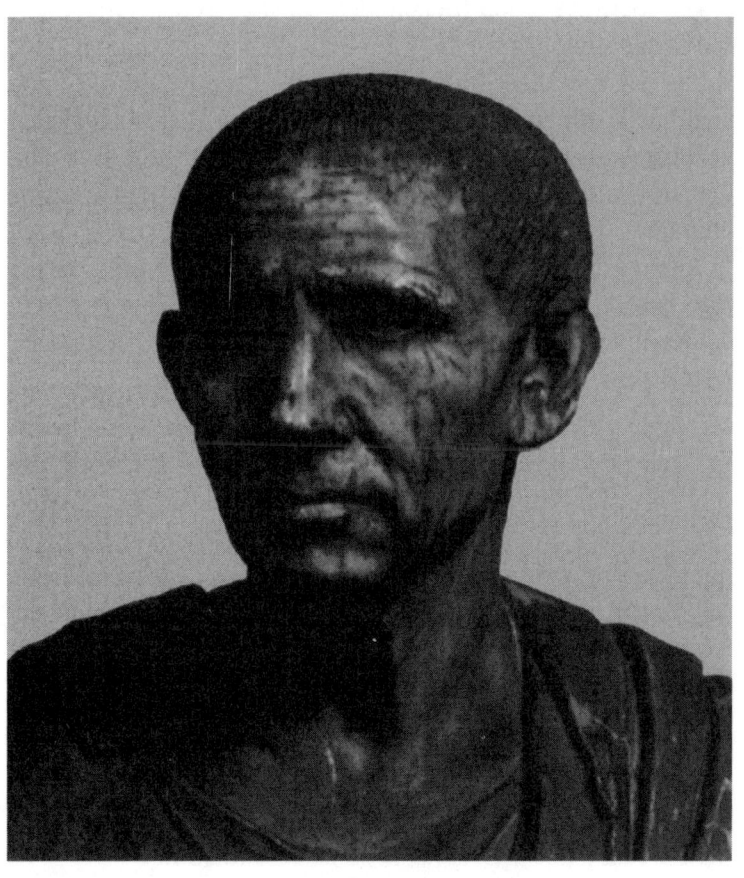

Der überharte Diktatfrieden, den der inzwischen verstorbene Scipio »Africanus« nach der Schlacht von Zama im Namen Roms mit Karthago geschlossen hatte, zeitigte nicht die beabsichtigte Wirkung. Das politisch zur völligen Bedeutungslosigkeit herabgesunkene Karthago sollte seine Reparationszahlungen leisten, und, von Roms Günstling König Massinissa von Numidien überwacht, ständig daran erinnert werden, daß es nur in totaler Abhängigkeit von der Weltmacht Rom weiter existieren, besser gesagt dahinvegetieren, durfte. Karthagos Fluren sollten brach liegen, die Punierhauptstadt auch im kommerziellern Bereich ruiniert werden.

Doch die Römer unterschätzten das Händler- und Seefahrervolk gewaltig. Schon Hannibal hatte während seiner Amtszeit als Sufet ein kleines Wirtschaftswunder vollbracht und das darniederliegende Land erfolgreich saniert. Nach seinem Tod erinnerten sich die Karthager wohl noch stärker an die Vorzüge ihrer Vorfahren. Als Kriegsmacht waren sie endgültig von der politischen Bühne verschwunden, doch ihre eigentliche Größe hatten sie immer dem Handel, dem Gewerbetreiben zu verdanken gehabt. Man kann den Karthagern die Bewunderung nicht versagen, denn durch ihre Tüchtigkeit und Raffinesse leiteten sie einen enormen Wirtschaftsaufschwung ein, brachten ihre Stadt und ihr Land wieder zum Erblühen. Mit Fleiß und Ausdauer ging man daran, das Wirtschaftspotential beachtlich in die Höhe zu schrauben. Trotz der hohen Reparationszahlungen wurde Karthago immer reicher und stand schließlich, wirtschaftlich gesehen, bald besser da, als vor dem Friedensschluß nach der Schlacht von Zama.

Das kaufmännische Geschick der Nachfahren der »Purpursöhne«, die zwei sehr lange, insgesamt 63 Jahre andauernde Kriege verloren hatten, und nun wieder zur stärksten und florierendsten Wirtschaftsmacht Afrikas geworden waren, war vor allem einem Mann ein Dorn im Auge: König Massinissa von Numidien. Er, der Scipio schon seinerzeit geraten hatte, Karthago zu zerstören, wollte sich zum Alleinherrscher Nordafrikas aufschwingen. Karthago stand ihm im Wege. Immer wieder beanspruchte er karthagische Gebiete und provozierte die Karthager mit Plünderungsaktionen. Karthago war der Expansionspolitik Massinissas, der sein Staatsgebiet ständig auf Kosten der Punier zu erweitern versuchte, machtlos preisgegeben. Die karthagische Führung wandte sich erbittert an Rom und bat auf die Friedensbedingungen verweisend, dem Treiben ihres Verbündeten Massinissa Einhalt zu gebieten.

Sie unterzeichnete damit unbewußt ihr Todesurteil, denn die Römer sahen nicht die geringste Veranlassung, ihren Günstling Massinissa in die Schranken zu weisen. Die Aggressionsaktionen des Numidierkönigs häuften sich, aber Karthagos Beschwerden hatten lediglich den Besuch einer römischen Untersuchungskommission zur Folge, der allerdings das Schicksal der Punier besiegeln sollte. Leiter dieser Kommission war Marcus Porcius Cato, ein Mann, der als besonders sittenstreng galt und einen regelrechten Feldzug gegen die Liederlichkeit seiner Landsleute führte. Als Censor hatte er eine gewichtige Stimme im Senat. Faber bezeichnet ihn als »Verfechter altrömischer Tugenden« und »verfrühten Puritaner«. Cato propagierte härteste Selbstdisziplin und seine Kampagne gegen den Sittenverfall und liederlichen Lebenswandel, der »den edlen Geist der Republik unterhöhle«, nahm manchmal groteske Ausmaße an. Einfachheit war das Hauptcredo des »Sittenrichters«, der nicht zögerte, in die Intimsphäre seiner Landsleute einzugreifen, eigene Sanktionsregeln für verschiedene moralische Vergehen erstellte.

Dieser puritanischste aller Römer war entsetzt von der üppigen Lebensart, der Geldsucht und Habgier, die er in Karthago vorfand. Karthago erschien ihm wie eine Lasterhöhle und der Bericht, den er dem Senat nach seiner Rückkehr über die Zustände in der punischen Hauptstadt vorlegte, hörte sich dementsprechend an. Karthago sei weit davon entfernt, unter der Reparationslast zu darben. Es handle sich nicht um eine arme, sondern eine reiche, blühende Stadt. Die Bürger trügen ihren Wohlstand offen zur Schau, es herrsche Zügel- und Morallosigkeit. Außerdem strotze die Stadt vor Kriegsmaterial, lebe im Überfluß und stelle nicht nur eine Bedrohung für das verbündete Numidien dar, sondern – und dies war der Kernsatz der Argumentation des Censors – vor allem auch eine permanente Gefahr für Rom. Die Karthager seien jetzt mindestens so kriegslüstern wie zu Hannibals Zeit, wenn nicht noch aggressiver, betonte Cato. Dann warf er den verdutzten Senatoren ein Bündel Feigen vor die Füße. Auf sie deutend, rief er aus: »In nur drei Tagen sind diese Früchte aus Karthago nach Rom gelangt. So nahe, Senatoren, steht der Feind!« Cato stampfte ärgerlich mit dem Fuß auf den Boden und beendete sein Plädoyer mit den berühmt gewordenen Worten: »Ceterum censeo Carthaginem esse delendam!« – »Im übrigen bin ich der Meinung, daß Karthago zerstört werden müsse.«

Diesen Satz bekamen die Senatoren nun beinahe ständig zu hören, denn Cato wiederholte ihn am Ende jeder seiner Reden in der römischen Kurie. Die Mehrheit der Senatoren beugte sich dem Urteil des Censors. Der Krieg mit Karthago, der Dritte Punische Krieg, war beschlossene Sache, Rom wartete nur auf einen Anlaß, der Stadt abermals den Krieg zu erklären. Diesen Vorwand lieferte Massinissa, der die Karthager durch fortwährenden Landraub zwang, die Feindseligkeiten zu eröffnen. Darauf hatte Rom gewartet und erklärte Karthago 149 v. Chr. den Krieg. Offiziell handelten die Römer gemäß den Friedensbedingungen, die es Karthago untersagten, ohne Billigung Roms irgendwo auf der Welt Krieg zu führen. Rom konnte den Konflikt zwischen Massinissa und Karthago als Bruch der Friedensbedingungen auslegen. In Wirklichkeit aber hatten die Römer, indem sie die Aggressionspolitik des Numidierkönigs bewußt unterstützten, konsequent auf den Krieg hingearbeitet.

Die Karthager waren ratlos und entsandten sofort eine Friedensdelegation an den Tiber. Der Senat versprach den Abgesandten der Punier hoch und heilig, daß es zu keinen Kriegshandlungen kommen würde und die Karthager all ihre Besitzungen behalten und als freie Männer unter ihren Gesetzen im eigenen Land leben dürften, falls sie 300 junge Edelmänner als Geiseln nach Rom schickten. Die Karthager stimmten zu. 300 kaum der Pubertät entwachsene Jungedelmänner aus den erlesendsten Familien wurden, wie vereinbart, nach Rom gesandt. Fast zur selben Zeit, als die unglücklichen jungen Männer die Siebenhügelstadt erreichten, landete eine römische Expeditionsarmee in Utica. Die Konsuln Marcus Manilius und Lucius Marcius Censorius hatten sich von Sizilien aus mit 80 000 Mann Fußvolk und 4000 Kavalleristen nach Afrika eingeschifft. Karthago wußte zunächst nicht, wie es reagieren sollte. Die Konsuln erklärten, es sei ihre Aufgabe, Massinissa zur Räson zu bringen. Dann forderten sie – quasi im Austausch für ihre Beschützerrolle und als letzte Demonstration der Friedensbereitschaft der Karthager – die Auslieferung aller Kriegsgeräte.

Noch immer glaubten die Karthager, daß der Senat sein vertraglich verbrieftes Wort halten würde und kamen auch dieser Aufforderung nach. Mehr als 20 000 Rüstungen und ca. 2000 Katapulte wurden den Römern übergeben. Dann wollten die Römer die karthagische Flotte in Augenschein nehmen. Erst als die Karthager zusehen mußten, wie die Römer ihre Flotte im Hafen verbrannten, wurde ihnen klar, welches Spiel die Römer mit ihnen trieben. Die Konsuln ließen nun die Maske fallen und befahlen den Puniern, sich ins Hinterland, in die Dörfer und Kleinstädte, die mindestens 15 Kilometer von Karthago entfernt lagen, zurückzuziehen. Es sei der Wille des Senats und Volkes von Rom, Karthago dem Erdboden gleichzumachen. Die verzweifelten Punier wiesen auf den Wortbruch des römischen Senats hin, doch die Konsuln gaben nur zur Antwort, dieses Versprechen hätte sich lediglich auf die Bevölkerung Karthagos und nicht auf die Stadt selbst bezogen.

Daraufhin verschanzten sich die Karthager hinter ihren Stadtmauern, bereit, den wortbrüchigen Römern mit allen ihnen verbliebenen Mitteln Widerstand zu leisten. Die praktisch waffenlose Stadt, die auf so heimtückische Weise hinters Licht geführt worden war, raffte sich zum letzten todesmutigen Kampf auf. Überall wurden eilends Waffen geschmiedet, in den Tempeln, den Werften und Häusern. Frauen ließen sich die Haare schneiden, um Bogensaiten gewinnen zu können, Häuser wurden eingestürzt, um aus den Balken neue Schiffe anfertigen oder Katapulte herstellen zu können. Die ganze Stadt war Tag und Nacht auf den Beinen Nach Faber wurden täglich 100 Schilde, 300 Schwerter und 500 Lanzen hergestellt.

Nun sollte sich Scipios Befürchtung bewahrheiten, eine Belagerung Karthagos könnte unter Umständen Jahre dauern. Drei Jahre trotzten die zu allem entschlossenen Karthager bereits in heldenhaftem verzweifeltem Widerstand dem Ansturm der Römer. Da die Stadt 147 v. Chr. immer noch nicht gefallen war, ließ Rom die beiden Konsuln ablösen. An ihrer Stelle kam im selben Jahr Konsul Publius Cornelius Scipio Aemilianus nach Afrika. Der Mann, der nun die Belagerung Karthagos leitete, war 37 Jahre alt. Sein Großvater war der bei Cannae umgekommene Konsul Paulus gewesen. Der Sohn des »Africanus« hatte Aemilianus adoptiert, weshalb er auch dessen Familiennamen trug. Mit ihm kam sein Lehrer, der griechische Reitergeneral Polybios, der zum zuverlässigsten Chronisten der Punischen Kriege werden sollte, nach Afrika. Polybios wurde Zeuge wie die Stadt des Barkiden erobert wurde und unterging.

Der neue Oberbefehlshaber war glücklicher als seine Vorgänger. Vom Hafen aus brachen die Legionäre zuerst in die Stadt ein, dann wurden Breschen in die Stadtmauern geschlagen. 12 Tage lang tobte der Kampf, die Römer eroberten Viertel um Viertel, überall Tod und Verwüstung zurücklassend. Schließlich erreichten sie das Nobelviertel Megara und das Stadtzentrum. Als die Legionäre die Byrsa-Burg stürmten, folgten viele Bürger dem Beispiel der mythischen Gründerkönigin Dido. Im Esmuntempel stürzten sich Männer, Frauen und Kinder in den Feuertod. Wer sich nicht selbst entleibte, wurde von den Römern erschlagen. Der gnadenlose Befehl des Aemilianus lautete: Karthago dem Erdboden gleichzumachen.

Nach der Ausplünderung der Stadt ordnete der Oberbefehlshaber an, Karthago an allen Ecken und Enden anzuzünden. Hannibals Heimatstadt endete in einem Feuerinferno wie es die antike Welt noch nie gesehen hatte. Länger als zwei Wochen tobte die Feuersbrunst, wütete das Flammenmeer wie von Hephaistos selbst entfacht. Polybios war Zeuge des schrecklichen Schauspiels und verfolgte das langsame Sterben der »Königin der Meere« nicht ohne Rührung. Selbst der siegreiche Feldherr Aemilianus soll den Tränen nahe gewesen sein. Als das Inferno sich dem Ende zuneigte, sagte er zu seinem Freund und Lehrer Polybios:

»Glaube mir, Polybios, auch Nationen haben ein Leben, so wie wir Menschen. Einst wird auch für Rom die Stunde schlagen!«

Der Erdboden, auf dem die vernichtete Stadt gestanden war, wurde den Göttern der Hölle geweiht. Man streute Salz darüber. Nichts sollte daran erinnern, daß es Karthago jemals gegeben hatte. Im Jahre 146 v Chr. wurden die ehemals Karthago gehörenden Gebiete und Besitzungen zur römischen Provinz Afrika erklärt. Aemilianus erhielt den Ehrentitel »Africanus Minor«.

Das lange Ringen um die Weltherrschaft war vorbei. Rom war als Sieger hervorgegangen, Karthago in einem Nebelrauch von Blut und Asche in sich zusammengefallen. Nicht einmal die Steine blieben stehen.

Epilog

Hannibal, diese charismatische Einzelpersönlichkeit, ist nicht nur aufgrund der weltgeschichtlichen Großtat der Alpenüberquerung im Gedächtnis der Menschen haftengeblieben. Die Sympathie, ja die Hochachtung der Nachwelt gilt dem Besiegten und nicht dem Sieger. Wie de Beer, sicherlich einer der großen »Hannibalisten« unseres Jahrhunderts, herausstrich, hat Scipio zwar Hannibal bezwungen, doch der Jahrtausende überdauernde Ruhm hängt am Namen des Barkiden und nicht an dem des Scipionen. Hannibals außergewöhnlicher Lebenslauf, sein übermenschlicher Durchhaltewillen, seine großartigen Leistungen auf so vielen Gebieten, und letztlich die tragischen Umstände seines Todes trugen maßgeblich dazu bei, daß er auch heute noch eine Ausnahmestellung in der langen Reihe der die Weltgeschichte bestimmenden Führungsgestalten einnimmt.

Mehr als 2000 Jahre sind verstrichen, seit der Barkide aus einer Welt entfloh, in der es keinen Platz mehr für ihn gab. Dennoch erinnern wir uns voller Bewunderung an ihn – Hannibal, den Sohn, Bruder, Feldherrn, Staatsmann, Baumeister und Menschen. Daß dieses Universalgenie an den Umständen scheitern mußte, die Tatsache, daß er von Beginn an auf verlorenem Posten stand, und trotzdem den Herkuleskampf mit Rom aufnahm, der nicht zu gewinnen war, macht ihn uns nur noch sympathischer.

Als ich vor einigen Jahren im Londoner British Museum eine
Münze, die Prusias von Bithynien, Hannibals letzten und er-
bärmlichsten Gastgeber, darstellte, lange und eingehend betrachtete, erstanden vor meinem geistigen Auge blitzlichtartig
und in Sekundenschnelle einige Bilder aus dem bewegten Leben des großen Feldherrn und Universalgenies: Hannibal, der
neunjährige Knabe, der seinem Vater den Haßschwur auf Rom
ablegt; Hannibal, wie er die schneebedeckten Alpenpässe be-
zwingt; Hannibal, wie er, einäugig auf Surus reitend, durchs
sumpfige Arnotal vordringt und seine Truppen voranpeitscht;
und Hannibal, wie er in der Villa Lybissa den Schierlingsbecher
an die Lippen setzt. Diese Bilder, die meine geistige Zeitma-
schine in Gang setzten und mich 2000 Jahre in die Vergangenheit zurückreisen ließen, verfolgten mich stundenlang. Der
Lärm der Großstadt verhallte ungehört. Als ich wie ein Schlaf-
wandler die Themse entlang spazierte, ertappte ich mich dabei,
wie ich Anwari Soheilis melancholische, unvergängliche Verse
vor mich hinmurmelte – Verse, die sowohl für Hannibals tragischen Lebenskreislauf, wie auch für das Schicksal aller Menschen, die Aufstieg und Niedergang, Krieg und Frieden, Größe
und Leid, Triumph und Tod erfuhren, ewige Berechtigung haben:

> »Ist einer Welt Besitz für Dich zerronnen,
> sei nicht in Leid darüber; es ist nichts.
> Und hast Du einer Welt Besitz gewonnen,
> sei nicht erfreut darüber; es ist nichts.
> Vorübergehen die Schmerzen und die Wonnen;
> Geh an der Welt vorüber. Es ist nichts.«

ANMERKUNGEN

Zu Vorwort

1 Ernle Bradford: *Hannibal.* München, 1983, S. 264.

2 Christian Dietrich Grabbe schrieb sein Drama *Hannibal* 1834. Doch erst 84 Jahre später – gegen Ende des Ersten Weltkrieges – gelangte das Stück am Münchner Nationaltheater zur Uraufführung. Auf die Frage, warum er sich mit dieser Thematik auseinandersetze, hatte Grabbe einst versponnen-gelassen erklärt: »Hannibal ist ein großes Licht, und ich bin ein nicht ganz unbekanntes Schwefelhölzchen, das ihn anstecken hilft.«

3 Die totale filmische »Exekutierung« Hannibals fand allerdings 1954 statt, als Hollywood und die Metro-Goldwyn-Mayer-Studios im speziellen sich nicht entblödeten, alle historischen Gesichtspunkte außer acht lasssend, mit *Jupiters Liebling* eine Musicalfassung seines Lebens auf die Leinwand zu bringen.

4 Gisbert Haefs: *Hannibal. Der Roman Karthagos.* München, 1994, S. 734.

5 B. H. Liddell Hart: *Der Feldherr. Die Taten des Publius Cornelius Scipio Africanus.* München, 1938.

6 Hans Dieter Stöver: *Die Römer. Taktiker der Macht.* Reinbek bei Hamburg, 1988.

7 Stöver, S. 119.

8 Stöver, S. 119.

9 Jakob Seibert: *Hannibal.* Darmstadt, 1993.

10 Werner Huß: *Die Karthager.* München: 1990, S. XI.

11 Siehe 4.

12 Haefs, S. 730.

13 Gavin de Beer: *Hannibal. Ein Leben gegen Rom.* München, S. 201.

Zu Kapitel I
1 Stöver, S. 88.
2 Stöver, S. 88.
3 Gustav Faber: *Auf den Spuren von Hannibal.* München, 1983, S. 19.

Zu Kapitel II
1 Bradford, S. 12.
2 Haefs, S. 35.
3 Faber, S. 36-37.
4 Gilbert Charles Picard: *Le portrait d'Hannibal: hypothèse nouvelle,* in: L. S. Olschi (Hrsg.): Studi Annibalici, Annuario XII dell'Accademia Etrusca di Cortona. Florenz, 1964.
5 E. S. G. Robinson: *Punic Coins and their Bearing on the Roman Republican Series,* in: Essays in Roman Coinage presented to H. Mattingly, Oxford, 1956.

Zu Kapitel III
1 de Beer, S. 34-35.
2 de Beer, S. 47.
3 de Beer, S. 47.
4 Eduard Meyer: *Hannibal und Scipio,* in: Erich Marcks und Karl Alexander von Müller (Hrsg.): Meister der Politik. Eine weltgeschichtliche Reihe von Bildnissen. Stuttgart & Berlin, 1923. S. 100.

Zu Kapitel IV
1 Werner Huß: *Die Karthager.* München, 1990, S. 154.
2 Faber, S. 53.
3 Meyer, S. 102.
4 Huß, S. 163.
5 Ibidem, S. 168.
6 Bradford, S. 17.
7 Huß, S. 175.

Zu Kapitel V
1 Huß, S. 183.
2 Haefs, S. 736.
3 Meyer, S. 105.
4 Huß, S. 196.
5 Meyer, S. 109-110.
6 Haefs, S. 729.

Zu Kapitel VI

1 Gavin de Beer: *Alps and Elephants.* New York, 1959.
   Georges Blond: *Das Schicksal der Elefanten.* München 1960.
   Richard Carrington: *Elefanten. Ein kurzer biologischer, entwicklungs-
   geschichtlicher und kulturgeschichtlicher Überblick.* Konstanz-Stutt-
   gart, 1962.
   C. D. Shervorne: *The Elephants before A. D.,* in: Annals and Magazine
   of Natural History, Series 10, 15, 1935.
   W. Gowers: *African Elephants and Ancient Authors,* in: African Affairs,
   London, 1948.
   H. H. Scullard: *Hannibal's Elephants,* in: Numismatic Chronicle 8,
   London, 1948.
   Die hier angeführten sechs Bücher und Studien stellen lediglich eine
   Auswahl der reichhaltigen Literatur zum Thema Elefanten dar, und er-
   heben daher natürlich keinen Anspruch auf Vollständigkeit.
2 F. de Visscher: *Une histoire d'éléphants,* in: Antiquité Classique 29,
   Brüssel, 1960.
3 Faber, S. 95.
4 de Beer, S. 75-76.
5 Ibidem, S. 78.

Zu Kapitel VIII

1 de Beer, S. 80-81.
2 Giancarlos Susini: *Ricerche sulla battaglia del Trasimeno,* in: Annuario XI dell'Accademia Etrusca di Cortona, Florenz, 1960.
3 de Beer, S. 131.
4 Faber, S. 135.
5 de Beer, S. 134.
6 Faber, S. 139.
7 Ibidem, S. 147.
8 Falls der geneigte Leser mehr über den von Gonzalo Pizarro organisierten und geführten allerersten Aufstand amerikanischer Kolonisten gegen ein europäisches Zentralregime erfahren will, verweise ich auf meinen Aufsatz *Weltgeschichtliches Schulterzucken – Gonzalo Pizarros
   Tod,* in: Das Fenster, 27. Jg., Heft 54, Innsbruck, Frühjahr 1993,
   S. 5241 ff.
9 Faber, S. 155.
10 Ibidem, S. 156.
11 de Beer, S. 143.

Zu Kapitel IX
1 Faber, S. 158.
2 de Beer, S. 147 ff.
3 Faber, S. 165.
4 de Beer, S. 154 ff.
5 Ibidem, S. 153.
6 Giovanni Vituchi: *Un nuovo episodio della seconda guerra Punica?*, in: L. S. Olschi (Hrsg.): *Studi Annibalici, Annuario dell' Accademia Etrusca di Cortona,* Florenz, S. 164.

Zu Kapitel X
1 Faber, S. 181 ff.
2 de Beer, S. 177.
3 Faber, S. 215.
4 Ibidem, S. 226.
5 Geibel, ein heute völlig vergessener Poet, dessen Dramen gekünstelt und verschnörkelt wirken und die Geduld des modernen Lesers besonders durch ihre Langatmigkeit strapazieren, erzielte mit *Sophonisbe* den größten Erfolg seiner dichterischen Laufbahn. Das Stück wurde seinerzeit lange am Wiener Burgtheater gespielt und Geibel erhielt sogar den renommierten Schillerpreis für seine jetzt so langweilig und uninteressant anmutende Tragödie.
6 de Beer, S. 185.

Zu Kapitel XI
1 de Beer, S. 187.
Im Gegensatz zu de Beer, Ernle Bradford, Werner Huß und vielen anderen Autoren ist der weithin anerkannte Althistoriker Franz Hampl der Meinung, der berühmte Dialog zwischen Hannibal und Scipio vor der Schlacht von Zama hätte gar nicht stattgefunden. Hampl hat sich ausführlich mit dieser Thematik auseinandergesetzt und ihr einen eigenen, 1985 erschienenen brillanten Aufsatz gewidmet: »Einige Probleme der Forschung zum Hannibalischen Krieg in alter und neuerer Sicht«, in: *RSA 13,14,* S. 9–29. Seine Argumentationsweise ist von solch stringenter Logik, daß es schwer fällt, sie nicht nachzuvollziehen. Dennoch stimmen wir in diesem speziellen Fall ausnahmsweise nicht mit Prof. Hampl überein, da er mit seiner Ansicht zwar nicht allein dasteht, sich aber eindeutig in der Minderheit befindet. Hampl zweifelt an der Histo-

rizität des »Zama-Dialogs«, ich halte ihn – zusammen mit den anderen genannten Autoren – dennoch für wahrscheinlich.

Was hingegen das sogenannte »Ephesos-Gespräch« zwischen Scipio und Hannibal betrifft, so bin ich mit Hampl einer Meinung, daß dieses zweifelsfrei unhistorisch ist – auch wenn es von fast allen modernen Historikern für authentisch gehalten wird.

2 Faber, S. 245.
3 de Beer, S. 191 ff.
4 Ibidem, S. 193.

Zu Kapitel XII
1 Faber, S. 263.
2 Ibidem, S. 270 und 275.
3 Ibidem, S. 270 und 275.

LITERATUR

Antike Quellen: Polybios, Livius, Strabo, Cornelius Nepos, Cicero, Appianos, Acilius, Cassius Dio, Diodoros, Plutarch, Silius Italicus.

Alföldi, A.: *Die trojanischen Urahnen der Römer*, Basel, 1957.

Arnold, C. J. C.: *Oorzaak en Schuld van den Tweeden Punischen Oorlog.* Amsterdam, 1939.

Astin, A. E.: *Saguntum and the Origins of the Second Punic War,* in: Latomus *26*, 1967, S 577–596.

Bagnall, Nigel: *Rom und Karthago. Der Kampf ums Mittelmeer.* Berlin, 1995.

Banti, L.: *Die Welt der Etrusker.* Stuttgart, 1960.

Baramki, :*Die Phönizier.* Stuttgart, 1965.

de Beer, Gavin: *Hannibal. Ein Leben gegen Rom..* München–Zürich–Wien, 1969.

de Beer, Gavin: *Alps and Elephants.* New York, 1959.

de Beer, Gavin: *Hannibal's March.* London, 1967.

de Beer, Gavin: *Who were the Etruscans? Reflections of a Darwinian.* London, 1962.

de Beer, Gavin: *Genetics and Prehistory.* Cambridge, 1965.

Bengston, H.: *Scipio Africanus, seine Persönlichkeit und weltgeschichtliche Bedeutung,* in: Historische Zeitschrift 168, 1943, S 487 ff.

Bilz, Konrad: *Die Politik des Publius Cornelius Scipio Aemilianus.* Stuttgart, 1936.

Bissing, E.: *Karthago und seine griechischen und italischen Beziehungen,* in: Studi Etrusci VII, 1933.

Bloch, R.: The Etruscans, in: *Ancient Peoples and Places,* London, 1967.

Blond, Georges: *Das Schicksal der Elefanten.* München, 1960.

Bradford, Ernle: *Ulysses Unfound.* London, 1963.

Bradford, Ernle: T*he Mediterranean.* London, 1971.

Brandford, Ernle: *Hannibal.* München, 1983.

Brea, Bernybo: *Sicily,* in: Ancient Peoples and Places, London, 1967.

Brewitz, W.: *Scipio Africanus Maior in Spanien 210–206*. Tübingen, 1914.

Brizzi, G.: *Studi di storia annibalica*. Faenza, 1984.

Bru y Vidal, Santiago: *Noticia historica del Castillo de Sagunto*. Sagunt, 1974.

Carrington, Richard: *Elefanten. Ein kurzer biologischer, entwicklungsgeschichtlicher und kulturgeschichtlicher Überblick*. Konstanz–Stuttgart, 1962.

Christ, Karl (Hrsg.): *Hannibal*. Darmstadt, 1974.

Cintas, Pierre: *Manuel d'archéologie punique*. Paris, 1970.

Conolly, Peter: *Hannibal*. London, 1975.

Cottrell, L.: *Enemy of Rome*. London, 1960.

Cipriani, G.: *L'epifania di Annibale*. Bari, 1984.

Clemen, C.: *Die phönikische Religion nach Philo von Byblos*. Leipzig, 1939.

Corzo Sánchez, R.: *La Segunda Guerra Púnica en la Bética*, in: Habis 6, 1975, S. 213–240.

Davis, E. W.: *Hannibal's Roman Campaign*, in: Phoenix 13, 1959, S. 113–120.

Egelhaaf, Gottlob: *Hannibal. Ein Charakterbild*. Stuttgart, 1922.

Eschmann, Ernst Wilhelm: *Im Amerika der Griechen*. Düsseldorf–Köln, 1961.

Faber, Gustav: *Auf den Spuren von Hannibal*. München, 1983.

Flaubert, Gustave: *Salammbô*. Paris, 1922.

Gelzer, M.: *Vom römischen Staat. Zur Politik und Gesellschaftsgeschichte der römischen Republik*. Leipzig, 1943.

Gervisio, Michaele: *Canne della Battaglia*. Bari, 1956.

Görlitz, Walter: *Hannibal. Eine politische Biographie*. Stuttgart, 1970.

Gowers, W.: *African Elephants and Ancient Authors*, in: African Affairs, London, 1948.

Grabbe, Christian Dietrich: *Hannibal*. Leipzig, 1924.

Groag, Eduard: *Hannibal als Politiker*. Wien, 1929.

Haefs, Gisbert: *Hannibal. Der Roman Karthagos*. München, 1989.

Hampl, Franz: *Zur Vorgeschichte des Ersten und Zweiten Punischen Krieges*, in: Hildegard Temporini (Hrsg.): Aufstieg und Niedergang der römischen Welt I. Berlin–New York, 1972, S. 412–441.

Hampl, Franz: *Einige Probleme der Forschung zum Hannibalischen Krieg in alter und neuerer Sicht*, in: RSA 13/14, 1985, S. 9–29.

Hedi, Slim und Ennabli, Abdelmajid: *Cartháge, le site archéologique*. Tunis, 1973.

Hoffmann, Wilhelm: *Hannibal*. Göttingen, 1962.

Hoffmann, Wilhelm: *Hannibal und Sizilien*, in: Hermes 89, 1961, S. 478 ff.

Hoyle, P.: *Delphi und sein Orakel*. Wiesbaden, 1968.

Huß, Werner: *Die Karthager*. München, 1990.

Kähler, H.: *Rom und seine Welt*. München, 1958–1960.

Kirsten, Ernst: *Nordafrikanische Staatsbilder. Antike und Mittelalter in Libyen und Tunesien*. Ludwigsburg, 1966.

Korablew, I. Sch.: *Hannibal*. Moskau, 1981.

Kornemann, E.: *Römische Geschichte I–II*. Stuttgart, 1960–1963.

Köstermann, E.: *Cannae und Metaurus*, in: Gymnasium 74, 1967, S. 13–23.

Kromayer, Johannes: *Roms Kampf um die Weltherrschaft*. Leipzig, 1912.

Kromayer, Johannes: *Heerwesen und Kriegführung der Griechen und Römer*. München, 1928.

Lehmann, K.: *Das Cannae-Rätsel*, in: Klio 24, 1931, S. 70–99.

Lüdemann, H.: *Untersuchungen zur Verfassungsgeschichte Karthagos bis auf Aristoteles*. Jena, 1933.

Martínez Gázquez, J.: *Sobre Aníbal y su paso por los Pirineos*, in: Faventia 3, 1981, S. 223–226.

Meyer, Eduard: *Hannibal und Scipio*, in: Erich Marcks und Karl Alexander von Müller (Hrsg.): Meister der Politik. Eine weltgeschichtliche Reihe von Bildnissen. Stuttgart–Berlin, 1923, S. 100–146.

Meyer, Eduard: *Römischer Staat und Staatsgedanke*. Zürich–Stuttgart, 1961.

Mommsen, Theodor: *Römische Geschichte*. Wien–Leipzig, 1932.

Münzer, F.: *Römische Adelsparteien und Adelsfamilien*. Stuttgart, 1920.

Osiander, Wilhelm: *Der Hannibalweg*. Berlin, 1900.

Otto, W.: *Eine antike Kriegsschuldfrage. Die Vorgeschichte des Zweiten Punischen Krieges*, in: Historische Zeitschrift 145, 1931, S. 489 ff.

Pallotino, M.: *Die Etrusker*. Frankfurt, 1965.

Paoli, V. E.: *Das Leben im Alten Rom*. Bern–München, 1961.

Parket, H. W.: *Greek Oracles*. London–New York, 1967.

Picard, Gilbert Charles: *Le portrait d' Hannibal: hypothèse nouvelle*, in: Studi Annibalici, Annuario XII dell' Accademia Etrusca dii Cortona, Florenz, 1964.

Picard, Gilbert Charles: *Das wiederentdeckte Karthago*. Frankfurt, 1957.

Picard, Gilbert Charles und Colette: *So lebten die Karthager*. Stuttgart, 1959.

Picard, Gilbert Charles: *Nordafrika und die Römer*. Stuttgart, 1962.

Proctor, D.: *Hannibal's March in History*. Oxford, 1971.

Renz, Alfred: *Tunesien*. München, 1979.

Richardson, J. S.: *Hispaniae. Spain and the Development of Roman Imperialism*, Cambridge, 1986.

Robinson, E. S. G.: *Punic Coins and their Bearing on the Roman Republican Series,* in: Essays presented to H. Mattingly, Oxford, 1956.

Rostovzeff, Michael: *Geschichte der Alten Welt II*. Bremen, 1959.

Ruschenbusch, E.: *Der Beginn des Zweiten Punischen Krieges*, in: Historia 27, 1978, S. 232–234.

Scullard, H. H.: *Hannibal's Elephants*, in: Numismatic Chronicle 8, London, 1948.

Scullard, H. H.: *Scipio Africanus. Soldier and Politician.* London, 1970.

Schmitt, Hatto H.: *Untersuchungen zur Geschichte Antiochos des Großen und seiner Zeit.* Wiesbaden, 1964.

Shervorne, C. D.: *The Elephants before A. D.*, in: Annals and Magazine of Natural History, Series 10, 15, London, 1935.

Schneider, Ivo: *Archimedes. Ingenieur, Naturwissenschaftler und Mathematiker.* Darmstadt, 1979.

Seibert, Jakob: *Hannibal.* Darmstadt, 1993.

Seibert, Jakob: *Forschungen zu Hannibal.* Darmstadt, 1993.

Stöver, Hans: Dieter *Die Römer. Taktiker der Macht.* Reinbek bei Hamburg, 1988.

Susini, Giancarlo: *Ricerche sulla battaglia del Trasimeno*, in: Annuario XI dell' Accademia di Cortona. Florenz, 1960.

Tlatli, Salah-Eddi: *La Carthàge punique. Étude urbaine.* Paris, 1978.

de Visscher, F.: *Une histoire d'éléphants*, in: Antiquité Classique 29, Brüssel, 1960.

Vitucci, Giovanni: *Un nuovo episodio della seconda guerra Punica?*, in: Studi Annibalici, Annuario XII dell' Accademia di Cortona, Florenz, 1964.

Vogelsberger, Hartwig A.: *Weltgeschichtliches Schulterzucken – Gonzalo Pizzaros Tod,* in: Das Fenster, 27. Jg., Heft 54, Frühjahr 1993, S. 524 ff.

Vogt, E.: *Römische Geschichte I. Die römische Republik.* Basel–Freiburg–Wien, 1959.

Vogt, Josef: *Das Hannibal-Portrait im Geschichtswerk des Titus Livius und seine Ursprünge.* Maschinenschriftl. Dissertation, Freiburg, 1953.

Warmington, B. H.: *Karthago. Aufstieg und Fall einer antiken Weltstadt.* Wiesbaden, 1963.

Warmington, B. H.: *Carthage.* London, 1969.

Werner, R.: *Der Beginn der römischen Republik.* München, 1963.

Wheeler, R.: *Römische Kunst und Architektur.* München–Zürich, 1969..

REGISTER

Acilius 317
Adalia 320 f.
Adherbal 76
Aemilius Paulus, Lucius 182, 184, 187, 190, 192
Afrika (provincia Africa) 338
Afrika 28, 41, 71, 87, 120, 265, 268 f., 272, 274-277
Agrigentum (Agrigent) 215, 218, 225, 254
Ahiram 23
Alexander der Große 34
Allobroger 139 f.
Äneas 32 f., 46, 52
Antiocheia 314
Antiochos III. 309, 314 ff., 318-323, 326
Apulien 47, 173, 179 f., 182, 213, 236 f., 241
Archimedes 48, 215-218, 220 f.
Ariminum (Rimini) 50, 162, 164, 170
Aristoteles 39
Arpi 210, 222
Arretium (Arezzo) 163, 165
Artaxias 323
Artaxiata 324
Attilius Regulus, Marcus 71-74
Augusta Taurinorum (Turin) 150
Ausculum (Ascoli b. Foggia) 60, 238 f.
Autaritos 82, 85
Baebius Tamphilus, Quintus 111 ff., 115
Balearen 27
Beneventum 62, 212
Berytos 22
Bithynien 325, 328
Bononia (Bologna) 50, 162
Borgo San Antonio 177
Bostar 233 ff.

Brennus 52 f.
Bruttium 47, 255, 262, 272
Byblos (Gebeil) 22 f.
Byrsa, Burg 31, 35
Cadir (Cadiz) 27, 90 f., 117, 264
Caius Dulius 70
Caius Laelius 249, 251 ff., 255, 266, 272, 279 f., 299 ff., 303
Campagna 53 f., 174-177, 236, 238
Cannae 182, 184, 186 ff., 190 f., 298
Canusium 193 f., 204
Capua 53, 174 f., 198 f., 203, 208, 211, 225, 227 ff., 231-236, 241
Carthagena 38, 92 f., 115, 117, 124 f., 244, 249 ff., 253 f., 266
Cato, Marcus Porcius 333 f.
Caulon 238 f., 241
Cecilius Metellus, Lucius 73
Chalkis 319 f.
Clastidium (Casteggio) 158
Claudius Cadix, Caius 66 f.
Claudius Marcellus, Marcus 207 f., 210-213, 215, 218, 220 f., 236, 238, 242 f.
Claudius Nero, Caius 258-261
Claudius Pulcher, Appius 227 f., 232
Claudius Pulcher, Appius 75 f.
Col de Banyuls 123
Col de Grimone 138
Col de la Traversette 144
Cornelius Nepos 101, 126, 203, 324
Crotona 275, 285 f.
Dido 30-33, 46, 80, 283, 312
Drepanum (Trapani) 67, 75
Ebusus (Ibiza) 28
Elefanten 104 ff., 305
Elissa s. Dido
Emporiae (Ampurias) 122 f., 126, 247
Ephesos 314 f., 317

Etrusker 47-52
Eumenes II. 321, 327 f.
Fabius Maximus jun., Quintus 212, 222
Fabius Maximus, Quintus 116 f.,
    171-182, 208, 210, 213, 231,
    237-241, 268 f., 286
Fabius Pictor 126, 152
Faesolae (Fiesole) 108, 165
Flaminius Nepos, Caius 163, 165,
    166-170
Flaubert, Gustave 40 f.
Fourques 128
Fulvius Flaccus, Quintus 227, 232,
    234-237
Gallien 107 f.
Gallier 48 ff., 52 f., 107 f.
Gerunium 179 f.
Gibraltar 26
Griechenland 213
Guadalquivir 255 f.
Guilschlucht 141 ff.
Hadrementum (Sousse) 286, 288
Hamilkar Barkas 38, 72, 74-77, 80-93,
    95, 99, 101 f., 120
Hanno »der Große« 82-85, 89, 92, 95 f.,
    110, 112, 286
Hanno 129, 210, 212 f.
Hanno Barkas 88, 276
Hasdrubal Barkas 88, 121, 201, 208,
    214, 227, 241, 243, 246, 250 f.,
    255-262, 270
Hasdrubal gen. »der Schöne« 91 ff.,
    112, 116
Hasdrubal Gisko 251, 256, 262 ff.,
    266, 272 f., 276-279, 284, 289, 290
Hellas 319 f.
Herdonia 226 f., 237
Hethiter 22
Hieron II. 65, 67, 214 f.
Himilko 215, 218 f.
Hippokrates 219 f.
Iberien s. Spanien
Iberische Halbinsel s. Spanien
Ilipa 262 f.
Illiberis (Elne) 123
Imilce s. Imilko
Imilko 37, 99, 113, 118, 283
»Italiker« 47
Itanos 27
Kampanien s. Campagna
Kap Eknomos 70
Karthago 21, 24, 27 f., 30 f., 33-36, 38,

40, 42, 48, 51, 62, 64-67, 70-74,
    77 f., 81-87, 89-93, 95, 107, 110,
    112 f., 115, 117 f., 120 f., 174,
    194 f., 200 f., 204, 208, 270, 276,
    284 ff., 288, 290 f., 294 f., 303 f.,
    306-311, 330, 332-338
Kition (Larnaka) 27
Korsika 85, 87 f., 117, 200, 294
Kreta 324 f.
La Junquera 122
Latakia 24
Latiner 46 ff., 54
Levinus Valerius 58 f.
Libyen 30 f., 85
Lilybaeum (Marsala) 61, 67, 75, 254,
    275
Livius Salinator, Marcus 258-262
Lokri 271 f.
Lukanien 213, 236 f., 241, 262
Lutatius Catullus 77
Lybissa, Villa 325, 329
Magilus 133 f., 193, 200
Magna Graecia 48 f., 56, 214
Magnesia 321 ff., 327
Mago Barkas 88, 160 f., 187, 201 f.,
    208 f., 251, 256, 262 ff., 267,
    269 ff., 274, 284 f., 288
Maharbal 169 f., 175-178, 185, 187 f.,
    195, 229
Maleventum s. Beneventum
Malta 28, 150, 294
Marmetiner 65 ff.
Massalia (Marseille) 93
Massinissa 262, 264 ff., 272 f., 276,
    279-283, 285, 291, 297-301, 303,
    310, 332 f., 335
Mathos 82, 85
Melkart 38, 40, 80, 90, 101, 117, 312,
    324
Messana (Messina) 48, 65 f., 271
Metapontum 225, 243, 258, 262
Metaurus 259 ff.
Minucius Rufus, Marcus 173, 180 f.
Mylae (Milazzo) 69 f.
Myonnessos 321
Nebukadnezar 27, 34
Nola 207, 210-213
Numidien 34, 334
Numidier 102, 264 f.
Panormus (Palermo) 28, 67, 73
Passo Collina 164
Pergamon 327 f.

Philipp V. von Mazedonien 101, 200,
    209, 213, 276, 309
Philomenos 223 f.
Phönizien 22, 34
Phönizier 21-24, 26 f.
Piemont 126
Placentia (Piacenza) 157 f., 161 f., 257
Plutarch 172 f., 186, 218, 317, 323, 329
Polybios 65 f., 74, 81, 90, 124-128,
    136, 138, 143, 145 ff., 201, 206,
    317, 337 f.
Prusias 325-328
Publius Villius 318
Pyrrhos von Epirus 58-62, 64, 73,
    104 f., 196
Rhodamus (Rhône) 126-129, 132
Rom 20 f., 46, 49, 50 ff., 56 ff., 60, 62,
    64, 66, 73 ff., 78, 81, 85-88, 91,
    107, 109-113, 116 ff., 121, 152,
    162, 175 f., 194-200, 206, 209, 222,
    229-233, 270, 276, 304 f., 309 f.,
    315, 330, 334 f., 384 f.
Saguntum (Murviedro) 107, 110-116,
    118, 214
Samniten 47, 49, 53-57
Samnium 213, 230, 237, 241
Sardinien 27 f., 41, 85-88, 117, 200,
    208, 294
Scipio Aemilianus, Publius Cornelius
    124, 337
Scipio, Cnaeus Cornelius 69, 134, 246
Scipio, Lucius Cornelius 321, 323
Scipio, Publius Cornelius »Africanus«
    156, 193 f., 204, 207, 227, 243 f.,
    247-256, 262-269, 271-279,
    281-286, 288, 290-303, 305 f.,
    317 f., 323, 328 ff., 332, 336
Scipio, Publius Cornelius 121, 132,
    134 f., 150 f., 153 f., 156 f., 159,
    162, 246
Sempronius Longus, Tiberius 121, 150,
    158-162
Sempronius Tuditanus, Publius 274 f.
Senagallica (Senigallia) 50, 56, 259
Servilius Geminus, Cnaeus 163-166,
    170
Sicca 82

Sidon 22, 24
Silenos 126
Silius Italicus 127, 264
Sizilien 28, 48 f., 61 f., 64, 66 ff., 75,
    77 f., 80, 87 f., 113, 120 f., 214 f.,
    225, 241, 254, 271 f., 274, 294
Sophonisbe 273, 278, 280-283
Sosylos 101, 126, 324
Spanien 88-91, 94 ff., 98, 107, 109,
    116, 120 f., 201, 204, 214, 227,
    244, 246 f., 250, 255, 265, 285, 294
Spenius 82, 85
Spurius Cassius 51, 54
Stesichorus 32
Syphax 265 ff., 272, 275-282, 284, 290
Syrakus 48, 60, 214 ff., 218-221, 225
Tarentum (Tarent) 57 f., 221-226,
    237-241, 258
Tarraco (Tarragona) 250 f., 254 f.
Tarsos (Tartessos/Tarschisch) 27
Telamon (Talamone) 108
Terentius Varro, Caius 182-190, 192,
    194, 199 f.
Thoas 316, 318, 320
Thurii 225
Ticinus 153, 155 ff.
Titus Flaminius 309, 328 f.
Titus Livius 74, 90, 126 f., 136, 138,
    146, 154, 160, 162, 187, 191, 193,
    211 f., 230, 246 f., 254, 264, 273,
    278, 280, 285, 292, 296, 298, 317,
    322
Trasimener See 165-171
Trebia 158, 160, 162
Tunes 72, 85, 284, 290
Tyros 22, 24, 30, 32, 34, 312, 314
Utica 27, 31, 82, 85, 254, 275 f., 278 f.,
    284, 335
Valerius Flaccus, Publius 111 ff., 115
Venusia (Venosa) 56, 192, 198, 238,
    242, 259, 262
Vergil 30, 32 f.
Volubilis 38
Xanthippos 72, 103
Xenophanes 201 f., 209
Zama 291, 296-302, 309, 332 f.
Zypern 27, 31